Inhalt   **Jahrbuch Polen 2022**

Widersprüche

Einführung

3   Die Kraft der Widersprüche oder »Einmal Polen Schwarz-Weiß, bitte!«

Essay

9	Olga Drenda	Zwischenstadt Polen
19	Michał Olszewski	Mobilität und Verlust
29	Agata Czarnacka	Migration, Patriotismus und kollektiver Narzissmus. Polen und die Herausforderungen der Vielfalt
41	Tomasz Zarycki / Aleksandra Konarzewska	Der politische Konflikt bleibt noch immer ein Spiel der Intelligenz
53	Dominika Kozłowska	Ist Polen (noch) ein christliches Land?
69	Reinhold Vetter	*Polexit* durch die Hintertür. Polnische Regierungspolitik und europäische Themen
85	Barbara Fatyga / Dawid Karpiuk	Legende einer Generation
93	Andrzej Leder / Sławomir Sierakowski	Klassenspiele
103	Tomasz Szlendak / Elżbieta Turlej	Verfemte Waisen
109	Ewa Wanat	Kampf der Geschlechter oder »You'll never walk alone«
121	Jennifer Ramme	Der Vielfalt »Frau werden«. Synergien und Unvereinbarkeiten frauenpolitischer Bewegung(en) in Polen
133	Lech M. Nijakowski	Polen: ein Land – zwei Lager? Zweifel an einer weit verbreiteten Meinung
145	Stefan Garsztecki	Was ist des Polen Vaterland? Zwischen links und rechts
155	Piotr Marecki	Am Wegesrand
191	Agnieszka Pajączkowska / Aleksandra Zbroja	»Was habt Ihr denn gedacht?« Gespräche mit masowischen Frauen
214	Marek Szymaniak / Jędrzej Dudkiewicz	Die verrostete Seite Polens
220	Anna Arno	Dieses Land
229		**Anhang**

JAHRBUCH POLEN 2022
Band 33 / Widersprüche

Herausgegeben vom Deutschen Polen-Institut Darmstadt
Begründet von Karl Dedecius
Redaktion: Andrzej Kaluza, Julia Röttjer, Dorothea Traupe
in Zusammenarbeit mit Alicja Kurek und David Swierzy
www.deutsches-polen-institut.de

Die Bände 1–6 des Jahrbuchs erschienen unter dem Titel DEUTSCH-POLNISCHE ANSICHTEN ZUR LITERATUR UND KULTUR, die Bände 7–16 unter dem Titel ANSICHTEN. JAHRBUCH DES DEUTSCHEN POLEN-INSTITUTS DARMSTADT.

Das »Jahrbuch Polen« erscheint jeweils im Frühjahr.

Zu beziehen über den Buchhandel oder beim Verlag: verlag@harrassowitz.de
Einzelpreis € 19,80 / Abonnementspreis € 18

© Otto Harrassowitz GmbH & Co. KG, Wiesbaden 2022

Das Werk einschließlich aller seiner Teile ist urheberrechtlich geschützt. Jede Verwertung außerhalb der engen Grenzen des Urheberrechtsgesetzes ist ohne Zustimmung des Verlages unzulässig und strafbar. Das gilt insbesondere für Vervielfältigungen jeder Art, Übersetzungen, Mikroverfilmungen und für die Einspeicherung in elektronische Systeme.
Gedruckt auf alterungsbeständigem Papier.

Satz und Layout: Andrzej Choczewski, Krakau, www.buchsatz-krakow.eu
Umschlagabbildung: Max Skorwider
Abbildungen: siehe Bildnachweis
Druck und Verarbeitung: Memminger MedienCentrum AG
Printed in Germany
https://www.harrassowitz-verlag.de/

Das Deutsche Polen-Institut dankt der Merck KGaA für die Unterstützung des Projekts JAHRBUCH POLEN.

ISSN 1863-0278
eISSN 2749-9197

ISBN 978-3-447-11808-8
eISBN 978-3-447-39248-8

Die Kraft der Widersprüche oder »Einmal Polen Schwarz-Weiß, bitte!«

Im Flur des Deutschen Polen-Instituts hängt eine polnische Karikatur mit einer erdachten Meinungsumfrage: »Ist Polen in der Mitte gespalten?« Die Antwort ist in Form eines Tortendiagramms dargestellt. Es ist sauber in zwei Hälften geteilt – die eine ist weiß für »JA!« und die andere rot für »NEIN!«.

Wer jeden Tag an einem Aushang vorbeiläuft, gewöhnt sich daran, nimmt aber auch das vermittelte Bild zumindest ein Stück weit in sich auf. Viele Polinnen und Polen haben sich wohl an diese populäre Vorstellung von übergroßer Polarisierung gewöhnt, ebenso wie diejenigen, die sich mit den deutsch-polnischen Beziehungen beschäftigen. Manche persönliche Erfahrung scheint das Bild zu bestätigen: Sei es (in vorpandemischer Zeit) das Erlebnis einer deutschen Doktorandin in Polen, die binnen weniger Stunden an der Pforte des Wohnheims, an der Ausleihtheke der Bibliothek, im Seminar und anschließend im Café mit politischen Meinungen und Weltanschauungen konfrontiert wird, wie sie gegensätzlicher nicht sein könnten. Oder sei es der seit Jahrzehnten in Deutschland lebende Aussiedler, der sich während des Familienbesuchs bei den unterschiedlichen Zweigen der Sippschaft in Polen vorkommt wie ein verzweifelter, ungenügend vorbereiteter Diplomat auf heikler Mission – so groß scheinen die Gräben. Und dabei haben sie beide noch nicht einmal den Fernseher und das Radio eingeschaltet oder den Gang in den Gottesdienst gewagt.

Solche Erfahrungen, die oft wahrgenommene oder beschriebene Phänomene bestärken, macht jede und jeder. Sie überlagern jedoch andere Eindrücke und Erlebnisse, die in ganz andere Richtungen weisen. Woher kommen manche zweifelsohne vorhandenen besonders tiefen Gräben, und wer springt mal darüber, mal vielleicht auch mitten hinein? Existiert in Polen tatsächlich ein spezielles Verhältnis zu Polarisierung und zu Widersprüchen als solchen? Und welche Traditionen von Konsens, Kompromisssuche und Harmoniestreben gibt es? Wie kann eine Gesellschaft es schaffen, den Zusammenhalt trotz so vieler Widersprüchlichkeiten am Ende doch zu wahren?

Aus ihren ganz unterschiedlichen Perspektiven haben sich die Autor:innen des JAHRBUCHS POLEN auf die Suche nach Antworten begeben. Den Auftakt bildet eine Reflexion über die dingliche Welt, denn Widersprüche brechen sich auch in der Ästhetik Bahn. In Polen gibt es viele spannende Entwicklungen in Architektur und Stadtplanung, zahlreiche Architekturbüros bekommen internationale Preise, gewinnen renommierte Wettbewerbe. Wildwuchs und Chaos im Stadtbild können sie dennoch nicht verhindern. Seit Jahren schon mehren sich Forderungen, der Ästhetik wieder größere Aufmerksamkeit zu widmen, so die Schriftstellerin Olga Drenda in ihrem bemerkenswerten Essay, der der visuellen Wahrnehmung der menschlichen Umgebung tiefere Wahrheiten über das Zusammenleben entlockt.

Über das Miteinander reflektiert auch der Journalist Michał Olszewski, indem er die widersprüchlichen Herangehensweisen der Polinnen und Polen an Mobilität und Verlust aufeinanderprallen lässt. So treten gegenwärtig Spannungen zutage, welche sich trotz eigener Mobilitätserfahrungen in der schroffen Distanz den »Anderen« gegenüber äußern, die an Polens Grenzen ankommen. Zu dieser »Umkehrung der Migrationstendenzen« und den Herausforderungen der Vielfalt schreibt die Politikphilosophin Agata Czarnacka: »Polen ist ein äußerst dynamisches Land. Die politische Erstarrung wird flankiert von einer seit Jahrzehnten beispiellosen gesellschaftlichen Entwicklung, einem Mentalitätswandel und einer veränderten Einstellung zur Welt sowie von einem Engagement von unten, wie man es seit der *Solidarność*-Ära nicht mehr erlebt hat.« Nicht zuletzt im Zusammenhang mit der Europa-Politik und dem von dem Journalisten Reinhold Vetter analysierten Gedanken eines *Polexits* spielt die Situation an der Grenze zu Belarus ebenfalls eine wichtige Rolle. Auch die Publizistin Dominika Kozłowska geht auf die dramatische Entwicklung an Polens Ostgrenze seit dem

Sommer 2021 ein und seziert weitere Unvereinbarkeiten von christlichen Werten und kirchlichem Handeln sowie die Konsequenzen für den gesellschaftlichen Wandel im Hinblick auf die Religiosität. Lange Zeit war die katholische Kirche in Polen wie ein Fels in der Brandung – sie beförderte das Überleben der polnischen Nation während der Teilungszeit, der Weltkriege, des Kommunismus. Aber nun erfährt die Kirche aufgrund eigener Verfehlungen eine dramatische Niederlage – und das in einer Gesellschaft, die sich im europäischen Vergleich derzeit am dynamischsten säkularisiert.

Die Tiefenstrukturen der internen Spannungen in Polen ergründet der Soziologe Tomasz Zarycki im Gespräch mit der Literaturwissenschaftlerin Aleksandra Konarzewska und erläutert seine These, dass sich die politischen Kämpfe im Prinzip immer noch innerhalb der »Intelligenz« – unter gut ausgebildeten und vielfach vernetzten Expert:innen – abspielten. Durch die Verflechtung bleibe sie in Polen eine innerhalb der Elite dominante Fraktion und stehe über weiteren aus Wirtschaft, Geheimdienst und Militär, die in anderen post-kommunistischen Ländern deutlich größeren Einfluss hätten. Andererseits weist Zarycki auch darauf hin, dass es immerhin in Polen für Angehörige der Intelligenz kaum möglich sei, nicht auch Menschen zu kennen, die politisch völlig verschieden tickten, anders als in manchen US-amerikanischen Milieus. Insgesamt brauche es mehr Wissenschaftler:innen, die autonom genug seien, um die »verschiedenen gesellschaftlichen Weltbilder zu dekonstruieren«.

Die Dynamik gesellschaftlicher Klassen beleuchtet auch das Gespräch mit dem Philosophen Andrzej Leder. In polnischen Debatten werde bis heute der »heroische« Kampf gegen den Kommunismus beschworen, der Gründungsmythos des neuen demokratischen Polens. Verdrängt werde dabei oft, dass gerade die Zeit der kommunistischen Volksrepublik – mit brachialen Methoden zwar – dem Land einen bedeutenden Modernisierungsschub beschert habe. So bekamen Millionen von damals jungen Menschen mit bäuerlicher Herkunft die Möglichkeit, in die Städte zu ziehen, dort berufliche oder akademische Bildungswege und Aufstiegschancen in Wirtschaft und Verwaltung wahrzunehmen.

Die Soziologin Barbara Fatyga erklärt, wie durch politische Demonstrationen und Auseinandersetzungen in Polen für diejenigen, die sich artikulieren, die protestieren, etwas wertvolles Neues entsteht – ein prägendes generationelles Gemeinschaftsgefühl und die Erfahrung der eigenen Wirkmächtigkeit, die erneutes Engagement in der Zukunft wahrscheinlicher macht. Solche positiven Kräfte freizusetzen scheint angesichts der von ihr beschriebenen rechts-konservativ-populistischen Anhäufung weltanschaulicher Bruchstücke, deren Funktion es sei, alles zu homogenisieren, dringend nötig. Die Proteste für die Rechte der Frauen und die damit einhergehenden Mobilisierungskräfte und -dynamiken analysieren die Journalistin Ewa Wanat und die Kulturwissenschaftlerin Jennifer Ramme in ihren Essays. Dabei wird deutlich, wie nicht nur das verschärfte Abtreibungsrecht, sondern das dominierende politische Werte- und Handlungssystem insgesamt Frauenrechte grundlegend missachtet. Dass die von einigen verantwortlichen Personen offen ausgesprochene Nichtachtung der Frauen auch Männer auf die Barrikaden bringt, kann keine Überraschung sein. Wanat analysiert sowohl die Kluft, die sich in Teilen der jungen Generation in Bezug auf Bildung, politische Anschauung, Zukunftsvisionen und Selbstbewusstsein zwischen Frauen und Männern auftut, als auch die Anzeichen der Hoffnung, die im Zusammenwirken liegt. Gerade die Ignoranz manch junger Männer und deren Unfähigkeit, sich auf einen Dialog einzulassen, zeitigten als Konsequenz einen dramatischen Niedergang der Männer in Familie und Beruf, so die These im Interview mit dem Soziologen Tomasz Szlendak. Ebenso wenig wie eine ganze Generation kann eine derart starke Protestbewegung, wie sie sich seit 2016 immer wieder (neu) formiert hat, homogen verfasst sein. Deshalb sind die Analysen von Jennifer Ramme über die unterschiedlichen Beweggründe feministischer Gruppierungen sowie der großen Kreise der Unterstützer:innen und ihre über den Feminismus weit hinausweisenden Verflechtungen und Programme erhellend. Zwischen allen Widersprüchlichkeiten und auseinanderdriftenden Kräften gibt es nicht nur Grauzonen, sondern auch teils überraschende Synergien.

Der Clash der angesprochenen Weltbilder zeigt sich vor allem seit dem Jahr 2015, als die nationalkonservative Partei Recht und Gerechtigkeit (Prawo i Sprawiedliwość, PiS) die Regierungsgeschäfte übernahm und nicht nur die Rechtsstaatlichkeit auszuhöhlen begann, sondern auch zahlreiche Bereiche des politischen und gesellschaftlichen Lebens im Sinne einer konservativ-nationalistischen Wende umkrempelte. So folgt in den Essays die Analyse der größten politischen Fraktionen zunächst dem grundlegenden Gegensatz zwischen dem aktuell vorherrschenden Konservatismus und dem nach 1990 lange dominierenden Liberalismus, der den Polinnen und Polen »die Freiheit« brachte (vor allem ökonomische Prosperität für die Eliten), aber die »Gleichheit« und die »Brüderlichkeit« im Umgang mit den Verlierer:innen der Transformation vergaß, so der kürzlich verstorbene Ideenhistoriker Marcin Król bereits im JAHRBUCH POLEN 2017. Lech M. Nijakowski bezweifelt allerdings den Zerfall der Politik und Gesellschaft in zwei Lager, er zeigt aus soziologischer Perspektive ein differenziertes Bild der polnischen politischen Bühne mit vielfältigen Facetten und überraschenden Schlussfolgerungen. Neben der politischen Mitte, die sich hauptsächlich aus dem Stamm der »alten« Intelligenz der *Solidarność*-Zeit herleitet, driften die Ränder der politischen Szene nun wieder stärker nach rechts und links ab, eine gut sichtbare Gegenüberstellung ist seit Jahren der Warschauer Unabhängigkeitsmarsch am 11. November. Über die Bedeutung und Ausrichtung der politischen Extreme schreibt der Politikwissenschaftler und Historiker Stefan Garsztecki.

Ist Polen also ein einziger Widerspruch in Schwarz-Weiß (oder vielmehr Rot-Weiß)? Das vorliegende Jahrbuch lädt dazu ein, das ganze Spektrum polnischer Kontraste zu entdecken! Auch die literarischen Texte spüren der Kraft und Wahrheit, die sowohl Widersprüchen als auch Synthesen innewohnt, nach. Anna Arno zeichnet mit nur wenigen Strichen ihr assoziationsreiches und poetisches Sujet – *Dieses Land*. Piotr Marecki entführt mit einem Reisebericht in die peripheren Gegenden Polens, die wenig vom »modernen« Leben mitbekommen zu haben scheinen, und im Gespräch mit Marek Szymaniak geht es um den Niedergang vieler polnischer Kleinstädte. Auch die Gespräche, die Agnieszka Pajączkowska und Aleksandra Zbroja mit Frauen in der masowischen Provinz führen, könnten kontrastreicher nicht sein – leben sie doch nur unweit der glitzernden, pulsierenden und kosmopolitischen Hauptstadt ein scheinbar unaufgeregtes Leben.

Der Umschlag und die Zeichnungen in unserem JAHRBUCH stammen von Max Skorwider. Er ist Grafiker, Plakatdesigner und Buchillustrator. Bekannt ist er durch die Zusammenarbeit mit dem Wochenmagazin POLITYKA, wo er regelmäßig Umschläge und grafische Kommentare zum Zeitgeschehen veröffentlicht. Skorwider ist Dozent an der Universität der Künste in Posen, er wurde bei zahlreichen Wettbewerben ausgezeichnet und stellte bereits in vielen Ländern aus, darunter in Frankreich, Belgien und den USA. Das Deutsche Polen-Institut zeigte 2021 in Darmstadt Skorwiders Ausstellung »Musik über die Grenzen«.

Wir danken allen am Projekt JAHRBUCH POLEN Beteiligten und wünschen viel Freude bei der Lektüre!

Andrzej Kaluza und Julia Röttjer

Olga Drenda

Zwischenstadt Polen

Bei der Betrachtung der Wandlungsprozesse im gegenwärtigen Polen, insbesondere der oft übersehenen Welt weitab der großen Städte und Wege, empfiehlt sich zunächst ein Blick ins Wörterbuch. Der Fotograf Andrzej Tobis entwickelt bereits seit vielen Jahren das Konzept eines deutsch-polnischen Bildlexikons: Gestützt auf ein irgend wann aufgegabeltes altes Wörterbuch aus DDR-Zeiten, in dem es von für die damalige Epoche typischer Lexik nur so wimmelt, verknüpft er ausgewählte Stichwörter mit Illustrationen – Aufnahmen aus dem heutigen Polen. Dem Stichwort *das Spielfeld – boisko piłkarskie* zugeordnet ist eine Konditorei-Theke mit Kuchen in Form eines Fußballplatzes, *das Binnenmeer – morze śródlądowe* ist eine Garage mit aufgemaltem Sonnenuntergang unter Palmen, und *der Satanspilz – grzyb szatan* wird mit dem Foto eines stark verwitterten Unterstands in Pilzform illustriert. Das Bildwörterbuch erinnert an einen Kuriositätenkatalog, es verströmt surrealistischen Flohmarkt-Charme, zeigt aber vor allem den Scharfsinn und die Beobachtungsgabe des Urhebers der Bilder, der es vermag, einem scheinbar anonymen, oft provisorischen, vergessenen, wenig repräsentativen Raum Paradoxes und Subversives zu entlocken, das sich dann als etwas Urpolnisches entpuppt.

Da das Projekt *A–Z. Bildungsvitrinen* schon seit 2006 läuft und damit deutlich länger als ursprünglich von Andrzej Tobis geplant, ist es zu einer Langzeit-Dokumentation der Veränderungen geworden, die in den letzten 10 bis 20 Jahren in der polnischen Ikonosphäre vonstattengegangen sind. Als der Künstler mit der Materialsammlung für sein Projekt begann, war Polen gerade erst der Europäischen Union beigetreten. Das Land hatte immer noch mit hoher Arbeitslosigkeit und einem niedrigen Lebensniveau zu kämpfen, insbesondere auf dem Lande und an Orten, wo die Systemtransformation zur Schließung oder Schrumpfung großer Industriebetriebe geführt hatte, wo an den Rand der Gesellschaft gedrängte Arbeiter sich nun als Schrottsammler auf der Straße wiederfanden, ermattet vom Kampf ums Überleben. Das Land war voller Relikte des alten Systems, etwa Bauwerke, Denkmäler, verblichene Reklamewandbilder oder seit den 1970er Jahren unverändert gebliebene Schaufenster, von Werbe-Aufklebern für Coca-Cola und Wrigley's-Kaugummi einmal abgesehen. Die mit Schlaglöchern übersäten Straßen und desaströsen Gehwege erfreuten sich zu Recht eines denkbar schlechten Rufs. Technischen Mängeln versuchte man mit verschiedensten provisorischen Lösungen der Marke Eigenbau beizukommen. Tobis' Aufnahmen dokumentieren Details einer

174 18 **der Satanspilz**   174 18 **grzyb szatan**

Wirklichkeit, deren Rahmen einst die zentrale Planwirtschaft bildete, in der es jedoch ein gutes Dutzend Jahre später weder Zentrum noch Plan gab. Sie zeigen eine surreale, doch düstere Welt, sie lösen Lachen aus, aber unter Tränen. Je näher wir jedoch dem Heute kommen, desto weniger sehen wir Zerfall und Traurigkeit, dafür umso mehr saubere, geordnete Uniformiertheit, die allerdings nicht überall funktioniert und nicht unbedingt zur Umgebung passt. So zeigt *der Leuchtturm – latarnia morska* eine große, kosmisch anmutende Rutschbahn in einer modernen Neubau-Wohnsiedlung, *die Herzkammer – komora serca* ist ein eigentümlicher Sammelbehälter, in den man Flaschendeckel für eine Spendenaktion werfen kann, und für *das Lichtsignal – sygnał świetlny* steht eine LED-Anzeigetafel im Morgengrauen irgendwo an einer abgelegenen Straße. Diese Motive enthalten eine Melancholie, wie man sie von der amerikanischen *New Topography*-Fotografie kennt, deren Ziel es war, die durch die Hand des Menschen veränderte Landschaft zu dokumentieren. In einem Interview für die Zeitschrift KRYTYKA POLITYCZNA sagte Andrzej Tobis: »Die früheren Zerfallsmotive sind ein Sinnbild für den Untergang eines politischen Systems, das sich in seinen letzten Jahren nur kraft seiner Apathie über Wasser hielt, die neueren Objekte des Zerfalls hingegen sind oft ein Sinnbild unerfüllt gebliebener individueller Ambitionen und Träume.« Viele Aufnahmen zeigen Investitionen, die auf halbem Wege ihrem Schicksal überlassen wurden – oder auch neue, die indes schnell altern, als ob sie irgendwie nicht auf Dauer angelegt seien. Was sie auszeichnet, ist das Streben nach Uniformiertheit, diesmal nicht einer von oben verordneten, wie zu volksrepublikanischer Zeit, sondern diktiert von Bequemlichkeit, Krafteinsparung und der Verfügbarkeit ähnlicher Güter und Dienstleistungen. Dadurch kommt es paradoxerweise dazu, dass wir – denen fast alles zur Verfügung steht und die, nach Jahren der Armut, endlich auch die Mittel haben, sich all das zu leisten – uns als Gesellschaft dazu entscheiden, uns einander anzugleichen, das Mittelmaß anzustreben.

Das ist eine für polnische Verhältnisse absolut erstaunliche Wendung der Dinge. Schnappschüsse des polnischen Alltags aus fotografischer Perspektive sind immer wieder ein dankbares Thema für Erzählungen über einen surrealen Landstrich, einen seltsamen Planeten, auf dem nichts zueinander passt und doch alles irgendwie läuft und funktioniert. Polnische Fotografinnen und Fotografen erzählen davon seit Jahren mit einer Mischung aus Verwunderung und Sympathie. Die klassische volksrepublikanische Fotoreportage, für die Namen wie Andrzej Baturo, Krzysztof Pawela und Anna Musiałówna stehen, konzentrierte sich jedoch hauptsächlich auf den Menschen, auf die menschlichen Unvollkommenheiten – und das mit einem empathischen, wohlwollenden Blick, so als habe sie sich der Rettung des Rechts auf Individualität in der Maschinerie des großen Systems verschrieben. Das galt besonders in der Gierek-Ära, als der Staat sich anschickte, ein »zweites Polen« zu erbauen, als die dörflich geprägte Landschaft sich in eine industrielle verwandelte und in den Städten Großplattensiedlungen emporwuchsen. Beleuchtet wurde auch das Paradoxe und Absurde des Lebens in einem verqueren Land. Künstler wie Jerzy Lewczyński oder Władysław Hasior legten eine vorzügliche Reflexionsgabe an den Tag, wenn sie die Merkwürdigkeiten jener Epoche dokumentierten: die plumpe Propaganda, den Einfallsreichtum der Bewohnerinnen und Bewohner eines sich modernisierenden Landes, die zuweilen barocken Formen, in die sie ihre Bestrebungen kleideten. Heute stehen in der Nachfolge dieser Perspektive Fotografen wie der erwähnte Andrzej Tobis oder auch Maciej Cholewa mit seinem Instagram-Account *Pozdrowienia z małego miasta* [Grüße aus einer kleinen Stadt], der die Bildwelt seiner oberschlesischen Heimatstadt Radzionków zeigt.

Erwähnt sei auch Maciej Pietrukaniec, Autor des Instagram-Profils *Kratki Furtki Płotki* [Gitter, Pforten, Zäune], auf dem Erzeugnisse der einheimischen Metallplastik dokumentiert werden. Die Sammlungen dieser Künstler dokumentieren einen sympathischen und ganz eigenen polnischen Surrealismus. Aber sie zeigen übereinstimmend, dass diese Welt immer stärker schwindet und Eile geboten ist, um etwas festzuhalten, das – so schien es – unverrückbar zur Landschaft gehörte, aber indes unbemerkt demontiert, umgebaut, übermalt wird.

In Zeiten von allgegenwärtigen Handy-Schnappschüssen sind wir alle ein bisschen Amateure der Fotoreportage, und die Rolle von Zeitdokumenten übernehmen manchmal auch Memes. Anfang 2021 machte in Polen das Meme *Any town after two weeks in Poland* Furore, in dem zwei Aufnahmen nebeneinandergestellt waren. Die erste zeigt ein unspektakuläres, gepflegtes Wohngebiet, sicherlich in einem westeuropäischen Land, mit einem ruhigen, von Grünflächen flankierten Spazierweg. Auf der »polnischen« Aufnahme sehen wir denselben Ort, dort hat allerdings der Dämon raumplanerischer Willkür die Herrschaft übernommen: Ein Wohnblock ist mit einer Schicht bunter Dämmplatten versehen worden, gleich gegenüber hat man einen weiteren Block errichtet, der erwähnte Spazierweg ist kreuz und quer mit Autos zugeparkt, auf den verbliebenen Freiflächen stehen Reklamewände. Dieser groteske Anblick lässt an den 2013 erschienenen kritischen Reportageband *Wanna z kolumnadą* [Badewanne mit Säulengang] von Filip Springer denken. In diesem Buch, das ein wenig an den schon fast ikonischen Band *Australian Ugliness* von Robin Boyd (1960) erinnert, spürt der Autor den Ursachen und Beweggründen für das raumplanerische Chaos nach, das sich im posttransformatorischen Polen breitmachte und fragt, wie das in einem Land möglich werden konnte, das einst so stolz auf seine mustergültigen stadtplanerischen Ansätze gewesen war. Springers Buch stieß auf ein sehr breites Echo und trug zur Verbreitung von Begriffen bei, die bis heute im Polnischen allgemein gängig sind, wie z. B. *pasteloza* (»Pastellose«) – das Überstreichen von Wohnblockfassaden in allen erdenklichen Farben des Regenbogens.

Beim erneuten Blick auf das besagte Meme entdeckt man, dass auf dem Bild noch Platz für eine Filiale der Franchise-Minisupermarktkette Żabka war, die stark von der Pandemie und der veränderten polnischen Rechtslage profitiert hat, wonach der Handel am Sonntag stark eingeschränkt wurde (aufgrund ihrer Größe waren diese kleinen, bis spät abends geöffneten Selbstbedienungsläden mit Fast-Food-Ecke nicht vom Corona-Lockdown betroffen, und als sogenannte Convenience-Shops dürfen sie auch an arbeitsfreien Tagen öffnen). Außerdem sieht man ein Exemplar der allgegenwärtigen Paketautomaten. Einerseits sprechen daraus natürlich die bekannte Selbstironie und Fähigkeit zur Selbstkritik, aber auch Frust angesichts des polnischen Chaos und des fehlenden Respekts für die Prinzipien des gesellschaftlichen Zusammenlebens. Aber das Meme zeigt noch etwas anderes: Die Reklamewände, Paketstationen und Franchise-Läden sind keine Ideen eines umtriebigen Nachbarn, des sprichwörtlichen Herrn Kowalski von nebenan mit einem Faible für Basteln und Tüfteln oder des Verwalters einer Wohngenossenschaft mit einer Vorliebe für bonbonartige Farbtöne. Es sind Investitionen von Wohnungsbauunternehmen und großen Firmen, die von der polnischen Rechtslage profitieren. Das Chaos schreitet weiter voran – doch jetzt in der Hochglanz-Version, kommerzialisiert und mit Firmenlogo versehen.

Dieser Unterschied ist bezeichnend. Seit der Veröffentlichung der *Badewanne mit Säulengang* sind acht Jahre vergangen, in denen sich so viel verändert hat, dass Filip Springer eine ganze Reihe neuer Kapitel hinzugefügt hat. Die erweiterte Neuauflage des Buches ist jetzt fast doppelt so dick. Die Realität hat viele Themen geliefert – im Guten wie im Schlechten. Seit der Erstauflage gab es in Polen etliche aufsehenerregende Investitionen im Bereich der Infrastruktur (die berüchtigten Schlaglöcher auf polnischen Straßen sind im Grunde schon in Vergessenheit geraten), aber auch in der Architektur – genannt seien an erster Stelle die weithin bewunderten Bauten der neuen Kattowitzer Konzerthalle (Sitz des Nationalen Symphonieorchesters des Polnischen Rundfunks NOSPR) oder des Museums der Geschichte der polnischen Juden POLIN in Warschau. In den Städten wuchsen ganze Büroviertel empor, und außerhalb der Städte wurden reihenweise Einfamilienhäuser in die Landschaft gesetzt. An die Stelle der zuvor grassierenden »Pastellose« trat nach und nach eine gewisse farbliche Uniformiertheit, wobei sich auf der Palette der Lieblingsfarben ein düsteres Anthrazit an die Spitze setzte. Auch gab es – wenn auch vorerst nur teilweise erfolgreich – Versuche, etwas gegen die allgegenwärtigen Reklamewände und Werbebanner zu unternehmen. Einzelne Städte und Gemeinden führen, obgleich nicht ohne Widerstände und mit einigem Hin und Her, Bestimmungen zum Schutz des Ortsbildes ein, mit denen die Präsenz großflächiger Werbung beschränkt werden soll, weil diese Gebäude verdeckt und das visuelle Chaos verstärkt.

Die wohl größte Ambivalenz lässt sich im Wandel des Verhältnisses zur Natur beobachten – es sind dynamische und faszinierende Veränderungen, die wie in einem Labor jegliche Uneindeutigkeiten der modernen polnischen Gesellschaft ausleuchten. So hat etwa die sogenannte »Lex Szyszko«, ein nach dem damaligen Umweltminister benanntes Gesetz zur Liberalisierung der Bestimmungen zum Fällen von Bäumen, dazu geführt, dass die Landschaft spürbar kahler geworden ist – wer konnte, befreite potentielle Investitionsflächen von Bäumen. Zugleich jedoch wuchs die Entrüstung angesichts der Entfernung von Grün aus den Stadtzentren und der Zubetonierung und Granitpflasterung der Marktplätze, die dem Wort »Revitalisierung« etwas zunehmend Unheilvolles verlieh. Die Tendenz, mit Vollgas und Kurzsichtigkeit zu investieren, hat schlimme Folgen: Es fehlt an Schatten, die Temperaturen in den Citylagen und den für die Freizeit wichtigen Teilen der Städte sind unerträglich hoch, es kommt zu lokalen Überschwemmungen, wenn die Kanalisation es nicht schafft, das Wasser aufzunehmen, das sich auf den gepflasterten und versiegelten Plätzen ansammelt. Ein Einwohner von Krzeszowice beschloss zu prüfen, ob man auf der überhitzten Fläche des neuen Marktplatzes Rührei zubereiten könne. Man konnte. Zum Symbol verfehlter, schädlicher Investitionen wurde der *Plac Wolności* (Platz der Freiheit) in Kutno, der in eine riesige Betonfläche verwandelt wurde, die zugleich als Abdeckung einer Tiefgarage diente. Bilder aus Kutno, versehen mit bissigen Kommentaren, verbreiteten sich explosionsartig in den sozialen Medien und waren keine positive Werbung für die Stadt, die für

ihre polenweit größte Rosenausstellung berühmt und eifrig bemüht ist, den vor Jahren durch ein Lied der Rockband *Kult* ramponierten Ruf aufzubessern (in dem Lied wird der alte Bahnhof von Kutno als so hässlich beschrieben, dass davon »die Augen platzen«). Eine Häufung kurioser Fehlentscheidungen und der sich immer stärker bemerkbar machende Klimawandel führten schließlich dazu, dass der Trend sich langsam umzukehren begann. Zwar geht das Betongießen munter weiter, aber einige Städte, wie z. B. Skierniewice oder Lodz, haben verkündet, dass sie leichtfertig zubetonierten Plätzen das Grün zurückgeben wollen, es ist sogar die Rede davon, dass auch auf dem Krakauer Markt wieder Bäume stehen sollen. In der denkmalgeschützten Kleinstadt Włodawa ist es der Hartnäckigkeit der Einwohnerinnen und Einwohner zu verdanken, dass die Bäume auf dem Hauptplatz des Ortes gerettet wurden. Schließlich veröffentlichte die stellvertretende Kulturministerin Magdalena Gawin (2015–2021) Richtlinien für die Stadtoberen im Land. Sanierungsmaßnahmen sollen fortan klimaneutral erfolgen, angekündigt wurde zudem eine »Kampagne zur Begrünung der Städte«.

Ironischerweise war in diesem Falle das Einschreiten von Gawin als oberster Denkmalpflegerin vonnöten, obwohl die Sanierungsmaßnahmen doch oft mit der Wiederherstellung des historischen Erscheinungsbildes der Marktplätze begründet worden waren. Die Auseinandersetzung lässt sich jedoch auch als Aufeinanderprallen zweier Visionen von einem lokalen Polen begreifen. Einerseits von einem Polen der Ambitionen, das auf ein spezifisch verstandenes Prestige setzt, unkritisch gegenüber allem Neuen, das Modernität mit großen Investitionen und Umbauten, und ganz besonders mit der Tilgung volksrepublikanischer Relikte verknüpft (und sollten dies auch völlig unschuldige Bäume sein). Andererseits von einem Polen, das der Jagd nach Status überdrüssig ist, das Beschaulichkeit, Ruhe und Natur zu schätzen weiß und sich der Gefahren für das Klima bewusst ist. Im ersten Fall ist Vegetation, besonders in ungeordneter, spontaner Form, ein Hindernis, ein Zeichen von Chaos und Unwirtschaftlichkeit – im

zweiten Fall sieht man darin hingegen eine kostbare Investition in die Gegenwart und in die Zukunft.

Die bemerkenswerteste Veränderung ist jedoch das Verschwimmen der Grenze zwischen Stadt und Land. Die Landwirtschaft hat sich nach dem Beitritt zur Europäischen Union schnell modernisiert und sich dabei fast vollständig von dem Modell kleiner Familienhöfe entfernt, die zum Teil autark funktionierten, aber technisch nicht besonders fortschrittlich waren. Der Landwirt von heute ist ein moderner Unternehmer ohne Komplexe, der im großen Stil hochspezialisierte Tätigkeiten verrichtet, dafür ist das traditionell Rustikal-Bäuerliche nicht mehr so sehr eine Lebensweise, sondern als schmückendes Beiwerk eher wichtig für das Image – Grund zum Stolz auf die Heimatregion, aber auch zur Vermarktung regionaler Wurst- und Brauereiprodukte oder des Urlaubs auf dem Bauernhof geeignet.

Immer öfter hat die Dorfbevölkerung nichts mehr mit der Landwirtschaft zu tun. Das Streben nach Bildung und gutbezahlter Arbeit hat viele Polinnen und Polen in den letzten Jahren in die größten Woiwodschaftsstädte geführt. Soziologische Daten bestätigen dies: Unlängst vorgenommene Untersuchungen zeigen, dass 70 Prozent der Polen sich der Mittelschicht zugehörig fühlen. Damit einher gehen klare Ambitionen und ein entsprechender Lebensstil. Da jedoch die Kosten eines solchen Lebens, u. a. für die Wohnungsmiete, hoch sind und viele das Eigentum einer eigenen Immobilie als Garant für ein stabiles Leben betrachten, entscheiden sie sich für den Kauf einer Wohnung oder eines kleinen Hauses am Stadtrand oder in Schlafstädten, weil sie es sich dort leisten können. Auf diese Weise wachsen die großen Städte immer mehr in die Breite und tragen dazu bei, dass sich ein immer größerer Teil der Landesfläche in eine Art »Zwischenstadt« verwandelt, um einen Terminus des Architekten und Stadtplaners Thomas Sieverts zu verwenden. Gemeint ist damit ein großer vorgelagerter Ort, in dem es keine gemeinsamen Räume und stadttypischen Annehmlichkeiten gibt. Führt durch irgendeine kleinere Ortschaft eine wichtige Straßenverbindung, ist die Wahrscheinlichkeit groß, dass sie sich binnen kürzester Zeit in der immer gleichen Weise verändern wird: identische Discounter, identische Mini-Einkaufszentren. Laut Sieverts ist die Zwischenstadt nicht nur die Zukunft der globalisierten Welt, zu der schließlich auch Polen gehört, es ist auch ein Ort, der die gesellschaftliche Atomisierung fördert, das Leben von Tag zu Tag, denn es ist keine Infrastruktur vorgesehen, die es den Menschen erlauben würde, sich zu begegnen und kennenzulernen. Was bleibt, ist der monotone Rhythmus von Arbeit und Konsum. Bei der Lektüre von Sieverts' Gedankengängen wird mir auch endlich klar, worum es auf den neuen Bildern von Andrzej Tobis oder von Maciej Rawluk zuvorderst geht: um Einsamkeit und Entfremdung. Die neue polnische Landschaft ist ein Raum, in dem wir wie einsame Atome schweben und in dem wir eher aneinander vorbeigleiten, als gemeinsam zu existieren.

»Polen wirkte auf mich wie eine DDR, in der die Leute quer über den Rasen gingen«, schilderte mir Felix Ormerod seine Eindrücke, ein englischer Reisender und Freund öffentlicher Verkehrsmittel – im Jahr 1990, als ich an meinem Buch *Duchologia polska.*

2 24 (3. A.) **das Binnenmeer**   2 24 (3 w.) **morze śródlądowe**

Rzeczy i ludzie w czasach transformacji [Polnische Hauntologie. Dinge und Menschen in Zeiten der Transformation] arbeitete. Lange schien es mir, dass dieser Zustand ewig dauern würde, heißt es doch in Polen, dass provisorische Lösungen am langlebigsten seien. Es kam jedoch anders. Provisorisches brauchen wir nicht mehr, weil wir uns neue Dinge statt immer nur Ersatzlösungen leisten können. Das schafft Komfort, hat aber anderswo Konsequenzen: Um es bequem zu haben, müssen wir Findigkeit und Kreativität aufgeben.

Selbst wenn also im öffentlichen Raum immer mehr patriotische Symbole auftauchen, sei es in Gestalt von Flaggen, Denkmälern oder Wandbildern zur Erinnerung an historische Persönlichkeiten, selbst wenn die Städte und Regionen bei Investitionen in das eigene Image oder diverse Symbole mit Wiedererkennungseffekt keine Kosten und Mühen scheuen, so wird der sie umgebende Raum doch immer anonymer.

Aus dem Polnischen von Gero Lietz

OLGA DRENDA ist Schriftstellerin, Essayistin und Übersetzerin. Sie studierte Ethnologie und Kulturanthropologie an der Jagiellonen-Universität Krakau. Zuletzt erschien 2018 von ihr: *Wyroby. Pomysłowość wokół nas* [Produkte. Die Originalität, die uns umgibt], wofür sie 2019 den Literaturpreis der Stadt Gdingen (Gdynia) erhielt.

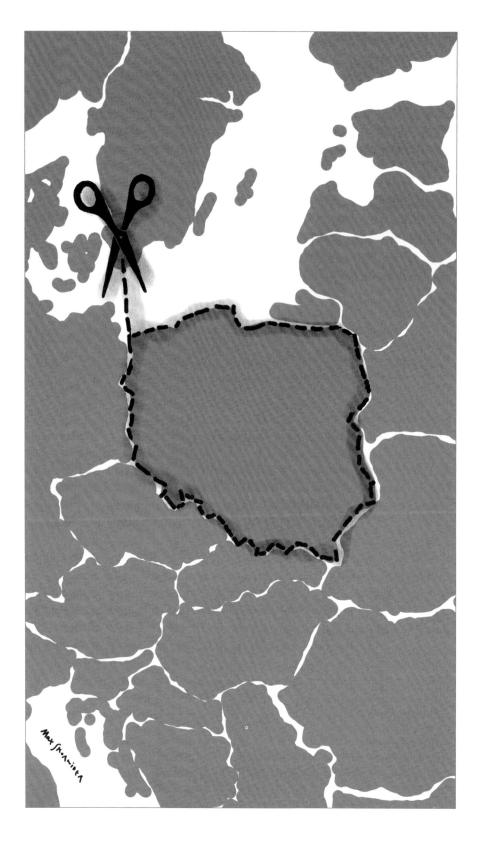

Michał Olszewski

Mobilität und Verlust

Wann haben wir uns auf die Reise gemacht? Als Nation waren wir schon immer unterwegs. Aufgrund historischer Wendungen musste man häufig nicht einmal den Fuß vor die Hütte setzen, um sich in einem anderen Land wiederzufinden. Armeen marschierten in die eine Richtung, anschließend erfolgte der Rückzug, und nach dem Rückzug kam der Gegenangriff. Die Grenzen pulsierten wie saisonale Flüsse, die mal anschwellen, mal austrocknen. Man folgte der Front oder floh vor ihr. Man haute über Hinterwalden (Zaleszczyki) ab. Man ging vom Dorf in die Stadt (niemals umgekehrt). Man zog von Polen nach Deutschland, überquerte mit Schmuggelware die Grenze, vom Alten Gebiet nach Masuren. Oft mit den Schuhen in der Hand, um sie nicht zu ruinieren. Von Holzgebäuden in rote Backsteinbauten. Man besetzte fremde Häuser oder die der Nachbar:innen, und die Nachbar:innen, sofern sie überlebten und in Polen blieben, besetzten wiederum andere Häuser, in anderen Landesteilen. Gelegentlich stellten die Eisenbahner zu diesem Zweck Sonderzüge mit Viehwaggons bereit, in denen das bewegliche Hab und Gut zusammen mit dem Hornvieh transportiert wurde. In späteren, friedlicheren Jahren kamen internationale Personenzüge, Passagierschiffe wie die »Stefan Batory« und Flugzeuge zum Einsatz. Die Geschichte Polens gründet auf ständiger Bewegung, unablässigem Reisen, immerwährendem Wandel. Vielleicht ist die mangelnde Beständigkeit einer der Gründe, warum das vom Menschen gesetzte Recht hier so schwer Wurzeln schlägt: Alles ist im Fluss, alles unterliegt Verschiebungen und Verhandlungen.

Ähnlich verhält es sich auf der Ebene der persönlichen Geschichte. Aus den Krumen dessen, was man als Familienarchiv bezeichnen könnte (ein paar Briefe und Fotos aus Amerika von vor 100 Jahren, einzelne Erzählfetzen), ergibt sich folgendes Bild: Zuerst fuhren meine Urgroßväter nach Amerika. Die Briefe, die sie schickten, sind recht schematisch – man beklagte sich über fehlende Arbeit, Geldnot und die ständige Ungewissheit. Aus irgendwelchen Gründen blieben die meisten dennoch jenseits des Ozeans. Später, noch vor dem Krieg, machte sich die Generation meiner Großmutter auf den Weg. Ein Teil kehrte zurück und folgte 1945 der Front nach Westen, um deutsche Häuser in Besitz zu nehmen. 30 Jahre nach dem Krieg emigrierten alle samt und sonders nach Amerika, die Männer meiner Tanten mit meinem Vater. Ein halbes Jahrhundert später meine Brüder, Freund:innen, Nachbar:innen. Ich bin da keine Ausnahme. Ich liege eher im polnischen Durchschnitt.

Polinnen und Polen liegt die Mobilität im Blut. Wichtiger jedoch ist, dass diese Omnipräsenz, Beweglichkeit, Cleverness und Fähigkeit, sich selbst an die exotischsten Bedingungen anzupassen, mit einem nie verheilten Groll auf die Welt einhergeht. Das Ergebnis ist ein explosives und destruktives Gemenge. Auf dem Beifahrersitz fährt bei der polnischen Mobilität immer auch der Verlust mit.

***

Was bedeutet diese Formulierung? Ich habe sie von T., mit dem ich manchmal durch Polen fahre, weil es etwas zu erledigen gibt. Ich erinnere mich ganz genau: Wir verließen Krakau auf der Woiwodschaftsstraße 780 in Richtung Westen, über Liszki, Brodła, Alwernia, Babice und Libiąż, erstmals seit langem nahmen wir nicht die Autobahn. Es wehte ein herrlicher Wind, und aus den niedrig hängenden Wolken ergoss sich eine unbestimmte Substanz, etwas, was kein Regen mehr war, aber noch kein Schnee.

Die Konzentration des Graus hatte einen kritischen Punkt erreicht – als würde es gleich über die Dämme treten und die Welt überfluten. Doch ich nahm daran keinen Anstoß. Ein matter, schneeloser Winter breitete sich ringsum aus, gleich einem uferlosen Überschwemmungsgebiet. T. fuhr mit sicherer Hand, während ich die Landschaft betrachtete, um mich mit der mir einst vertrauten Gegend auf den neusten Stand zu bringen. Nichts lenkte meine Aufmerksamkeit ab: Sonne, Schattenspiele, flimmerndes Licht in den Blättern, hoher Himmel, von den Düsenjägern zurückgelassene Narben, all dies blieb weit weg, wie harmlose Erinnerungen an die Kindergartenjahre. Es war erst Januar – eine seltsame, undefinierbare Zeit außerhalb jeglicher meteorologischer Kategorien.

Es hatte sich viel verändert, seit ich diese Straße das letzte Mal gefahren war. Zum Beispiel hatte der Besitzer der am Waldrand gelegenen Bar »Rogatka« (einst ein grauer, hoch unterkellerter Würfel mit einer Imbissbar im Erdgeschoss; ich legte mit K. dort manchmal einen kurzen Stopp ein, wegen der Leber und der Kutteln) die Fassade mit dunkelbraun gestrichenem Holz verkleidet. Diese Geste musste ihn einiges gekostet haben, doch das Gebäude hatte dadurch seinen Schrecken verloren. Auf freiem Feld tauchte »Kasztel Kajasówka« auf, einer jener Orte, die einen dezenten, nicht unbedingt billigen Rahmen für Feierlichkeiten in allen Lebensphasen bieten – von der Taufe, Kommunion, Hochzeit, Betriebsfeier bis hin zum Leichenschmaus. Die mit Granitsteinen gepflasterte Auffahrt und das insgesamt gepflegte Äußere (das Fehlen gern bespöttelter Gipslöwen, Baluster und greller Farben, der Stein passend zur weißen Fassade) deuteten darauf hin, dass man es mit einem vollkommen anderen

Modernisierungsniveau zu tun hatte als bei dem nahegelegenen und zum Verkauf stehenden Gasthof »Flamingo« – zu Beginn des 21. Jahrhunderts war dieser das kulturelle und gesellschaftliche Zentrum der Gegend gewesen, ein mit byzantinischem Prunk eingerichtetes, kanariengelbes Plastikreich *made in* China und Afrika (chinesische Aschenbecher, ein lebendes Kamel hinter dem Zaun), das auf den ersten Blick die Schwäche der Besitzer:innen für Gips-Accessoires verriet.

In der Nähe des Biedronka-Discounters in Alwernia (erinnert ihr Euch an die Wortspiele mit Biedra/Bieda und bieda,[1] als »ich gehe zu Bieda« noch eine ganz andere Bedeutung hatte, heute geht man zu Biedra, um guten Wein zu kaufen, während der einfache Arbeiter und der Chefarzt wie Gleiche unter Gleichen in den Mandarinen wühlen) stand, in Dämmerlicht getaucht, das vorübergehend geschlossene »Hell's Kebab«. Das XXL-Menü (große Portion Fleisch, Sauce, Fritten) kostet dort in etwa so viel wie ein halbes Hardcover anständiger Prosa, jedoch aus unerfindlichen Gründen verkauft sich das XXL-Menü in Alwernia besser als Bücher. Libet hingegen, eines der führenden Unternehmen auf dem Pflastersteinmarkt, schien es, der Sortimentspalette nach zu urteilen, die hinter dem Fabrikzaun in Form quaderförmiger Säulen aufgestapelt war, ausgezeichnet zu gehen. Piccola, Akropol, Favo (Marktneuheit) und Karre, Einfassungen, Stelzlager, Feinsteinzeug vom Feinsten, sie hatten sogar Golfbälle aus modischem Stampo-Beton (natürliche Poren und Anfressungen) zum Preis von 1.200 Zloty netto (ca. 260 Euro).

Die Landschaft ist ansonsten die gleiche wie überall, von Suwałki bis Jelenia Góra: neu gebaute Stadtrandsiedlungen, raumplanerische Desaster, komplette landschaftliche Anarchie ohne klare Richtungsvorgaben, alte und neue SUV in den Einfahrten, große Firmen, kleine Firmen und Kleinstfirmen, trotz des fürchterlichen Wetters hektische Betriebsamkeit der Verkäufer:innen, bei ständiger Infarktgefahr, dumpfes Flattern der Firmenflaggen im Wind, Relikte gescheiterter Unternehmungen, Anfänge neuer Vorhaben, Tankstellen, Schwärme kleiner Geschäfte und dazwischen große Fische. Selbst die schneeähnliche Flüssigkeit konnte die Landschaft relativen Wohlstands, die unsere ganz eigene, zitternde, zugleich aber entschlossene Handschrift trug, nicht überdecken.

Die Straße 780 führt mitten durch einen Landstreifen, der auf den Karten der Staatlichen Wahlkommission dunkelblau gefärbt ist. Die Unterstützung für die Partei Recht und Gerechtigkeit (Prawo i Sprawiedliwość, PiS) beträgt hier 35 Prozent und mehr, mit deutlichem Vorsprung vor dem Rest des politischen Hauptfeldes. Der statistische Lebensstandard entspricht in etwa dem nationalen Durchschnitt.

---

1 Mit Biedra/Bieda als Kurzformen von *Biedronka* (Marienkäfer) und *bieda*, dem polnischen Wort für Armut, Elend, Not (Anm. d. Übers.).

»Schau«, sagte ich zu T. in der Nähe von Auschwitz (Oświęcim), »scheint sich zu rechnen. Mit Mühe, aber sie kommen auf ihre Kosten, also auf etwas über Null. Oder?«

T., ein Kenner in Sachen Vertrieb, ließ sich nicht beirren, den Blick weiterhin auf die Straße geheftet. »Sie setzen auf Verlust, zumindest ein Teil von ihnen«, murmelte er nur. Ich verstand nicht, was er meinte. T. sah mich etwas ungeduldig an. »Egal, wie gut es läuft, es gilt, einen Verlust auszuweisen. Erst dann kommst du auf deine Kosten. Das Einkommen darf um Gottes willen nicht zu hoch sein.«

***

Darin besteht eines der Geheimnisse der polnischen Landschaft. Polen ist ein Land mit beträchtlichem Wohlstand. Um einen Eindruck davon zu bekommen, reicht schon eine Zahl: Nach Angaben der Zentralen Bauaufsichtsbehörde wurden in letzter Zeit jährlich rund 40.000 neue Einfamilienhäuser zur Nutzung übergeben. Und selbst wenn davon auszugehen ist, dass es sich hierbei um kreditfinanzierte Investitionen handelt, bedeutet dies, dass sich die Menschen einen ordentlichen Lebensstandard leisten können. Dieser Standard ist auch der außergewöhnlichen Mobilität geschuldet, der Entschlossenheit, mit der Landsleute aus dem Norden Polens auf friedliche Weise Island kolonisieren, mit der die Bevölkerung Kleinpolens in Österreich und die Bewohner:innen von Siemiatycze in Brüssel gutes Geld verdienen. Vor der Pandemie schickten die im Ausland arbeitenden Polinnen und Polen jährlich etwa 15 Milliarden Zloty (ca. 3,2 Milliarden Euro) in die Heimat. Die neuen Häuser werden unter anderem von diesem Geld gebaut.

Gleichzeitig ist die polnische Landschaft – eine Landschaft mobiler Menschen – von Wut und Verbitterung durchtränkt.

***

Warum hat man in einem erneuerten, dynamischen, bisweilen effizient verwalteten Polen, in dem dünnere und dickere Gürtel neuer Einfamilienhaussiedlungen die Städte umgeben (ich weiß, diese Effekte der Modernisierung wurden bis zum Überdruss thematisiert, und angeblich sind sie bedeutungslos, nichts anderes als Potemkinsche Dörfer, dennoch behaupte ich, dass diese Veränderungen nicht unterschätzt werden dürfen), in einem Polen, das die Welt bereist, Fremdsprachen spricht, sich in London und New York genauso heimisch fühlt wie in Lomscha (Łomża) oder Graudenz (Grudziądz), mehrheitlich einem geschlossenen, misstrauischen, aggressiven Staatsmodell zugestimmt hat, das von der Rechten propagiert wird? Warum bedeuten die Pflastersteine und das neue Auto in der Einfahrt viel weniger als die Angst vor den mythischen Flüchtlingen? Warum gehört es wieder zum polnischen Genotyp, auf Verlust zu setzen?

Ich wette, einer der Gründe ist ein pathologisch gestörtes Gleichgewicht in der Verlust- (ich streite die Verluste nicht ab, die Liste der begangenen Fehler in den letzten Jahrzehnten ist lang) und Gewinnrechnung (obwohl die Gewinne massiv sind, werden sie sorgfältig versteckt, als selbstverständlich betrachtet und ignoriert).

Das imaginierte, falsche, für den erfolgreichen PiS-Wahlkampf entwickelte Konzept »Polen in Trümmern« erwies sich als Triebfeder, die den Lauf unserer Geschichte veränderte. Dieses fatale Konzept fiel auf fruchtbaren Boden, als hätte ein großer Teil des Landes auf eine einfache, gut gestrickte, undifferenzierte Erzählung über den großen Verlust, auf ein mit dicken Strichen gezeichnetes Bild, auf ein wütendes, verweintes, aus der Gemeinschaft ausgeschlossenes, von Stärkeren ausgeraubtes und überrolltes Polen nur gewartet. In einem solchen Polen fühlen wir uns zu Hause.

Das Verlustnarrativ (nicht nur eines fiskalischen, sondern auch eines tieferen, politischen, gesellschaftlichen, geistigen Verlusts) scheint äußerst attraktiv zu sein, denn es ermöglicht uns, die Schuld für die eigenen Misserfolge bei anderen zu suchen. Der Verlust ist oft eine bequeme Angelegenheit, da er sich auf unterschiedliche Weise interpretieren lässt, zudem kann er ganzjährig geltend gemacht werden und nicht nur dann, wenn die Einkommensteuererklärung ansteht. Das Opfer maßt sich das Recht an, kategorische, ungeprüfte, rücksichtslose, häufig grausame Ansichten, ja sogar Hass äußern zu dürfen. Das Opfer darf dem (tatsächlichen oder imaginären) Peiniger ins Gesicht spucken, ihm den Tod wünschen, Galgen errichten, ihn als Hure bezeichnen oder als Denunzianten, es darf ihm damit drohen, den Kopf kahlzuscheren, und sich ein T-Shirt mit Galgenstrick und der Aufschrift »Nürnberg« überziehen. Das Opfer hat das Recht, Dinge zu tun, die andernfalls strafbar wären – weil es seiner Würde beraubt, gedemütigt und bestohlen wurde, darf es Drohungen ausstoßen und verleumden, oder ganz prosaisch einen Teil seiner Einkünfte vor dem Fiskus verstecken. Das Opfer antwortet auf alle Vorwürfe mit dem immergleichen: »Und Ihr?« Selbst wenn das Leben es gut mit ihm gemeint hat, die Kinder gesund herangewachsen sind und monatlich eine bestimmte Geldsumme auf seinem Konto eingeht (die sicherlich zu gering ist, weil sie immer zu gering ist), wird das Opfer den Verlust zelebrieren und sich denen in die Arme werfen, die ihm mit Verständnis und Aufmerksamkeit begegnen. Die Automarke, die Quadratmeterzahl der Wohnung, der Blick aus dem Fenster und der Blick in die Zukunft, das alles ist ohne Bedeutung. Von Bedeutung ist das unerträgliche Gefühl des Verlusts. Wenn dem so ist, dann sind die Fundamente des Wohlstands, die in den letzten 30 Jahren gelegt wurden, tatsächlich irrelevant, und unsere Reisen, die Überweisungsaufträge für die studierenden Kinder, die Fassaden unserer Häuser und die herausgeputzten Vorgärten nichts anderes als Potemkinsche Staffage, jenseits derer geballtes Ressentiment wütet, das durch das Sozialprogramm »500+« und die gute wirtschaftliche Konjunktur vorübergehend ruhiggestellt wird. Ohne Verlust, darauf deutet vieles hin, wäre das hiesige Leben Makulatur.

***

Doch wie hängt Verlust mit Mobilität zusammen? O grenzenlose Naivität! Rückblickend sieht man, dass es ein Fehler war, zu glauben, die Demontage von Schlagbäumen, der Bau neuer Straßen, freier Warenverkehr und die Öffnung der Arbeitsmärkte würden den Frust der Polinnen und Polen verringern, die Anschluss ans satte, wohlhabende Europa suchen. Weit gefehlt: Alte Ängste und Wütereien wurden durch neue ergänzt. Zu den alten Vorhaltungen kamen neue Vorurteile und größenwahnsinnige Mythen. In den Niederlanden arbeite schließlich niemand so hervorragend wie die Polen. Wären die Polen nicht, Deutschland würde von heute auf morgen aufhören zu existieren, weil es niemanden gäbe, der die Arbeit macht. Die besten Bauarbeiter auf Mallorca kommen von wo? Und in Schweden? Und in Italien? Wären die Polen nicht …

Das beste Beispiel dafür ist das wiederauflebende antideutsche Ressentiment. Je enger die wirtschaftliche Zusammenarbeit, je häufiger Polinnen und Polen zum westlichen Nachbarn fahren und je häufiger die westlichen Nachbar:innen zu uns kommen, desto lauter die antideutsche Rhetorik. Viele Polinnen und Polen betrachten die Heimat erneut als ein unendlich einsames Land, das fremden Mächten auf Gedeih und Verderb ausgeliefert ist, eine kleine Insel, die von fremdem Kapital kolonisiert wird. An dieser Stelle kommen wir zu einem Paradox der Mobilität: Fremdes Kapital wird in Polen fast so behandelt wie das Panzerschiff »Schleswig-Holstein«, das die Westerplatte beschossen hat. Allerdings können wir nichts Verwerfliches daran finden, dass nahezu 40 Prozent aller Einwanderer und Einwanderinnen in Island aus Polen stammen, dass in Großbritannien derzeit etwa 800.000 Landsleute leben, dass polnische Transportunternehmen, polnische Lebensmittel, polnisches Fleisch … Die Liste ließe sich endlos fortsetzen, doch die Kurzfassung lautet wie folgt: Wir (Polen) haben in der EU mehr Rechte als Ihr (Deutschen z. B.). Weil wir vor langer Zeit verraten, ausgeraubt, vernichtet wurden, weil wir von allen Völkern auf der Welt am meisten gelitten haben, steht uns eine Entschädigung zu. Wir dürfen ungehindert verkaufen, Ihr nicht. Wir haben das Recht, bei Euch Grundbesitz zu erwerben, Ihr habt dazu bei uns kein Recht. Und so weiter. Diese Überzeugung, die auf bizarre Weise Verlust mit Mobilität verbindet, ist in Polen weit verbreitet. Das anachronistische Gemecker, das von einem Teil der politischen Klasse geschürt wird, verwandelt sich zusehends in einem Fundament polnischer Außenpolitik.

Die moderne Mobilität hat uns kein Glück gebracht, keine Befriedigung gegeben. Vielleicht liegt es daran, dass sie von einem großen Teil der Gesellschaft als eine von äußeren Kräften aufgezwungene Notwendigkeit angesehen wird. Aus Kleinstädten, von pleitegegangenen Unternehmen, von denen bald nur noch zugewachsene Ruinen übrigblieben, auf die Straße gesetzt, machten wir uns auf den Weg – eher Verbannte denn Reisende aus freien Stücken. Daher womöglich die bittere Sehnsucht nach Kontinuität und Ruhe, die uns die Postmoderne genommen hat. Nach einer vorhersehbaren Welt mit klaren Wegweisern. Ob eine solche Welt jemals existiert hat, steht auf einem anderen Blatt. Sie existiert in der nationalen Mythologie, in der nostalgischen Wahrnehmung der Volksrepublik Polen, in dem von Generation zu Generation weitergegebenen Trauma des Jahres 1989, das für viele gesellschaftliche Gruppen das Datum ihrer symbolischen Verbannung wurde.

***

Ich habe nicht die Absicht, zu beweisen, dass Mobilität ein Heilmittel für alles Übel dieser Welt sei. Ein Teil der Mobilität ist außer Kontrolle geraten (vielleicht war sie von Anfang an außerhalb jeglicher Kontrolle), was 2017 in meiner Heimatstadt Lyck (Ełk) deutlich wurde, als es zu mehrtägigen, rassistischen Unruhen kam. In der Silvesternacht wurde ein tunesischstämmiger Dönerverkäufer zunächst von einem betrunkenen Polen beleidigt. Anschließend stahl der Pole vor aller Augen mehrere Getränke. Der Tunesier griff zu einem Messer, es kam zu einem Handgemenge, bei dem der Pole starb. Mehrere Tage lang wurde der Laden mit Steinen, Mülleimern und Flaschen beworfen.

Ich komme auf diesen Vorfall zurück, weil er ein Stück Wahrheit über Polen enthüllt, deren Kern die Mobilität ist. Das Vorkriegswappen meiner Heimatstadt zeigt einen Januskopf – die bildliche Darstellung des römischen Gottes, mit zwei vollständig zusammengewachsenen, männlichen Gesichtern, die in entgegengesetzte Richtungen blicken. Am Neujahrstag offenbarte die Stadt ihr Janusgesicht. Das 60.000 Einwohner:innen zählende Ełk, die Hauptstadt Masurens, ist ein besonderer Fall – seit Jahren fließen in Strömen EU-Mittel in die Stadt, und die örtlichen Beamt:innen nutzen sie effizient. Natürlich gibt es auch hier bittere Armut, wie in jeder Stadt, doch auf den ersten Blick springt ein vollkommen anderes Bild ins Auge. Renovierte, helle Straßen, hübsche Spielplätze, eine gepflegte Uferpromenade am See, eine Umgehungsstraße, die den lästigen Durchgangsverkehr aus dem Stadtzentrum verbannt, ein blitzblanker Bahnhof, neuer Asphalt und neuer Pflasterstein, neue Denkmäler und in neuem Glanz erstrahlende Fassaden ehemals deutscher Mietshäuser. Selbst die Plattenbausiedlungen wurden komplett mit wärmedämmendem Styropor isoliert. Im Sommer ist der Fernsehsender TVN in der Stadt zu Gast, entlang der Promenade veranstalten Jetskis und Segelboote Wettrennen. Nicht jedem gefällt der Pflasterstein, aber es besteht kein Zweifel, dass hier ein ordentliches Stück Arbeit geleistet worden ist. Die heruntergekommene Stadt an der Peripherie ist Geschichte. Stattdessen haben wir eine gepflegte, wohlgeordnete Stadt, die in kommunalen Ranglisten belobigt wird und, nicht nur im Nordosten, als Paradebeispiel für eine gelungene Modernisierung gilt.

Die Promenade, der neue Asphalt, die großzügige Straßenbeleuchtung, die Skulpturen und der Pflasterstein – all dies erwies sich plötzlich als belangloser Hintergrund eines Dramas. Am Beispiel von Ełk erkennt man das charakteristische und traurige Doppelleben polnischer Kleinstädte. Auf den bunten Bürgersteigen vor renovierten Fassaden trotten Frustration und Angst, denen die ausgezeichneten makroökonomischen Statistiken und die schnelle Modernisierung schnuppe sind. Die Stadt ist keine

Einöde, es geht hier interessant und abwechslungsreich zu, Künstler:innen kommen, Kinopremieren finden nach Warschauer Zeitrechnung statt, und der Veranstaltungskalender des Kulturhauses platzt aus allen Nähten. Gleichzeitig ist es einer dieser Orte, über die Andrzej Leder in *Polen im Wachtraum. Die Revolution 1939–1956 und ihre Folgen* geschrieben hat.[2] Nach dem wirtschaftlichen Zusammenbruch Anfang der 1990er Jahre, als die meisten Großbetriebe vor dem Nichts standen, blieb Bitterkeit zurück, das Gefühl, im Stich gelassen worden zu sein, das von einer Generation an die nächste weitergegeben wurde. Der Gründungsmythos meiner Heimatstadt Ełk sind nicht die ersten freien Wahlen, sondern die sterbenden Betriebe, die mehrere Jahrzehnte das Leben der Stadt geprägt haben. Der Untergang kam wie ein Tornado über Nacht und hinterließ Ruinen, die bis heute die Gegend verschandeln. Wichtiger als das, was die Bewohner:innen gewonnen haben, ist das, was ihnen durch Wirtschaft und historische Notwendigkeit genommen wurde. Ich will damit nicht sagen, das Aufkratzen der alten Wunden habe zu den Unruhen geführt – der Hauptgrund war Rassismus, gepaart mit Gewaltbereitschaft –, doch zum gesellschaftlichen Hintergrund gehört sicherlich auch dieses Element. Trotz der Jahre, die inzwischen vergangen sind, sucht die Frustration nach einem Ventil, nach Gründen, nach Vergeltung. Wir sprechen immer noch von einer der ärmsten Regionen des Landes, von einer friedlichen, sympathischen Stadt, die mit großen sozialen Problemen zu kämpfen hat; nur eine Querstraße vom Dönerladen entfernt kann man ohne Schwierigkeiten Amphetamine kaufen, vorausgesetzt, man kennt die richtige Toreinfahrt. Ełk ist seit jeher eine Stadt der Gastarbeiter:innen gewesen – nur dass sich dieser Prozess nach 1989 verstärkte und im Zuge des EU-Beitritts noch einmal beschleunigte: Es entstand eine Armee von Arbeitnehmer:innen, die zwischen Masuren und Warschau, Amsterdam, Liverpool oder Reykjavík pendeln. Niemand zählt hier die Eurowaisen[3] – ihre Existenz ist ebenso offensichtlich wie die Tatsache, dass es hier schneller dunkel wird als in Warschau. Die Stadt, die zum großen Teil von dem Geld lebt, das aus aller Welt heimgeschickt wird, zeigte an mehreren Abenden ihr bedrohliches Gesicht. Mobilität ist kein Wundermittel gegen Angst und Frustration.

***

In der Erzählung von Verlust und Mobilität fehlt noch ein Element, über das wir ungern sprechen und das sich nur sehr schwer messen lässt. In der Zahlungsbilanz sucht man vergeblich nach dem unterirdischen, unversteuerten Geldfluss, der seit Jahrzehnten durch Polen fließt. 1989 war hier kein entscheidender Wendepunkt – wir sind auch weiterhin ein Land der Schwarzarbeiter:innen, der Nebenjobs, der Zuverdienste, der Notfallkonten, der großmütterlicherseits geerbten Wohnungen, der soliden Geldspritzen

---

2 Originalausgabe – Andrzej Leder: Prześniona rewolucja. Ćwiczenia z logiki historycznej, Warszawa 2014. Siehe das Gespräch mit Andrzej Leder in diesem Jahrbuch und seinen Beitrag: Wer hat uns diese Revolution genommen? In: JAHRBUCH POLEN 2017 Politik, S. 59–72 (Anm. d. Red.).

3 Kinder, deren Eltern nach dem EU-Beitritt Geld im Ausland verdienen, oft bei Großeltern oder anderen Verwandten lebend (Anm. d. Red.).

aus dem Ausland, der Berufe, in denen es zur heiligen Tradition gehört, bestenfalls ein Nulleinkommen zu deklarieren. Früher wanderte die Kleinstadt nach Übersee aus, jetzt verdient sie in Belgien und London dazu. Früher investierte die Gemeinde Brodła in Zeltdächer, jetzt kauft man engobierte Dachziegel. Früher war es der Wunschtraum eines jeden, sein Kind nach Warschau zu schicken, jetzt verabredet sich Libiąż über Skype mit Barcelona und Rom. Polen spricht jedoch über diesen Wandel überaus einsilbig beziehungsweise mit Widerwillen (dieser schreckliche Westen), man hält sich bedeckt, wenngleich die Fundamente vieler neuer Einfamilienhäuser in Euro geschätzt werden. Das Schweigen sollte uns nicht wundern: Eine ehrliche Bilanz hätte zur Folge, dass das kategorische Narrativ des Verlusts sich nur schwer aufrechterhalten ließe.

Um im heutigen Polen normal leben zu können, muss man ständig nach Kosten suchen und den Verlust permanent im Gedächtnis bewahren.

Die positiven Folgen der Mobilität, dank derer die Welt heute völlig anders aussieht als vor 30 Jahren, rücken in den Hintergrund und werden von diesem Gefühl des Verlusts überlagert. Dabei spielt es keine Rolle, inwieweit dieser real oder imaginär ist.

Aus dem Polnischen von Andreas Volk

MICHAŁ OLSZEWSKI ist Journalist, Schriftsteller und Publizist, Chefredakteur der Krakauer Ausgabe der GAZETA WYBORCZA. Er veröffentlichte eine Reihe von Prosawerken und erhielt 2015 den Ryszard Kapuściński-Preis für sein Buch *Najlepsze buty na świecie* [Die besten Schuhe der Welt].

Agata Czarnacka

Migration, Patriotismus und kollektiver Narzissmus. Polen und die Herausforderungen der Vielfalt

In diesem Beitrag geht es um die Gegensätze, Widersprüche und Umbrüche, die man im heutigen Polen beobachten kann. Polen ist ein äußerst dynamisches Land. Die politische Erstarrung wird flankiert von einer in diesem Jahrhundert beispiellosen gesellschaftlichen Entwicklung, einem Mentalitätswandel und einer veränderten Einstellung zur Welt sowie von einem Engagement von unten, wie man es seit der *Solidarność*-Ära nicht mehr erlebt hat. Es gibt auch Faktoren für diese Veränderungen, die ohne statistische Daten und wissenschaftliche Instrumente nicht greifbar sind, die aber bewirken, dass Polen sich *nolens volens* verändern bzw. mit den Veränderungen Schritt halten muss, die zwangsläufig auf das Land zukommen.

Einer dieser Faktoren ist der Komplex der Migration, genauer gesagt die Umkehrung der Migrationstendenzen in Polen. Über einen langen Zeitraum hinweg war Polen ein Land von Emigrant:innen. Dieser Trend hielt nicht nur ein paar Jahrzehnte lang an, sondern zog sich über mindestens zwei Jahrhunderte. Im allgemeinen Bewusstsein der Bevölkerung wird diese Emigration vor allem mit politischen Faktoren in Verbindung gebracht, aber sie war auch, vielleicht sogar noch häufiger, ökonomisch begründet. Aufgrund der Klassenmerkmale jedoch rückte man die erstgenannten in ein helles Licht, während man die letzteren nicht beachtete. Die niederen Klassen emigrierten für Brot, die höheren – die Gutsbesitzer:innen und der Landadel, aber auch die verarmte städtische Intelligenz adliger und jüdischer Herkunft – emigrierten aus politischen Gründen.

Die aufeinander folgenden Migrationswellen sind leicht zu identifizieren: von den Napoleonischen Kriegen und den polnischen Legionen in Italien über die Ausreisebewegungen nach den verschiedenen Aufständen (1831 und 1863/64 usw.), hin zur großen Bewegung während des Zweiten Weltkriegs und danach, des Weiteren die Polen zur Schande gereichende erzwungene Emigration polnischer Jüdinnen und Juden in den Jahren 1968/69 und dem mit der Gewerkschaft *Solidarność* verbundenen Exodus in den 1980er Jahren, wobei in der Zeit des Kriegsrechts (1981–1983) Oppositionelle mit »Reisedokumenten« nach Entlassung aus der polnischen Staatsangehörigkeit aus dem Land gedrängt wurden.

Während dieser Emigrationswellen hätten viele Menschen selbst strenge Kriterien für einen Geflüchtetenstatus erfüllt, aber der Großteil der Ausreisenden floh weniger vor dem Regime als vielmehr aus einem Land, in dem sie für sich keine Zukunft mehr sahen. Sie flohen vor dem bleiernen, undemokratischen politischen System, das ihnen keine Aussicht bot, sich ein attraktives Leben in Wohlstand aufbauen zu können. Durch Assoziation und aufgrund ihrer Klassenzugehörigkeit zollte man solchen Emigrant:innen dieselbe Achtung wie Geflüchteten. Noch bis in die 1990er Jahre hinein, die Jahre meiner Kindheit und frühen Jugend, galten sie als Bezugspunkte, persönliche Vorbilder, Menschen, die getan hatten, was getan werden musste. Damals wurde im Bewusstsein der Jugendlichen meiner Generation die Auswanderung gleichgesetzt mit einer Karriere, und ein Auslandsstudium stand für Erfolg im Leben.

Diese Prozesse wurden von Auswanderungen überlagert, die man heute sicher als reine Wirtschaftsmigration bezeichnen würde, und zwar durch Bäuerinnen und Bauern, Arbeiterinnen und Arbeiter und Vertreter:innen des kleinen Handwerks. Kacper Pobłocki führt in seinem 2021 erschienenen Buch *Chamstwo* [Pöbel][1] die Geschichte des Protests der polnischen Pechbrenner in British-America im Jahr 1619 an und macht deutlich, dass diese Leute »in ein gottverlassenes Nest am Ende der Welt«[2] flohen, in erster Linie, um der Grausamkeit der Leibeigenschaft im damaligen Polen zu entkommen. Die polnischen Goralinnen und Goralen[3] aus der landwirtschaftlich rückständigen Region Podhale zogen im 19. Jahrhundert in das bereits höher entwickelte Amerika und gründeten u. a. in Chicago eine bedeutende polnische Diaspora. Polnische Bergarbeiter wiederum strömten massenhaft in die Kohlebergwerke in Westeuropa. Man schätzte sie als Arbeiter, deren katholischer Glaube zumindest in der ersten Generation Sympathien für den Kommunismus auszuschließen schien (aber schon 1934 wurden 77 polnische Bergleute wegen Beteiligung an einem Streik aus Frankreich ausgewiesen).

Ihr Glück im Ausland suchten Arbeiter:innen aus Landwirtschaft und Industrie, Bauarbeiter, Angehörige freier Berufe und in den letzten Jahrzehnten auch Klempner,

---

1 Der Begriff *cham* steht im Polnischen für Rüpel, aber auch für den »Pöbel«, d. h. die niederen, ungebildeten Schichten (Anm. d. Red.).
2 Kacper Pobłocki: Chamstwo. Ludowa historia Polski [Pöbel. Eine bäuerliche Geschichte Polens], Wołowiec 2021, S. 9.
3 Als Goralinnen und Goralen (von *góra* – »Berg«) werden Bergbewohner:innen, insbesondere die polnische Bevölkerung der westlichen Karpaten, bezeichnet; eigentlich (umfassender) eine Ethnie an der polnisch-slowakischen und der polnisch-tschechischen Grenze (Anm. d. Red.).

Pflegepersonal, Ärztinnen und Ärzte und viele andere. Gezielte Untersuchungen zeigten, dass die Emigration vieler Frauen durch die Flucht vor häuslicher Gewalt begründet war.[4] Der Beitritt Polens zur Europäischen Union und die Öffnung der Grenzen lösten einen weiteren Exodus aus, der von den Regierenden allerdings mit Erleichterung aufgenommen wurde, schien es doch so, als sei dadurch eine Lösung für das seinerzeit drängende Problem der sehr hohen Jugendarbeitslosigkeit gefunden. Die jüngsten Auswanderungen hatten vor allem Deutschland und Großbritannien sowie die skandinavischen Länder zum Ziel.

Nicht nur während der Teilungen, sondern auch nach der Wiedererlangung der Unabhängigkeit verharrte die polnische Kultur in einer seltsamen Schizophrenie. Der bedeutendste polnische Komponist, Frédéric Chopin / Fryderyk Szopen, war Halb-Franzose und komponierte seine Werke in Frankreich und in der Schweiz. Adam Mickiewiczs polnisches Nationalepos *Pan Tadeusz* bezieht sich – nicht nur formal – nicht auf Polen, sondern auf Litauen, das zwar mit Polen vereinigt war, aber seine klare Eigenständigkeit bewahrte; überdies klingt in der einleitenden Anrufung auch die Nostalgie des Exils an: »... ich sehe und beschreibe, denn ich sehne mich nach Dir.«

Das Hôtel Lambert in Paris war in der Teilungszeit eines der Hauptzentren der polnischen Kunst und Kultur, und in den Salons von Paris und Wien stellten die bedeutendsten polnischen Malerinnen und Maler wie z. B. der pompös-patriotische Jan Matejko ihre Bilder aus. Nach dem Zweiten Weltkrieg schließlich war eine der maßgeblichen polnischen Literaturzeitschriften, von denen die intellektuellen Kreise in Polen sich inspirieren ließen, die in Frankreich herausgegebene und in Polen nur im Untergrund verbreitete Zeitschrift KULTURA.

In der offiziellen polnischen Nationalhymne gar ist die Rede von Italien, Schweden und von Bonaparte, und ihre Eingangszeile »Noch ist Polen nicht verloren, solange wir leben« ist ein Signal dafür, dass »Polen leben wird, solange die Polinnen und Polen leben. [...] Bezeichnend ist hier das grammatische Futur: Das Wesen der polnischen Nation wird sich erst dann verwirklichen, wenn die Exilantinnen und Exilanten die Heimat befreien.«[5]

Mit anderen Worten: Noch vor wenigen Jahrzehnten konnte man durchaus schlussfolgern, dass das Herz der polnischen Nation außerhalb ihres Körpers schlägt; und das ließ sich auch durch Zahlen belegen. Noch 2011 hielt sich bei einer Zahl von 1.307.230 polnischen Haushalten mindestens eine Person über einen Zeitraum von mindestens drei Monaten im Ausland auf. Unter den insgesamt 13.571.707 Haushalten im ganzen

---

4 Sylwia Urbańska: Matka Polka na odległość. Z doświadczeń migracyjnych robotnic 1989–2010 [Matka Polka aus der Ferne. Migrationserfahrungen von Arbeiterinnen 1989–2010], Toruń 2015.
5 Brian Porter-Szücs: Gdy nacjonalizm zaczął nienawidzić: Wyobrażenia nowoczesnej polityki w dziewiętnastowiecznej Polsce [Als der Nationalismus begann zu hassen. Vorstellungen von moderner Politik im Polen des 19. Jahrhunderts], Sejny 2011. S. 30.

Land gab es nur 46.503 Haushalte, in denen mindestens ein Mitglied eine in Polen lebende ausländische Person war.[6] Ihren Höhepunkt erreichte die Zahl der im Ausland lebenden Polinnen und Polen im Jahr 2017 mit 2,54 Millionen Menschen.[7] Dann kehrte der Trend sich um, was vermutlich zum Teil durch die Einführung des ersten Kindergelds (das Programm »500+«) zu erklären ist, das die kurzzeitige Erwerbsmigration polnischer Frauen verringert haben könnte.

In den 1990er Jahren bildeten polnische Auslandsrückkehrer:innen den Großteil des Bevölkerungszustroms aus dem Ausland, insbesondere aus Deutschland, den USA und Kanada. Zugleich begann Polen, in begrenzter Zahl Geflüchtete aus Tschetschenien, dem ehemaligen Jugoslawien und aus anderen krisengeschüttelten Ländern aufzunehmen, und man setzte sich mit der illegalen Einwanderung auseinander: mit Geflüchteten aus dem damals bitterarmen Rumänien, von denen viele auf den polnischen Straßen durch ihre dunklere Hautfarbe auffielen (die Bezeichnung »Rumänin/Rumäne« galt eine Zeitlang unter Kindern als Schimpfwort).

2001 trat das Gesetz zur Repatriierung in Kraft, das sich an »im Osten verbliebene Landsleute« richtet:

> »an Nachfahren der ehemaligen Republik Polen, die Opfer des kommunistischen Terrors, die mit Gewalt aus dem Land ihrer Vorfahren vertrieben worden waren und in der ehemaligen UdSSR gegen ihren Willen in Gebieten mit schwierigsten Lebensbedingungen angesiedelt wurden; der Möglichkeit beraubt, nach Polen zurückzukehren, verfolgt um ihrer Herkunft willen und wegen ihrer Verbundenheit mit ihrem Glauben, der Tradition und der Freiheitsliebe zu einer Arbeit unter unmenschlichen Bedingungen verurteilt, zu Hunger, Krankheit, und häufig auch zu körperlichem Verfall; die sich trotz aller Widrigkeiten niemals von Polen, der polnischen Tradition und Kultur lossagten, und stattdessen ihre Liebe und Verbundenheit mit der Heimat an ihre Nachkommen weitergaben.«[8]

Das Gesetz machte den Weg für das 2007 ins Leben gerufene Programm der *Karta Polaka* (wörtlich: »Polen-Karte«) frei, die für Personen aus der ehemaligen Sowjetunion (seit 2019 auch für Auslandspolinnen und Auslandspolen aus der ganzen Welt)

---

6   Główny Urząd Statystyczny [Statistisches Hauptamt]: Gospodarstwa domowe i rodziny z migrantami – NSP 2011 [Haushalte und Familien mit Migrant:innen – Volkszählung 2011]. In: stat.gov.pl vom 13. Oktober 2015, https://stat.gov.pl/obszary-tematyczne/ludnosc/migracje-zagraniczne-ludnosci/gospodarstwa-domowe-i-rodziny-z-migrantami-nsp-2011,12,1.html (29.11.2021).

7   Główny Urząd Statystyczny [Statistisches Hauptamt]: Informacja o rozmiarach i kierunkach czasowej emigracji z Polski w latach 2004–2019 [Informationen über Umfang und Richtung der vorübergehenden Auswanderung aus Polen in den Jahren 2004–2019]. In: stat.gov.pl vom 19. November 2020, https://stat.gov.pl/obszary-tematyczne/ludnosc/migracje-zagraniczne-ludnosci/informacja-o-rozmiarach-i-kierunkach-czasowej-emigracji-z-polski-w-latach-2004-2019,2,13.html (29.11.2021).

8   Gesetzblatt 2000 Nr. 106, Pos. 1118.

Aufenthaltsregelungen und die legale Aufnahme einer Arbeitstätigkeit erleichterte. Voraussetzung dafür ist der Nachweis der polnischen Herkunft oder Nationalität sowie der »Verbindung mit dem Polentum durch zumindest grundlegende polnische Sprachkenntnisse sowie die Kenntnis und Kultivierung polnischer Traditionen und Bräuche«.

Etwa ab 2012 begann man in Polen, die Einwanderungssituation zu vereinfachen – von liberaleren Abschaffungsvorschriften bis hin zu einer gemäßigten Visa-Politik. Seit 2013 gibt es eine befristete Einwanderung:

> »Während sich im Zeitraum 2007–2013 die Gesamtzahl der Ausländer:innen mit einem der erwähnten Aufenthaltstitel [das heißt mit einer Aufenthaltserlaubnis] von 76.400 auf 121.200 erhöhte (das entspricht einer durchschnittlichen Zunahme um 13.500 pro Jahr), bewegte sich dieser Anstieg in den Jahren 2014–2019 im Bereich von 175.100 bis 422.800 (durchschnittlich eine Zunahme um 50.300 pro Jahr)«,

so das Statistische Hauptamt.[9] Im Jahr 2019 gab es in Polen 422.838 Ausländer:innen mit einer gültigen Aufenthaltserlaubnis, und es wurde eine Rekordzahl von 444.738 Arbeitsgenehmigungen erteilt.

Die meisten Arbeitsmigrantinnen und -migranten in Polen kommen aus der Ukraine – sie erhielten im Durchschnitt 70 Prozent aller in Polen erteilten Arbeitsgenehmigungen, dann folgen Personen aus Belarus, Moldawien, Nepal, Indien, China, Bangladesch und Vietnam. Da sich die meisten Neuankommenden äußerlich kaum von den Polinnen und Polen unterscheiden und weil die Verwandtschaft der Sprachen das Erlernen des Polnischen erleichtert, bemerken große Teile der polnischen Bevölkerung kaum, dass Polen längst nicht mehr das ethnisch homogene Land ist, für das man es nach den antisemitischen Säuberungen von 1968 hielt. Es fehlt nach wie vor an Integrationsmaßnahmen sowie an grundlegenden Kommunikations- und Bildungsmaßnahmen für polnische Bürger:innen, durch die sie auf die typischen Herausforderungen vorbereitet würden, denen sich Länder gegenüber sehen, die Immigrant:innen aufnehmen.

Als im Jahr 2021 an der Adam-Mickiewicz-Universität in Posen Studienbewerberinnen und Studienbewerber mit ostslawischen Familiennamen bei den Aufnahmeprüfungen die besten Ergebnisse erzielten und die meisten Studienplätze erhielten, hagelte es sofort Anschuldigungen, dass Ausländer:innen »aus Prestigegründen« mit »gekauften Abiturzeugnissen« aufgenommen worden seien. Die Hochschule erklärte, dass unter den Studierenden Personen mit der *Karta Polaka* oder einem anderen ständigen Aufenthaltstitel seien (mit der Aufenthalts-Karte ist man an den öffentlichen polnischen

---

9 Główny Urząd Statystyczny: Sytuacja demograficzna Polski do 2019 r. Migracje zagraniczne ludności w latach 2000–2019 [Die demografische Situation in Polen bis 2019. Ausländische Migration der Bevölkerung zwischen 2000 und 2019], Warszawa 2020.

Hochschulen von Studiengebühren befreit).[10] Die Hochschulen sind in ihren Bemühungen erfolgreich, junge Ukrainerinnen und Ukrainer zum Studium in Polen zu bewegen, und von den Arbeitgeberinnen und Arbeitgebern werden sie gern eingestellt. Eine Integrationspolitik gibt es aber immer noch nicht. Das hat sogar einige tragische Todesfälle zur Folge gehabt.

2016 wurde der ukrainische Staatsbürger Igor Stachowiak auf einer Polizeistation getötet.[11] Im Januar 2021 wurde eine Frau zu einer (sehr niedrigen) Haftstrafe von 22 Monaten verurteilt, weil sie 2019 für einen von einem Hitzschlag betroffenen Angestellten (einen ukrainischen Schwarzarbeiter) keine Hilfe geholt hatte. Infolgedessen starb der Mann, und die Arbeitgeberin brachte seine Leiche in einen 125 Kilometer entfernten Wald.[12] Im August 2021 wiederum kam der ukrainische Staatsbürger Dmytro Nikiforenko in einer Ausnüchterungszelle in Breslau ums Leben. Laut Zeugenberichten hätte er höchstwahrscheinlich gar nicht dort sein dürfen. Er wurde geschlagen, mit Gas betäubt und erstickte schließlich.[13] Dieser Todesfall stand in einer Reihe von drei Polizeimorden innerhalb weniger Wochen; bei den anderen Opfern handelte es sich um einen verhinderten Selbstmörder und einen wegen Drogenmissbrauchs bekannten Jugendlichen. Die Behörden streiten ab, dass hier möglicherweise ein strukturelles Problem vorliegen könnte.

Zu dem Fehlen einer Integrationspolitik und den deutlichen Signalen seitens der Behörden, dass man sich nicht auf die Seite der Ukrainer:innen stellen werde, kommt eine ständige unterschwellige Abneigung gegen alles Östliche hinzu. Polen wollte immer Teil des Westens sein, und das bedeutete, dass man sich von den östlichen Nachbarinnen und Nachbarn distanzierte. Wenn die Menschen unzufrieden mit der Regierungspartei sind, benutzen sie als Sinnbild für den politischen und moralischen

---

10 Paulina Nowosielska: Ofensywa studentów ze Wschodu. Jak UAM znalazł sposób na poprawę pozycji w międzynarodowych rankingach [Studierendenoffensive aus dem Osten. Wie die Adam-Mickiewicz-Universität (UAM) einen Weg fand, ihre Position in internationalen Rankings zu verbessern]. In: DZIENNIK GAZETA PRAWNA vom 21. Juli 2021, https://serwisy.gazetaprawna.pl/edukacja/artykuly/8212694,uam-ukraincy-studenci-pierwszego-roku-rankingi-miedzynarodowe.html (22.1.2022).

11 Nach Medienberichten über Folterungen an Igor Stachowiak setzte sich u. a. der polnische Ombudsmann für Bürgerrechte Adam Bodnar für eine Untersuchung ein. Im Juni 2019 wurden vier Polizisten, die mutmaßlichen Täter, von einem Breslauer Bezirksgericht zu Gefängnisstrafen verurteilt. Das Urteil des Gerichtshofs ist allerdings noch nicht rechtskräftig (Anm. d. Red.).

12 »Nie wezwała karetki do umierającego pracownika, ciało wywiozła do lasu. Jest prawomocny wyrok« [»Sie rief keinen Rettungswagen für den sterbenden Angestellten, die Leiche fuhr sie in den Wald. Das Urteil ist rechtskräftig«]. In: GAZETA.PL vom 22. Januar 2021, https://wiadomosci.gazeta.pl/wiadomosci/7,114883,26713941,nie-wezwala-karetki-do-umierajacego-pracownika-cialo-wywiozla.html (29.11.2021).

13 Jacek Harłukowicz: Śmierć Dmytra Nikiforenki we Wrocławiu. Kolejne nagranie z monitoringu przeczy wersji policji [Der Tod von Dmytro Nikiforenko in Breslau. Ein weiteres Überwachungsvideo widerlegt die Polizeiversion]. In: WYBORCZA.PL vom 7. September 2021, https://wroclaw.wyborcza.pl/wroclaw/7,35771,27539824,smierc-dmytro-nikiforenki-kolejny-monitoring-przeczy-wersji.html (29.11.2021).

Verfall die Formel »Hier ist Russland!« Aber so, wie in der unterschiedlichen Haltung der Polinnen und Polen gegenüber Geflüchteten und »Wirtschaftsmigrant:innen« ein nicht immer bewusster Klassen-Subtext zu spüren ist, so schwingen in der Abneigung gegen alles Östliche auch nicht überwundene Ressentiments mit.

Bis zum Zweiten Weltkrieg umfasste das polnische Staatsgebiet beträchtliche Territorien in der heutigen Ukraine und im heutigen Belarus, die sogenannten *Kresy*. Die von dort vertriebenen Polinnen und Polen pflegten die Erinnerung an diese ehemaligen polnischen Ostgebiete mit großer Nostalgie. Kein Wunder, waren die polnischen Besitztümer doch praktisch Latifundien, und das System, das dort herrschte, hält man heute in fortschrittlich denkenden Kreisen in Polen für kolonialistisch. In diesen Regionen bedeutete Pole »Herr«, und die lokale ostslawische Bevölkerung waren die »Untergebenen«. Gesellschaftliche Stellung konnte man an der Sprache erkennen: Ein polnischer Akzent verlieh der Sprecherin oder dem Sprecher einen höheren Status, während die lokalen Dialekte ihn abwerteten. Bei den heutigen Einwanderinnen und Einwanderern aus der Ukraine verrät ihr Akzent ebenfalls die Herkunft, wodurch bei den Polinnen und Polen unbewusste Überlegenheitsgefühle ausgelöst werden können:

> »Keiner braucht mich mit Konversation zu unterhalten, das ist mein Job, ich fahre mit meinen eigenen Gedanken. Aber wir sind Menschen, ›Guten Tag‹ ist wichtig. Da bezahlt einer 10 Zloty für die Fahrt, und einen Moment lang will er glauben, dass er einen Sklaven angestellt hat.«

Dieses Zitat aus einer Reportage über Warschauer Taxifahrer:innen aus dem Osten ist bezeichnend.[14]

Zwar haben sich die Ukrainerinnen und Ukrainer nahtlos in die polnische Landschaft eingefügt, aber bei den Polinnen und Polen scheint es erhebliche Vorbehalte gegen die Aufnahme von Geflüchteten zu geben. Die Wahlen im Jahr 2015, bei denen die populistisch-konservative Partei Recht und Gerechtigkeit (Prawo i Sprawiedliwość, PiS) an die Macht kam, wurden von der sogenannten Flüchtlingskrise im selben Jahr überschattet. Zwar verliefen damals die Haupt-Fluchtrouten nach Europa nicht durch Polen, aber die Anti-Flüchtlingsrhetorik beherrschte den Wahlkampf, und in der Folge stellte der Widerstand Polens gegen die Aufnahme von mehreren Tausend Geflüchteten die Grundlagen des europäischen Verteilungsmechanismus 2016 in Frage.

2021 nahm eine Tragödie ihren Lauf, als die Behörden in Belarus als Reaktion darauf, dass Alexander Lukaschenkas politische Gegner:innen von den belarusischen

---

14 Aleksandra Szyłło: Co słyszy ukraiński taksówkarz w Warszawie. »Jest taki typ, przekonany, że Uber to służący. Wchodzi i rozkazuje« [Was ein ukrainischer Taxifahrer in Warschau zu hören bekommt. »Da ist ein Typ, der meint, dass Uber sein Bediensteter sei. Er steigt ein und erteilt Befehle«]. In: GAZETA WYBORCZA vom 27. September 2021.

Nachbarländern und EU-Mitgliedsstaaten Lettland, Litauen und Polen unterstützt wurden, begannen, Geflüchtete aus Afghanistan und dem Irak zur Westgrenze von Belarus umzuleiten. Im August saß eine Gruppe von mehreren Dutzend Afghaninnen und Afghanen an der polnisch-belarusischen Grenze auf Höhe der Ortschaft Usnarz Górny fest und geriet in ein Kräftemessen zwischen polnischen Grenzsoldat:innen auf der einen und belarusischen auf der anderen Seite. Die Gruppe (Männer, Frauen und Kinder, und auch eine Katze) campierte tagelang im Grenzgebiet, mit völlig unzureichender Versorgung. Die Grenzsoldat:innen verwehrten nicht nur den Geflüchteten das Stellen eines Antrags auf internationalen Schutz, sie ließen auch polnische Aktivistinnen und Aktivisten mit Lebensmitteln, Getränken und einer medikamentösen Grundversorgung nicht passieren. Polnischen Parlamentarier:innen oder Ärztinnen und Ärzten wurde ebenfalls kein Zugang zum Grenzgebiet gewährt.

Usnarz Górny wurde zu einem Schauplatz des langsamen Sterbens vor den Kameras, bis der schließlich am 2. September 2021 verhängte Ausnahmezustand es möglich machte, die Journalist:innen des Ortes zu verweisen und die Aktivist:innen aus dem gesamten Grenzstreifen zu Belarus zu entfernen. Ursprünglich war die Dauer des Ausnahmezustands auf 30 Tage festgesetzt worden, und in dieser Zeit wurden mindestens vier Todesopfer auf polnischer und ein weiteres Opfer auf der belarusischen Seite gefunden.

Die polnische Gesellschaft befürwortete die Maßnahmen: 46,7 Prozent der Polinnen und Polen waren der Meinung, dass der Ausnahmezustand verlängert werden sollte, nur 37,5 Prozent waren dagegen.[15] Um sich zusätzliche Unterstützung zu sichern, veranstaltete die Regierung eine Pressekonferenz, auf der Verteidigungsminister Mariusz Błaszczak und Innenminister und Geheimdienstbeauftragter Mariusz Kamiński Material präsentierten, das angeblich bei aufgegriffenen Geflüchteten gefunden worden war, darunter Fotos von Mitgliedern des Islamischen Staates, ein Plan der Moskauer Metro und tierpornografische Aufnahmen. Die Konferenz wurde vom öffentlichen Fernsehen in der Hauptnachrichtensendung übertragen und so kommentiert: »Illegale Migrantinnen und Migranten fälschen Dokumente, um ihre wahre Identität zu verschleiern. Das beschlagnahmte Material lässt darauf schließen, dass sich unter ihnen auch Drogensüchtige, Pädophile und Zoophile befinden.«[16]

---

15 »Przedłużenie stanu wyjątkowego. Jakiej decyzji chcą Polacy? (Sondaż)« [»Verlängerung des Ausnahmezustands. Welche Entscheidung wollen die Polen? (Umfrage)«. In: RMF24.PL vom 28. September 2021, https://www.rmf24.pl/fakty/polska/news-przedluzenie-stanu-wyjatkowego-jakiej-decyzji-chca-polacy-so,nId,5540516#crp_state=1 (25.1.2022).

16 »Szokujące zdjęcia na konferencji Kamińskiego. ›Wiadomości‹ TVP pokazały materiał« [»Schockierende Bilder bei der Pressekonferenz von Kamiński. TVP zeigte das Material in den ›Nachrichten‹]«. In: WP.Pl vom 27. September 2021, https://wiadomosci.wp.pl/szokujace-zdjecia-na-konferencji-kaminskiego-pokazaly-je-wiadomoscitvp-6687830398065280a?nil=&src01=f1e45&src02=isgf (7.12.2021).

Das gezeigte Material wurde rasch entlarvt:

> »Der bedrohlich wirkende Mann, der sich anschickt, einen Gefangenen zu töten, und auf einem Foto während der Ministerkonferenz zu den illegalen Einwanderer:innen zu sehen war, ist seit 2019 tot. Er war einer der gefährlichsten Henker des Islamischen Staates. Wir wissen nicht, warum ein sich in Polen befindlicher Einwanderer auf seinem Smartphone ein Teil dieses Fotos haben sollte. Aber eines wissen wir mit Sicherheit: Nicht der Mörder auf dem Foto wollte nach Polen einreisen. Und er versucht auch nicht, die polnisch-belarusische Grenze zu überqueren. Weitere Fotos von der Ministerkonferenz von Mariusz Błaszczak und Mariusz Kamiński vom Montag, bei der das bei einigen Migrant:innen gefundene Material präsentiert wurde, hat man als allgemein zugänglich im Internet identifiziert.«[17]

In den Aufnahmen der Tiersex-Praktiken erkannte man Ausschnitte aus einem europäischen Pornofilm wieder. Schon allein die Entscheidung, Daten von Smartphones zu präsentieren, die (angeblich?) bei Geflüchteten gefunden worden waren, erregt Verdacht.

Beim Umgang mit Geflüchteten überrascht, dass das Aggressionspotential der Grenzsoldat:innen gesellschaftlich gebilligt wird, und es überrascht auch der scheinbar übermächtige Wunsch, die Geflüchteten nicht nur physisch zu vernichten, sondern sie auch öffentlich zu diskreditieren und zu entmenschlichen. Die Unverhältnismäßigkeit der eingesetzten institutionellen und politischen Gewalt wirkt wie eine Erschütterung, wie ein Zerfall der Bezugswelt. Die Projektion eigener Ängste und Schuldgefühle auf Geflüchtete – auf Geflüchtete, die kommen, um den europäischen Wohlstand »auszubeuten«, während die Regierungspartei ihr Interesse an den ausschließlich materiellen Aspekten der EU-Mitgliedschaft nicht verhehlen kann, was umgangssprachlich »Brüsseler Sprossen ausquetschen« genannt wird – um damit die darauffolgende Aggression zu begründen, erinnert an einen Wutausbruch, der an eine narzisstische Psychose grenzt. Das erscheint verständlicher, wenn man sich die historischen Muster des Patriotismus und der Einstellung gegenüber Ausländerinnen und Ausländern in Polen anschaut, die deutliche Züge eines kollektiven Narzissmus tragen.

Die historisch enthusiastische Haltung gegenüber Ausländerinnen und Ausländern war mit der Überzeugung von der messianischen Rolle Polens verbunden, Europa zu »erlösen« gemäß dem Motto der Romantik »Polen, der Christus der Nationen«, einem Programm, das der romantische Dichtergenius, Adam Mickiewicz, in seinem Drama

---

17 Anna Mierzyńska: Nie tylko »krowa Kamińskiego«. Wątpliwości co do kolejnych zdjęć z ministerialnej konferencji [Nicht bloß »Kamińskis Kuh«. Zweifel an weiteren Fotos der Ministerkonferenz]. In: OKO.PRESS vom 29. September 2021, https://oko.press/nie-tylko-krowa--kaminskiego-watpliwosci-co-do-kolejnych-zdjec/ (2.12.2021).

Dziady (Die Ahnenfeier) vorstellte. Wer aus dem Westen nach Polen kam, wurde als potentielle Verbündete bzw. potentieller Verbündeter begrüßt, und wer aus Polen flüchtete, trug die polnische Mission in seinem Herzen, was ihm verständlicherweise dabei half, trotz der Situation, in der sich sein Heimatland befand, einigermaßen seine Würde zu bewahren. Der romantische polnische Patriotismus wirkte wie die hochfliegenden Wunschträume eines verfolgten Kindes.

Der Gegenentwurf, der positivistische Patriotismus, beruhte auf dem scheinbar unschuldigen Prinzip der organischen Arbeit. Im Grunde enthielt die organische Arbeit jedoch nach Ansicht der polnischen Patriotinnen und Patrioten immer eine Dimension von disziplinierendem Wissen bzw. Autorität. Sie war auch von der Sünde des Organizismus belastet, das heißt von der Annahme, dass für eine gut funktionierende Gesellschaft Ungleichheiten unerlässlich seien, und die Polinnen und Polen sollten in dieser Hierarchie selbstverständlich an der Spitze stehen, im Gegensatz zu den Teilungsmächten einschließlich der rückständigen Russinnen und Russen oder anderer Nationen der Republik – z. B. Jüdinnen und Juden, Ukrainer:innen, Rutheninnen und Ruthenen, Armenier:innen oder *Tutejsi*. Mit dem Begriff *Tutejsi* (Hiesige) wurden u. a. Bewohner:innen der *Kresy* bezeichnet, die keine eindeutige nationale Identität besaßen. Sie waren weder Polinnen/Polen noch Belarusinen/Belarusen und sprachen Mischdialekte aus beiden Sprachen.

Beiden Versionen des polnischen Patriotismus wohnte eine stark narzisstische Komponente inne, die nie überwunden worden ist. Versuche einer historischen Revision der polnisch-ukrainischen Beziehungen wie im Film *Wołyń* (Wolhynien) von 2016 oder einer Überwindung der Überzeugung, Polinnen und Polen seien während des Zweiten Weltkriegs ausschließlich judenrettende Gerechte, aber niemals Erpresser:innen oder Helfershelfer:innen gewesen, und insbesondere das Erinnern an Pogrome an der jüdischen Bevölkerung, die von Polinnen und Polen nach dem Krieg begangen wurden, stießen auf heftige Reaktionen. Sie hatten auch Gerichtsprozesse, etwa gegen die Soziologin Barbara Engelking und den Historiker Jan Grabowski, die über die Geschichte der Jüdinnen und Juden forschen, zur Folge und sogar den Versuch, Wissenschaftler:innen durch die Einführung eines Gesetzes, das »die Verunglimpfung des guten Namens der polnischen Nation« unter Strafe stellte, mundtot zu machen.

2021 wurden die christologischen Fantasien der Polinnen und Polen mit der Wirklichkeit konfrontiert. Die erneute Zuspitzung der sogenannten Flüchtlingskrise fiel überdies zeitlich mit der schwierigen Situation während der Pandemie zusammen und damit, dass Polens Position im Streit um die Rechtsstaatlichkeit und die polnische Politik gegenüber der Europäischen Union unverkennbar gescheitert war. Es hat Symbolcharakter, dass die EU die Aussetzung der Zahlungen aus dem Europäischen Corona-Wiederaufbaufonds wegen der Nichteinhaltung der Rechtsstaatlichkeit durch Polen an demselben Tag ankündigte, an dem das Gesetz über den Ausnahmezustand in Kraft trat.[18] Im Grunde ist es nicht verwunderlich, dass es zu einer sogenannten Dekompensation kam. Narzissmus, auch kollektiver Narzissmus, resultiert aus der Unkenntnis der Beziehungen, die ein Individuum (oder eine Gemeinschaft) zu seinen Mitmenschen hat. Deshalb sind narzisstische Personen von ihrer eigenen Allmacht überzeugt – in ihrer Vorstellung agieren sie in einem sozialen Vakuum. Kommt es zu einer Konfrontation, und kann die Tatsache, dass man voneinander abhängig ist, nicht mehr geleugnet werden, so wirkt das typische Abwehrverhalten der narzisstischen Person wie eine psychotische Handlung: Verleugnung der Wirklichkeit, Projektionen, Versuche, die »Gegnerin« bzw. den »Gegner« durch Entmenschlichung, Diskreditierung und schließlich physische Gewalt zu vernichten.[19]

Nur so kann ich mir jedenfalls die Haltung und das Vorgehen der polnischen Regierung erklären.

Aus dem Polnischen von Jutta Conrad

AGATA CZARNACKA ist Politikphilosophin, Übersetzerin und feministische Aktivistin. Sie ist ehemalige Chefredakteurin des Portals LEWICA24.PL. Sie ist Mitglied im Komitee »Ratujmy Kobiety« (Rettet die Frauen) und Mitveranstalterin der Schwarzen Proteste sowie des Frauenstreiks in Warschau. Sie schreibt regelmäßig für die GAZETA WYBORCZA und das Portal POLITYKA WEEKLY, wo sie Autorin des Blogs »Grand Central« ist.

---

18 [aw/pap]: Unia Europejska straciła cierpliwość. Nie odkręci kurka z pieniędzmi [Die Europäische Union hat die Geduld verloren. Sie wird den Geldhahn nichtaufdrehen]. In: BANKIER.PL vom 2. September 2021, https://www.bankier.pl/wiadomosc/Unia-Europejska-wstrzymala-przekazanie-pieniedzy-z-Funduszu-Odbudowy-8181245.html (3.12.2021).
19 Marie-France Hirigoyen: Les Narcisse. Ils ont pris le pouvoir, Paris 2019.

Der politische Konflikt bleibt noch immer ein Spiel der Intelligenz

Mit Tomasz Zarycki spricht Aleksandra Konarzewska

Aleksandra Konarzewska: In Deinem Text *Pan* hast Du im Jahr 2015 geschrieben, dass sich der tatsächliche Konflikt in Polen zwischen denjenigen abspiele, »die sich erfolgreich auf die Ideale der Intelligenz berufen und denen, welchen die Identifikation mit der Identität der polnischen Intelligenz und ihren Werten schwerer fällt.«[1] Das war vor sieben Jahren; seitdem fanden in Polen fünf Wahlen statt, die allesamt von der populistischen Rechten gewonnen wurden (jeweils zweimal in den Jahren 2015 und 2019 sowie 2020). Würdest Du Deine Aussage auch heute so wiederholen?

Tomasz Zarycki: Ich sehe hier nach wie vor den Mechanismus der *longue durée*. Die Spannungen, die wir gegenwärtig in Polen sehen, mögen Emotionen hochkochen lassen, aber meiner Meinung nach beeinträchtigen sie die Tiefstrukturen des Landes in keiner Weise.

Dein Text, der später die Grundlage für ein Buch[2] bildete, erschien damals noch vor der Migrationskrise und der damit verbundenen Anti-Flüchtlings-Kampagne der Partei Recht und Gerechtigkeit (Prawo i Sprawiedliwość, PiS), die politisch sehr erfolgreich war. Heute sind wir da schon schlauer, wir wissen nun, wie eine Regierung der »Nicht-Intelligenz« den öffentlichen Raum umgestalten kann.

---

1 Tomasz Zarycki: Pan [Herr]. In: Res Publica Nowa 2015, Nr. (4) 222. https://publica.pl/teksty/zarycki-pan-55491.html (18.12.2021).
2 Rafał Smoczyński, Tomasz Zarycki: Totem inteligencki: Arystokracja, szlachta i ziemiaństwo w polskiej przestrzeni społecznej [Der Totem der Intelligenz: Aristokratie, Adel und Landadel im polnischen gesellschaftlichen Raum], Warszawa 2017.

Ich bin keinesfalls der Meinung, dass die PiS-Regierung weniger zur Intelligenz gehört als ihre Vorgänger, schließlich haben wir es hier mit Jarosław Kaczyński zu tun, den ich für einen Intelligenz-Vertreter *par excellence* halte. Zusammen mit einigen seiner Mitstreiter:innen in der PiS-Partei bildet er eine der Gruppierungen der polnischen Intelligenz. Die Minister:innen aus dem Lager der PiS, wie z. B. den polnischen Bildungsminister Przemysław Czarnek, kann man auch als der Intelligenz zugehörig bezeichnen, allerdings auf einem viel niedrigeren Niveau. Auch wenn das in der Realität Menschen sind, die bei Teilen der Elite des Landes auf Ablehnung stoßen, vor allem bei der liberalen Intelligenz. Leute wie Minister Czarnek repräsentieren eine eher provinzielle Intelligenz, sie wollen gern der Elite angehören und stehen dabei in Konflikt mit der alten liberalen Intelligenz. Daraus erklärt sich die Reaktion, Figuren wie Czarnek ihre Zugehörigkeit zur Intelligenz abzusprechen, daraus folgen ständige Streitereien, wer nun wahrhafte Vertreter:innen der Intelligenz seien und somit rechtmäßige Nachfolger:innen des geschichtlichen Erbes.

Wer also gehört dann nicht zur Intelligenz?

Etwas vereinfacht ausgedrückt, sind die Gegenspieler:innen der Intelligenz strukturell gesehen entweder im reichen Bürgertum zu finden, also unter den Kapitalist:innen, oder innerhalb der politischen Eliten. Meiner Ansicht nach gibt es in Polen seit dem Untergang des Kommunismus keine Partei-Nomenklatura mehr. Kaczyński mag durchaus Ambitionen gehegt haben, eine neue, ihm ergebene politische Herrschaftselite aufzubauen, doch selbst er war bislang nicht in der Lage, eine Gruppe zu formieren, welche ihren Nachfolger:innen die politische Macht gewissermaßen einfach weitervererben könnte, so wie das beispielsweise in Russland der Fall ist. Andererseits gibt es in Polen einige sehr reiche Menschen, deren gesellschaftlicher Status sich einzig und allein vom Geld ableitet. Für mich sind das keine Vertreter:innen der Intelligenz. Für diesen Typ Mensch steht exemplarisch Zygmunt Solorz, der Eigentümer des Fernsehsenders POLSAT. Über Solorz werden in hohen Kreisen schon seit langem Witze gemacht. Ich kann mir jedoch gut vorstellen, dass ihm das völlig egal ist. Schließlich ist Solorz so wohlhabend, dass er den Menschen seine kulturellen Fähigkeiten nicht extra beweisen muss. Nicht zur Intelligenz gehört jemand, der bewusst auf das Spiel der Intelligenz verzichtet, also an Debatten nicht teilnimmt, die sich darum drehen, wer ein richtiger Patriot sei oder wer ein entsprechendes kulturelles Niveau repräsentiere. Das ist ein Mensch, der in der Lage ist, laut und deutlich zu sagen: »Schaut her, ich bin ein erfolgreicher Geschäftsmann und es ist mir völlig egal, was ihr über meine Bibliothek denkt, denn ich habe gar keine.«

In dem Roman *Trans-Atlantik* von Witold Gombrowicz (1904–1969) rühmt sich der Millionär Gonzalo seiner stattlichen Bibliothek und der eigens von ihm angestellten »Berufsleser«, die nur dafür bezahlt werden, dass sie für ihn die Bücher lesen …

Ja, natürlich, wenn sich jemand öffentlich zu so etwas bekennt, dann positioniert er sich damit eindeutig außerhalb der Intelligenz. Andererseits ist die Definition des

Begriffs »Intelligenz« in Polen wirklich schwer zu fassen, da sie auf der politischen Bühne eine sehr wichtige Rolle spielt. Wer ist nun ein »rechtmäßiger Vertreter der Intelligenz«, hat also das Recht, in der Debatte das Wort zu erheben? Die richtige Bühne zu treten? Die richtige Definition zu formulieren und zu forcieren, ist ein Teil des Kampfes, deswegen möchte ich hier kein endgültiges Urteil fällen. Ich habe eher den Eindruck, dass alle, die ihr Interesse an diesen Streitigkeiten bekunden oder sich sogar direkt daran beteiligen, automatisch ein Teil der Intelligenz bzw. des Feldes der Intelligenz werden. Man kann das Ganze auch unter dem Gesichtspunkt innerer Hierarchien betrachten. Wir haben in Polen eine vorwiegend städtisch geprägte Intelligenz-Elite, deren Angehörige sich »in den Salons« treffen, sie ist in ihrer Exklusivität offenkundig, ihr Einflussbereich sichtbar. Weiterhin haben wir es mit Vertreter:innen einer räumlich eher verteilten Intelligenz zu tun, das sind zum Beispiel Lehrer und Lehrerinnen in Kleinstädten und auf dem Land. Sowohl die einen als auch die anderen zählen zur polnischen Intelligenz, doch die Lehrkräfte auf dem Land verfügen nicht ansatzweise über die Erfahrungen und Privilegien der großstädtischen Eliten, sie haben also nicht den gleichen Status, ihr Einflussbereich sowie ihre öffentliche Sichtbarkeit sind deutlich geringer, sie haben einfach nicht den Zugriff auf die gleichen Ressourcen. Als ich über die Hegemonie der Intelligenz in Polen schrieb, habe ich über die Elite und ihre aus diesem Status resultierenden Privilegien geschrieben. Für die meisten Vertreter:innen der Intelligenz in den Kleinstädten und auf dem Land ergeben sich jedoch aus ihrem Status keine besonderen Privilegien, mal abgesehen vielleicht von einem gewissen Prestige in ihrem lokalen Umfeld, wenngleich auch das nicht immer unbedingt der Fall sein muss.

Seitdem die PiS an der Macht ist, müssen in den Bereichen Bildung, Lehre oder Kultur tätige Menschen, die linke bzw. liberale Standpunkte vertreten, zum Teil wirklich ums berufliche Überleben kämpfen. Minister Czarnek hat eigenmächtig das Punktesystem für wissenschaftliche Publikationen verändert, das staatliche Buch-Institut (Instytut Książki) verweigert mittlerweile die finanzielle Unterstützung der Übersetzung bestimmter polnischer Titel in andere Sprachen …

Das bestätigt für mich, dass der Minister zur Intelligenz zu rechnen ist. Und zwar scheint er sogar ein ganz eifriger Vertreter zu sein, da er sich an derlei Spielchen beteiligt, die für Außenstehende völlig unsinnig erscheinen müssen. Wenn Du Bekannten davon erzählst, die nicht im Bereich Lehre und Forschung arbeiten, dass man sich hier tatsächlich um Punkte für Veröffentlichungen in wissenschaftlichen Zeitschriften streitet, dann zeigen sie Dir vermutlich einen Vogel. Als würden sich kleine Kinder im Kindergarten um ihr Lieblingsspielzeug streiten. Dass Czarnek gewissermaßen um einen Prestigebereich in Polen kämpft und dass dieser Streit bei den Menschen so starke Emotionen hervorruft, bestätigt meiner Meinung nach nur die Wichtigkeit dieses Themas für die Deutungshoheit der Intelligenz. Oberflächlich anmutende Fragestellungen, irgendwelche Berichte der PiS, kleinere Änderungen im Geschichtslehrplan der polnischen Schulen, gewisse Mythen der polnischen Rechten und andere Dinge, die mit dem breit verstandenen modernen Zeitalter nichts zu tun haben, rufen bei der liberalen Intelligenz-Elite den Anschein hervor, das Ende der Welt stünde bevor und in Polen geschähen schreckliche Dinge. Das alles zeigt nur, dass die Themenfelder im Bereich der Intelligenz bei uns eine viel größere Bedeutung haben als bürgerliche Themen wie wirtschaftliche Fragen, Steuerpolitik usw.

Das heißt, so einer wie Czarnek gehört zur polnischen Intelligenz? Mit seinen Ansichten?

Ich sehe hier gewisse Ähnlichkeiten zur universitären Welt. Wir Wissenschaftler:innen tendieren dazu, Personen die Wissenschaftlichkeit abzusprechen, wenn sie vielleicht eine große wissenschaftliche Karriere machen, wir aber mit ihren theoretischen Ansätzen nicht übereinstimmen. Wir neigen dazu, sie nicht als gleichwertige Akademiker:innen zu sehen, da sie z. B. in »nicht-akademischen« bzw. »unwissenschaftlichen« Zeitschriften publiziert haben (denn nur »unsere« entsprechen einem »akademischen« Niveau). Wir denken dann: Das ist kein richtiger Wissenschaftler, nur so ein dahergelaufener Schlaukopf, der dank seiner Kontakte zu Journalist:innen oder Politiker:innen in den Medien auftaucht, unsere »rechtmäßige« Wissenschaft hingegen wird dabei völlig außer Acht gelassen. Genauso funktioniert der Streit darüber, wer nun der Intelligenz angehört und wer nicht. Ich denke, die gegenwärtigen Konflikte in Polen laufen alle vor dem Hintergrund dieses großen Spiels. Die moralische Panik angesichts Czarneks und Menschen seines Schlags betrifft fast ausschließlich symbolische Fragestellungen, welche in der Regel Themen der Geschichte oder Identität betreffen. Dies deutet darauf hin, dass wir es auf beiden Seiten mit Vertreter:innen der Intelligenz zu tun haben, die um die Deutungshoheit über die entsprechenden Begriffe kämpfen, natürlich immer mit der Absicht, ihr eigenes Milieu entsprechend überlegen darzustellen. Wenn man sich diese Kämpfe von außen anschaut, wird deutlich, dass sich beide Seiten nur wenig voneinander unterscheiden.

Der Politologe Klaus Bachmann hat in einem Interview mit dem Journalisten Grzegorz Sroczyński Folgendes festgestellt: »Der typische polnische Intellektuelle lebt beinahe ständig in der furchtsamen Erwartung, dass urplötzlich ein Bauer aus dem Gebüsch hervorspringt und ihm die Mistgabel in den Rücken rammt, so etwa wie während des galizischen Bauernaufstandes im 19. Jahrhundert. [...] So gestaltet sich die kulturelle Spaltung des Landes, [...] in der Flüchtlingsfrage ist dies sofort sichtbar geworden. Ganz am Anfang, als noch nicht viel passiert war, da wollte man in den Städten schon gewusst haben, dass die dort in Podlasien an der belarusischen Grenze die Flüchtlinge verfolgen so wie sie dies einst mit den Juden taten. Man musste nicht einmal auf Beweise warten, denn das Vorurteil war sofort da.«[3]

---

3   »Polska to silne państwo, które z niczym sobie nie radzi. Z prof. Klausem Bachmannem rozmawia Grzegorz Sroczyński« [»Polen ist ein starker Staat, der mit allem schlecht zurechtkommt. Mit Prof. Klaus Bachmann spricht Grzegorz Sroczyński«]. In: GAZETA.PL vom 29. November 2021, https://next.gazeta.pl/next/7,151003,27854334,bachmann-polska-to-silne-panstwo-ktore-z-niczym-sobie-nie.html (18.12.2021).

Natürlich, diese historischen Assoziationen werden in den wiederkehrenden Zyklen der polnischen politischen Auseinandersetzungen immer wieder aktiviert. Andererseits ist das eine ziemlich banale Beobachtung, auch wenn dieses historische Motiv an sich vielschichtiger Natur ist, erscheint der aktuelle Konflikt, in dem es verwendet wird, recht einfach. Es gibt im Land schon lange zwei Fraktionen der Intelligenz, die ihre Anhängerschaft mobilisieren, indem sie moralische Panik in Bezug auf solche Detailfragen oder auf überkommene historische Parolen verbreiten. Der typische polnische Vertreter der Intelligenz beschäftigt sich ja ständig mit der Geschichte. Ein »guter« Pole kennt die Geschichte eben besser als ein »schlechter« Pole und kann demnach aus ihr auch die »richtigen« moralischen Interpretationen ableiten. Manchmal denke ich, es hat gar keinen Sinn, darauf überhaupt näher einzugehen.

Für Außenstehende, die nicht viel über Polen und seine Geschichte wissen, ja sogar für die meisten Polinnen und Polen sind solche Debatten über historische Detailfragen völlig unverständlich. Ich kann mich noch an die Diskussion über sogenannte »Intelligenzler« (polnisch: *wykształciuchy*) während der ersten Regierungszeit der PiS (2005–2007) erinnern. Im Russischen gibt es das Wort *obrazowanščina*, das der russische Schriftsteller Alexander Solschenizyn (1918–2008) geprägt hat. In den 1970er Jahren wurde es vom polnischen Literaturwissenschaftler Roman Zimand (1926–1992) mit dem Begriff *wykształciuchy* ins Polnische übernommen. Es bezeichnet die neue sowjetische Intelligenz, in der Regel erster Generation, der die kulturellen Umgangsformen sowie das Ethos der früheren russischen Bildungselite fehlen. Ludwik Dorn, damals Abgeordneter der PiS, hat diesen Begriff für die Liberalen verwendet und wollte damit ausdrücken, dass ihre Wählerschaft nicht die alte »echte« Intelligenz sei, sondern eben diese »Intelligenzler«. Dorn zog in dieser Debatte den Kürzeren, denn an den sowjetischen Hintergrund des Wortes konnte sich in Polen kaum noch jemand erinnern, die Liberalen hingegen stellten seine Aussage als generellen Angriff auf die polnische Bildungselite dar. Über ein einziges Wort allein könnte man also ein ganzes Buch schreiben, oder zumindest einen Fachartikel.

Für die Sprachwissenschaft kann das eine sehr spannende Aufgabe sein: eine Auseinandersetzung um die konkrete Bedeutung des Begriffs, der Transfer des Wortes aus dem Russischen ins Polnische und aus dem kommunistischen Polen in die heutige Zeit. Das ist fantastisch. Nur bleibt zu bedenken, dass solch eine Überanalyse wenig dazu beiträgt, den Kern der politischen Debatte in Polen zu verstehen.

Apropos: fast alle Begriffe, die die Fantasie der Intelligenz in Polen so stark befeuern (*wykształciuch* – Intelligenzler, *lewak* – ebenfalls abwertend: Linker bzw. Linksradikaler) sind aus dem Russischen entlehnt.

Das mag daher rühren, dass die russische Sprache dem Polnischen überlegen ist. Als russophiler Mensch bin ich der Ansicht, dass das Russische reicher, elastischer und in vielen Bereichen weiterentwickelter ist als die polnische Sprache. Ich sage das natürlich mit einem Augenzwinkern, denn ein guter polnischer Patriot darf so nicht reden. *[lacht]* Aber natürlich, nicht nur die Sprachen ähneln einander, auch die gesellschaftliche Struktur weist Gemeinsamkeiten auf. Die Geschichte der Intelligenz in Polen und in Russland ist miteinander verwoben, denn die polnische Intelligenz hat sich in großem Maße zur Zeit des Russischen Kaiserreiches herausgebildet und somit durch ständige Interaktion mit der russischen Gesellschaft. Die Schicksale beider Seiten waren also verbunden, was heute etwas in Vergessenheit geraten ist, vor allem, weil der Kern der »alten« russischen Intelligenz während der Zeit des »Großen Terrors« (1936–1938) ermordet wurde. Nach dem »Tauwetter« 1956 erlebte die Intelligenz in Russland eine Wiedergeburt, aber in anderer Form als in Polen, wo sie niemals aufhörte, ein untrennbarer Teil der Elite zu sein. In Russland hat die Intelligenz auch einen anderen Platz innerhalb der gesellschaftlichen Strukturen. In Polen kann man mit Recht von einer Hegemonie der Intelligenz sprechen, da sie die herrschende Elite bildet und nicht durch das Bürgertum oder irgendwelche Oligarch:innen bedroht wird. In Russland dagegen ist die Intelligenz der untergeordnete Teil der dominierenden Klasse, um eine bekannte Formulierung des französischen Soziologen Pierre Bourdieu (1930–2002) zu verwenden. Die dominante Fraktion der Oberklasse ist dort die Nomenklatura, die Vertreter:innen der Intelligenz gehören hingegen zu den »dominierenden Untergebenen«, das heißt, sie sind zwar in der russischen Gesellschaftsstruktur von Bedeutung, doch im Rahmen des »Machtfeldes« spielen sie eine untergeordnete Rolle.[4] Vielleicht verwenden sie aus diesem Grund eine etwas subtilere Sprache in Bezug auf sich selbst und die Welt und vielleicht ist das einer der Gründe, warum die russische Sprache in bestimmten Bereichen nuancierter erscheint als das Polnische. Wenn Du zur Elite gehörst, Dich aber gewissen Kreisen unterordnen musst, dann stehst Du unter Druck, dann musst Du subtiler vorgehen als die Herrschenden, so ungefähr nach der Maxime: Die haben die Macht und die haben Geld, wir aber sind intelligent, geistreich, wir sind gebildet und wir haben Zeit, unsere Worte weise zu wählen, also benutzen wir Finesse, Ironie, feinsinnige Anspielungen – zum Beispiel, wenn wir die Scheinheiligkeit derer beschreiben, die über uns herrschen. Ich denke, in Polen ist das nicht der Fall, da sich die Intelligenz von niemandem bedroht fühlt, allerhöchstens durch den Kreis der Kolleg:innen, vor allem dann, wenn dort unterschiedliche politische Ansichten ertönen. Doch das erfordert keine solch intellektuelle Mobilisierung wie in Russland.

Das mag sein, allerdings herrscht in Polen seit dem Regierungswechsel 2015 ein Klima, in dem sich Frauen, Homosexuelle und Jüdinnen und Juden aus der Gesellschaft ausgegrenzt und bedroht fühlen müssen. Man muss doch nur mit eigenen Augen sehen, was das von der PiS instrumentalisierte staatliche Fernsehen den Menschen im Land tagtäglich präsentiert. Einige meiner Bekannten – sicherlich ist das bei Dir auch der Fall – halten diese Hetze einfach nicht mehr aus und wollen nach Wien oder Berlin emigrieren.

---

4   Loïc J. D. Wacquant: From Ruling Class to Field of Power: An Interview with Pierre Bourdieu on La Noblesse d'État. In: Theory, Culture & Society (1993) 10, S. 19–44.

Wer so privilegiert ist, sich eine Wohnung in Berlin oder Wien leisten zu können, der gehört meiner Meinung nach zur Elite.

Für polnische Durchschnittsbürger:innen ist die Annahme, dass einem das Fernsehprogramm nicht in den Kram passt und man deshalb nun eben nach Berlin, Amsterdam oder Wien auswandert, eine absolute Abstraktion, eine völlig unrealistische und total elitäre Vorstellung. Damit derartige Gedankenspiele nur einen Hauch von Realität haben können, muss man schon zur Oberklasse gehören. Im Hinblick auf die *longue durée* verändern selbst sehr negative Emotionen und politische Spannungen die gesellschaftliche Hierarchie nicht. Wenn jemand zur Elite der Intelligenz oder der Wirtschaft gehört, dann wird sich an seiner Position nichts ändern, es spielt hier keine Rolle, was im Fernsehen über ihn erzählt wird. Wer ein elitärer Vertreter der Intelligenz ist und in diesem Zusammenhang über verschiedene kulturelle, finanzielle bzw. gesellschaftliche Ressourcen verfügt, mag aufgrund der politischen Stimmung in Polen ein unglaubliches Unbehagen verspüren, aber die Behauptung wäre übertrieben, man habe ihn strukturell seiner elitären Stellung beraubt. Im Mainstream-Narrativ des herrschenden Lagers wird er natürlich öffentlich abgewertet, dennoch bleibt er der Elite zugehörig. Deshalb würde ich die Frage der politischen Auseinandersetzungen (die manchmal sehr brutal waren und sind) von den tatsächlichen Veränderungen der gesellschaftlichen Hierarchie trennen. Betrachten wir beispielsweise diejenigen Vertreter:innen der Intelligenz, die gegenwärtig keine öffentlichen Ämter bekleiden. Sie gehören beinahe ausschließlich der elitären Intelligenz an, die sich durch Multipositionalität (*multipositionality*) auszeichnet.

Was heißt das?

Sie füllen verschiedene gesellschaftliche Rollen in unterschiedlichen Bereichen aus, z. B. in der Wissenschaft oder im NGO-Bereich, sie sind in der Regel politisch gut vernetzt und profitieren von ihren Kontakten dann, wenn ihr favorisiertes Milieu an die Macht gelangt. Sehr oft haben sie gute Kontakte im Ausland oder in der Geschäftswelt, was ihnen zuweilen zu lukrativen Berater:innenposten verhilft. All diese Dinge helfen der Intelligenz-Elite dabei, politische Spannungen und Veränderungen abzufedern. Natürlich ist nicht auszuschließen, dass einzelne Personen tatsächlich Schaden davontragen, denn ich spreche hier von der strukturellen Ebene. Die Multipositionalität ermöglichte es der polnischen Intelligenz, im Stalinismus zu überleben, denn nachdem sie von den Kommunist:innen aus der politischen Welt verbannt worden waren, schlugen viele eine akademische Laufbahn ein und gingen an die Universitäten. Vielleicht ist es aus diesem Grund in den 1960er Jahren in Polen zu einer Renaissance der Wissenschaft gekommen, da sich damals viele schlaue Köpfe ausschließlich mit Lehre und Forschung beschäftigten. Doch nach dem Ende des kommunistischen Regimes kehrten die meisten von ihnen der Wissenschaft den Rücken oder ihre akademische Tätigkeit spielte plötzlich nur noch eine untergeordnete Rolle. 1989 verließen zahlreiche Männer und Frauen die polnischen Universitäten, um entweder in die Politik zu gehen oder ihr Glück in der freien Wirtschaft zu suchen. Begonnen hatte dieser Prozess aber schon in der zweiten Hälfte der 1970er Jahre, als sich die antikommunistische Opposition herausbildete. Für einige blieb die Wissenschaft eine Art zweites Standbein, falls sich die politischen Verhältnisse zu ihren Ungunsten wenden sollten. Aus diesem Grund stellen die aktuellen politischen Spannungen in Polen keine Bedrohung für die insgesamt recht stabile elitäre Stellung des Milieus der Intelligenz dar.

Ich beschäftige mich momentan mit einem Projekt über den Zeitraum zwischen 1956 und 1968. Die Jahreszahlen sind natürlich symbolisch, aber die Entwicklung der polnischen Philosophie vor und nach dem berühmten Jahr 1968 ist schon bemerkenswert. Die inhaltlichen Schwerpunkte verlagerten sich: Genaue Untersuchungen des religiösen Bewusstseins in Holland im 17. Jahrhundert verdrängen beispielsweise öffentlich verfasste Appelle gegen die kommunistische Partei in Polen.

Noch besser sichtbar wird diese Entwicklung in den Geschichtswissenschaften. Zu Zeiten des Stalinismus und in den 1960er Jahren haben sich viele Historiker:innen lieber mit dem Mittelalter oder der Frühen Neuzeit befasst, da dies politisch ungefährlicher war; die Gegenwart überließen sie lieber ihren linientreuen Kolleg:innen, die der kommunistischen Partei angehörten. Ein Erbe dessen ist die polnische Schule der Wirtschaftsgeschichte ...

Marian Małowist, Witold Kula ...

Genau. Studien zur Wirtschaftsgeschichte der Neuzeit auf einem hohen internationalen Niveau. Bis zum heutigen Tag hat die polnische Historiographie nichts von vergleichbarer Bedeutung schaffen können. Seit den 1970er Jahren schon sank die Zahl herausragender Wissenschaftler:innen an den polnischen Universitäten, denn die Intelligenz begann nun, andere Wege zu gehen. Viele engagierten sich in der antikommunistischen Opposition, nach 1989 landeten sie dann in der Politik. Ein gutes Beispiel für diese Entwicklung ist Bronisław Geremek (1932–2008): Er war einer der bedeutendsten europäischen Mittelalterhistoriker und wurde später ein außergewöhnlicher Politiker, aber schon in den 1980er Jahren hatte er seine akademische Karriere *de facto* so gut wie beendet und war in Forschung und Lehre kaum noch produktiv.

Man könnte ja dann fast annehmen, je fataler die Regierung agiert, desto besser steht es um die polnische Wissenschaft.

Hier lässt sich etwas verallgemeinernd feststellen, dass es für den intellektuellen Zustand der Intelligenz sogar förderlich sein kann, wenn sie ein wenig beherrscht wird, so wie das zum Beispiel in Frankreich der Fall ist. Vielleicht sollte man dort nicht von der Intelligenz an sich sprechen, sondern eher von Intellektuellen und Wissenschaftler:innen, die sich im Herrschaftsfeld in einer beherrschten Position befinden, daher die klassische Begriffsbildung bei Bourdieu. Diese Menschen fühlen sich als Teil der Elite, aber sie sind um ein Vielfaches schwächer als das französische Bürgertum. Daher ist das Niveau der Wissenschaft in Frankreich und in anderen westlichen Ländern recht hoch, denn die Akademiker:innen dort wissen, dass sie Qualität liefern müssen, um entsprechende Geltung in der Fachwelt zu erlangen. Ganz anders dagegen in Polen, wo man als Intellektueller im Falle eines Regierungswechsels durchaus damit rechnen kann, dass jemand anfragt. So nach dem Motto: »Grüß Dich, Aleksandra, sag mal, wir tauschen doch jetzt endlich diese ganze PiS-Clique aus, hast Du nicht Lust, irgendeine liberale Agentur zu gründen, die sich mit der Bewahrung des nationalen Kulturerbes beschäftigt?«

Wie bitte?

Ich kann mich selbst erinnern und habe das zum Teil auch aus meinem Umfeld gehört, wenn man zum Beispiel zu einer Veranstaltung oder Feier geht und gerade mal wieder die Verteilung wichtiger öffentlicher Posten im Lande ansteht, dann kommt jemand auf Dich zu und sagt: »Hör mal, Du bist doch Experte auf diesem Gebiet, und unser Józek ist ja jetzt der neue Minister. Wir brauchen solche kompetenten Leute wie Dich, komm doch zurück aus Deutschland, kehre der Universität den Rücken, hier kannst Du was Großes gestalten und dann herrscht endlich wieder Ordnung in Polen.«

Oh, mein Gott ...

Das ist die Verflechtung von Eliten, meiner Meinung nach etwas typisch Polnisches. Die besten Pariser Wissenschaftler:innen und Forscher:innen sind auf Veranstaltungen mit Politiker:innen kaum zu sehen, aber bei uns ist die Elite relativ homogen, die größten Unterschiede bestehen in der politischen Ausrichtung. Meist gehen die Leute entweder nur auf Veranstaltungen der liberalen Kreise oder des konservativen Milieus, aber dort sind in der Regel immer Vertreter:innen aller Bereiche anzutreffen: Politik, Medien, NGOs, Wissenschaft, Wirtschaft, mit Ausnahme vielleicht der Armee. Ein typisches Phänomen für Polen, selbst in Russland gibt es das nicht, denn dort, wie bereits erwähnt, wird die Intelligenz beherrscht. Anfang der 1990er Jahre war das noch anders, als Boris Jelzin (1931–2007) einen Teil der liberalen Intelligenz in die Regierung einband. Aber seitdem Wladimir Putin an der Macht ist, bleibt die Intelligenz dort bei allen wichtigen Entscheidungen außen vor, derartige Versuchungen wie in Polen sind in Russland also nicht an der Tagesordnung.

Kommen wir zurück zu den verschiedenen politischen Lagern. Als Donald Trump 2016 die US-Präsidentschaftswahlen gewann, war ich gerade für einen Stipendienaufenthalt in Yale, also an der liberalen Ostküste. Dort sagte mir eine verzweifelte Liberale »Wie um alles in der Welt ist es nur möglich, dass Trump siegen konnte? Ich kenne niemanden, der ihn gewählt hat. Ich kenne nicht mal jemanden, der jemanden kennt, der für Trump gestimmt hat.« Damals habe ich mir gedacht, na dann kann es in Polen ja noch nicht so schlimm sein wie in den USA, schließlich kenne ich Menschen, die anders wählen als ich selbst.

Das ist durchaus möglich, aber ich habe den Eindruck, in Warschau gibt es auf jeden Fall auch Menschen, die etwas Ähnliches behaupten. In Polen wurde das Buch *Strangers in Their Own Land: Anger and Mourning on the American Right*[5] stark beworben, worin betont wird, dass die Autorin überhaupt keine Wähler:innen der Republikaner persönlich kannte und deswegen für ihre Recherche extra nach Louisiana gereist ist, um dort mit den Menschen zu sprechen. Ich war wirklich erstaunt, warum eine Amerikanerin niemanden kennt, der andere politische Ansichten hat als sie selbst. Sogar ich kenne einige amerikanische Wähler:innen der Konservativen. Maciej Gdula, mein Kollege vom Soziologie-Institut [der aktuell als Abgeordneter im Sejm sitzt, Anm. der Autorin], hat seine Studie über eine polnische Kleinstadt auch so verfasst, als ob er vorher überhaupt keine Anhänger:innen der PiS gekannt hätte.[6] In meinem privaten Umfeld gibt es Menschen, die das gesamte politische Meinungsspektrum repräsentieren, daher kann ich mit Vertreter:innen verschiedener Gruppen reden und ihre Beweggründe nachvollziehen, warum die einen nun so wählen und die anderen ganz anders. Dafür muss ich nicht extra durchs Land reisen.

Das nennt man im aktuellen polnischen Diskurs wohl »Symmetrie«.

Ja, natürlich, ich versuche schon, selbst diese Perspektive einzunehmen, also über die Position zweier Lager hinauszudenken, so definiere ich für mich meinen Platz in der Gesellschaft als Wissenschaftler. Ich sehe mich nicht als Kämpfer, der die Welt verändern und sich deshalb für eine bestimmte stark politisch definierte Seite engagieren muss. Meiner Meinung nach gibt es in Polen nicht genug Wissenschaftler:innen, die sich eine gesunde Autonomie bewahrt haben, welche dabei helfen könnte, die verschiedenen gesellschaftlichen Weltbilder zu dekonstruieren. Ich plädiere dafür, sich nicht nur auf Emotionen und das Betrauern der verschiedenen Traumata zu fokussieren. Schließlich hat die »andere Seite« auch ihre Traumata, die subjektiv gesehen ihre Berechtigung haben.

Ich muss gerade an ein Lied des polnischen Dichters Jacek Kaczmarski (1957–2004) denken, in dem es um die Konferenz von Jalta ging und die Pointe schließlich lautet »Nur die Opfer irren nicht«. Der Sänger hat hier einen meines Erachtens sehr polnischen Gedanken in Worte gekleidet, wonach der persönliche Schmerz und das Leiden des Einzelnen den Betroffenen eine epistemologisch privilegierte Stellung verleihe, sodass sie gewissermaßen klüger seien als die anderen.

Diese Tendenz ist mittlerweile auf der ganzen Welt zu beobachten. Der Kampf um die Rechte von Minderheiten hat Situationen geschaffen, in denen es scheinbar nur noch

---

5 Arlie Russell Hochschild: Fremd in ihrem Land. Eine Reise ins Herz der amerikanischen Rechten. Aus dem US-amerikanischen Englisch von Ulrike Bischoff, Frankfurt am Main 2017.
6 Maciej Gdula: Dobra zmiana w Miastku. Neoautorytaryzm w polskiej polityce z perspektywy małego miasta [Der gute Wandel in »Miastko«. Neoautoritarismus in der polnischen Politik aus der Perspektive einer Kleinstadt], Warszawa 2017 – https://krytykapolityczna.pl/instytut/wp-content/uploads/sites/4/2017/10/Dobra-zmiana-w-Miastku.pdf (18.12.2021).

darum geht, welche Seite den größeren Schmerz ertragen muss. Das ist eigentlich ein Tabu, denn diese Dinge sind doch nicht vergleichbar, aber *de facto* streitet man sich darum, wer »wirklich« bzw. »mehr« leidet. Im Falle Polens kommt hier noch eine ernsthafte Ambivalenz hinzu, da Polen (aus der Perspektive der Dependenztheorie gesehen) als Land zur Peripherie zählt. Daraus ergibt sich bei uns eine Situation, in der es nicht so klare gesellschaftliche Hierarchien gibt wie in den westlichen Ländern und demzufolge schwieriger festzustellen ist, wer »in Wirklichkeit« beherrscht bzw. dominiert wird. Die gegenwärtige liberale Elite in Polen fühlt sich beherrscht, ausgegrenzt, ja sogar verfolgt, dennoch nimmt sie im globalen Geflecht eine höhere Position ein. Ihre Vertreter:innen sind weltweit vernetzt und verfügen über Ressourcen, die sie *de facto* über diejenigen politischen Kräfte stellen, welche zurzeit in Polen regieren. Diese Zwiespältigkeit erschwert meiner Meinung nach eine klare Definition dessen, wer nun wirklich beherrscht wird und wer mehr leidet. So sind auch in den konservativen Medien Klagen zu hören, deren O-Ton in etwa lautet: »Vielleicht stellen die Liberalen aktuell keine Minister, aber auf lange Sicht und auf internationaler Ebene dominieren sie nach wie vor.« Das stimmt sogar. Es ist falsch zu behaupten, die Liberalen wären die ärmsten Zeitgenossen unserer Tage, nur sie würden verfolgt und nur ihre Leiden seien wahrhaftig, das Elend der Konservativen hingegen ein einziger falscher Diskurs. Das Problem ist meiner Meinung nach viel komplexer.

Aus dem Polnischen von Christian Prüfer

TOMASZ ZARYCKI ist Soziologe und Sozialgeograf mit besonderem Fokus auf polnische und osteuropäische Gesellschaften. Er ist stellvertretender Direktor des Instituts für Sozialwissenschaften an der Universität Warschau.

ALEKSANDRA KONARZEWSKA ist Slavistin und akademische Mitarbeiterin am Slavischen Seminar der Universität Tübingen. Ihre Forschungsschwerpunkte sind Nonfiction Literatur, polnische, russische und deutsche Literatur sowie Philosophie und Ideengeschichte in Mitteleuropa.

Dominika Kozłowska

Ist Polen (noch) ein christliches Land?

Das Bild der römisch-katholischen Kirche in Polen, wie wir es seit Jahrzehnten kennen, löst sich vor unseren Augen auf. Die größte Krise begann mit der Machtübernahme der Partei Recht und Gerechtigkeit (Prawo i Sprawiedliwość, PiS), die sich die Verteidigung des Katholizismus auf ihre Fahnen geschrieben hat. In den letzten Jahren verlor die Institution Kirche stark an Ansehen, und die Menschen wandten sich massenhaft von ihr ab. Von einer schleichenden Säkularisierung der polnischen Gesellschaft kann immer weniger die Rede sein, denn die Veränderungen vollziehen sich immer schneller. Die Krise der Kirche lässt sich in drei aufeinanderfolgenden Etappen darstellen, die mit den folgenden Themen korrespondieren: Haltung gegenüber Flüchtlingen, Rechte der Frauen und Pädophilie im Klerus.

ERSTE ETAPPE. DAS JAHR 2015 – DIE HALTUNG GEGENÜBER FLÜCHTLINGEN

»Polen hat sich 2015 gegen die Flüchtlingswelle gewehrt und wird sich auch jetzt wehren. Wir werden verantwortungsvoll handeln, wir sind vorbereitet und werden Polen verteidigen«, sagte Piotr Gliński, stellvertretender Ministerpräsident und Minister für Kultur, nationales Erbe und Sport, im August 2021.

Das Wetter im August war in Polen nicht gut. Die kalten und regnerischen Tage erinnerten eher an Spätherbst denn an Hochsommer. Auch in Usnarz Górny, nahe der polnischen Grenze zu Belarus, regnet es am 30. August. Polnische Grenzsoldat:innen wärmen sich in trockenen Zelten. Die 32 Afghaninnen und Afghanen, die an der Grenze aufgehalten werden, sind durchnässt und krank. Frau Gul steht nicht auf. Sie hat hohes Fieber und eine flache Atmung. Nargies muss sich übergeben. Auch andere sind krank, einige von ihnen schwer. Der Bach, aus dem sie Wasser geschöpft haben, hat sich in einen schlammigen Matsch verwandelt. Jetzt haben sie keinen Zugang mehr zu Wasser. Das letzte Mal haben sie am Vortag etwas gegessen, trockenes Brot. Das hatten sie von den belarusischen Grenzwächtern bekommen, die ihnen durch einen engen Kordon den Rückweg abschneiden. Der polnische Grenzschutz verweigert den Afghan:innen rigoros medizinische Hilfe. All dies erfahren wir dank der Freiwilligen, Journalist:innen und mehrerer Geistlicher und Oppositionspolitiker:innen, die versuchen, den Flüchtlingen vor Ort zu helfen.

An den Hilfsmaßnahmen beteiligte Aktivist:innen bemühen sich auf verschiedene Weise, den Dingen eine positive Wendung zu geben. Einige, wie die Freiwilligen des Warschauer Klubs der Katholischen Intelligenz (Klub Inteligencji Katolickiej), sind nach Usnarz Górny gekommen und versuchen dort jeden Tag, die Flüchtlinge mit Medikamenten und Lebensmitteln zu versorgen. Außerdem haben sie einen Appell an die polnische Bischofskonferenz gestartet, mit der Bitte, bei der Regierung zwecks Aufnahme einer Gruppe von Flüchtlingen aus Afghanistan zu vermitteln. Dabei berufen sie sich auf den bewegenden Appell, den der Rat für Migration, Tourismus und Wallfahrten der polnischen Bischofskonferenz verkündet hat. Andere unterstützen Organisationen, die Rechtshilfe leisten.

Das Drama dieser Flüchtlinge ist Thema in den Medien. Andere Dramen sind schwieriger publik zu machen. Seit einigen Wochen vollzieht der polnische Grenzschutz regelmäßig illegale Push-Backs, das heißt, er zwingt ausländische Männer und Frauen, die sich bereits in Polen aufhalten und internationalen Schutz suchen, zur Rückkehr nach Belarus. Auf der anderen Seite der Grenze tun die dortigen Grenzschützer dasselbe und treiben die Flüchtlinge, die sich dort befinden, in einen Zustand hoffnungslosen Ausharrens, eingezwängt zwischen den Sicherheitsorganen beider Länder.

Verschärft wird die Krise durch das schwierige politische Umfeld: das vorsätzliche Handeln des Regimes von Alexander Lukaschenka, das mit Hilfe von speziellen Reisebüros Flüchtlinge an die Grenzen zu Polen und Litauen transportiert und die Migrant:innen instrumentalisiert, um die Lage im Osten der Europäischen Union zu destabilisieren.

Im September wird die Arbeit der Freiwilligen und Journalist:innen durch die Verhängung des Ausnahmezustands seitens der polnischen Regierung in Teilen der Woiwodschaften Podlachien und Lublin behindert. Von einem Tag auf den anderen wird die Öffentlichkeit von Informationen über die Aktivitäten der Behörden an der Ostgrenze abgeschnitten.

CBOS, das wichtigste polnische Meinungsforschungsinstitut, befragte die Polinnen und Polen erstmals im Jahr 2004 zu ihrer Einstellung gegenüber Flüchtlingen. Bei der nächsten Umfrage 2015 änderte sich deren Einstellung zu Flüchtlingen trotz des Abstands von mehr als zehn Jahren kaum. Immer noch waren drei Viertel der Befragten (76 Prozent) der Meinung, Polen solle verfolgten Menschen Schutz bieten.

Im selben Jahr kam die rechtspopulistische PiS mit massiver Unterstützung der Kirche an die Macht. Seit ihrer Gründung vertieft diese Partei mit ihrem Handeln konsequent die Spaltung der Gesellschaft. 2015 mussten die Flüchtlinge dafür herhalten. In diesem Jahr sah sich die Europäische Union durch die Migrationswelle ihrer größten politischen Krise seit Jahrzehnten gegenüber. Der Vorschlag, die Mitgliedsstaaten sollten aus Solidarität Flüchtlinge aufnehmen, spaltete die polnische Gesellschaft in Befürworter:innen und Gegner:innen einer Hilfe für die Kriegsopfer aus Syrien, dem Irak oder der Ukraine. Die polnische Gesellschaft weist eine der höchsten Quoten gläubiger Menschen in Europa auf, und dennoch reichten wenige Monate einer anschwellenden Negativkampagne, um die Akzeptanz für eine gastfreundliche Aufnahme der Neuankömmlinge in Polen drastisch zu senken. Im Februar 2016 betrug dieser Wert gerade einmal 39 Prozent. Davon sprachen sich nur 4 Prozent für die Aufnahme von Flüchtlingen und deren Ansiedlung in Polen aus. 35 Prozent befürworteten eine vorübergehende Unterstützung, bis die Flüchtlinge in ihre Herkunftsländer zurückkehren könnten. Dagegen waren 57 Prozent der Meinung, Polen solle überhaupt keine Flüchtlinge aufnehmen. Auch die aktuelle Krise trägt nicht dazu bei, diese Relationen in der öffentlichen Meinung zu ändern. Die Umfrageergebnisse bleiben auf einem ähnlichen Niveau wie 2016. Binnen kurzer Zeit haben also einige Millionen Polinnen und Polen ihre Einstellung in einer so wichtigen Frage geändert.

Aus Sicht des Christentums gibt es kaum eine eindeutigere Prüfung für die Treue zum Evangelium als die Haltung gegenüber Mitmenschen, die uns um Hilfe bitten. Und doch ist der Katholizismus, den sich Jarosław Kaczyński, Vorsitzender der Regierungspartei, auf die Fahnen geschrieben hat, kein ausreichender Grund, um die Grenzen für Fremde in Not zu öffnen. Er ist nicht einmal ein Hindernis für absichtliche Aktionen, die darauf abzielen, Flüchtlinge zu entmenschlichen und sie vor allem als Barbar:innen und potentielle Terrorist:innen statt als Mitmenschen hinzustellen.

Die Bischöfe riefen zwar zur Aufnahme von Flüchtlingen auf und setzten sich sogar für die Einrichtung eines humanitären Korridors ein (Bischof Zadarko), doch ihr Appell blieb in der Öffentlichkeit ohne Resonanz. Sie hatten auch keinerlei Einfluss auf die Entscheidungen der angeblich katholischen Politiker:innen. Dies zeigt die Schwäche der katholischen Kirche in Polen, die Illusion ihrer Macht, denn sie findet bei politischen Wahlen der Gläubigen kein Gehör und hat sich von der Regierungspartei instrumentalisieren lassen. Mit anderen Worten: Die Politiker:innen ergreifen »katholische« Maßnahmen rein selektiv, und zwar nur dann, wenn es ihnen passt (Verschärfung des Abtreibungsrechts), sonst nicht. Die Ansichten der Gläubigen sind wiederum in erster Linie vom politischen Diskurs geprägt, also von einem säkularen und nicht von einem spirituell-ethischen.

Die Frage, ob das Christentum in Polen angekommen ist, scheint heute nicht unbegründet. Natürlich wurde der Katholizismus in Polen in seiner institutionellen und rituellen Dimension übernommen. Aber wurde das Christentum als solches ebenso stark angenommen? Hier sind die Indikatoren subtiler. Statistiken, die belegen, wie

> **Erklärung des Rates der Konferenz des polnischen Episkopats zu Migration, Tourismus und Wallfahrten zu in Polen eintreffenden Geflüchteten**
>
> [...] Im Bewusstsein der Katholiken muss die Lehre zum Vorschein kommen, welche seit der Entstehung der Kirche Bestand hat, dass die Aufgabe eines Christen ist, Christus in seiner Ankunft zu erkennen und aufzunehmen. Entfachen wir in uns die Vorstellung von Barmherzigkeit, die es uns erlaubt, denen zu helfen, die Hilfe benötigen, während wir so die Aufgabe des barmherzigen Samariters annehmen. Wir bitten die Menschen guten Willens – unabhängig von ihrer Religion – um Solidarität mit Kriegsflüchtlingen, Verfolgten oder Notleidenden, die zu uns kommen. Wir appellieren an alle, während wir die Worte von Papst Franziskus wiederholen: Es geht nicht nur um die Migranten. Es geht um unsere Menschlichkeit (Botschaft zum Welttag des Migranten und Flüchtlings, 2019).
>
> 4. In einer angespannten Situation ruht eine besondere Verantwortung auf Politikern und Medien. Wir bitten die Vertreter aller politischen Kräfte darum, dass sie gemeinsam Lösungen für die komplizierten Migrationsprobleme suchen und sich vor allem an die Haltung von Gastfreundschaft, Respekt vor den Ankömmlingen und Gemeinwohl aller Polen halten. Die verständliche Sorge um die eigenen Bürger kann keine ausreichend zu begründende Voraussetzung dafür sein, dass Grenzen für Schutzsuchende geschlossen werden. [...]
>
> Unsere Vorfahren waren in der Zeit der Teilungen Polens, im Zweiten Weltkrieg und in den Jahren des Kommunismus Emigranten und Flüchtlinge. Sie erfuhren Hilfe von Menschen anderer Kulturen und Religionen. Neuankömmlingen Grundrechte abzusprechen, bedeutet, sich von der eigenen Geschichte abzukehren und im Widerspruch zu unserem christlichen Erbe zu stehen.
>
> Warschau, 22. August 2021
> Der Rat der Konferenz des polnischen Episkopats zu Migration, Tourismus und Wallfahrten
> Bischof Krzysztof Zadarko, Vorsitzender
>
> Quelle: Komunikat Rady Konferencji Episkopatu Polski ds. Migracji, Turystyki i Pielgrzymek ws. uchodźców docierających do Polski [Erklärung des Rates der Konferenz des polnischen Episkopats zu Migration, Tourismus und Wallfahrten zu in Polen eintreffenden Geflüchteten]. In: EKAI.PL, https://www.ekai.pl/dokumenty/komunikat-rady-konferencji-episkopatu-polski-ds-migracji-turystyki-i-pielgrzymek-ws-uchodzcow-docierajacych-do-polski/ (23.12.2021).

viele Menschen die Sonntagsmesse besuchen, können diese Frage jedenfalls nicht beantworten. Für mich sind der Maßstab für eine Verinnerlichung des Christentums eher unsere alltäglichen Einstellungen, Verhaltensweisen und Entscheidungen. Und um diese steht es, statistisch gesehen, nicht gut. Nicht nur die Haltung gegenüber Flüchtlingen, sondern auch gegenüber den eigenen Landsleuten, die zum Beispiel nicht heteronormativer sexueller Orientierung sind, ist in Polen zutiefst unchristlich. Das gilt auch für die Einstellung zu Frauen, die in Polen immer noch nicht als mit Männern gleichberechtigt behandelt werden. Häusliche Gewalt, oder vielmehr ihre Prävention, steht auf der gesellschaftlichen Prioritätenliste ziemlich weit unten. Auch die Einstellung gegenüber Menschen mit Behinderungen, Ausgegrenzten oder Angehörigen verschiedener anderer Minderheiten lässt zu wünschen übrig. Schließlich ist in der Gesellschaft ein geringes Maß an Vertrauen untereinander vorhanden. Die polnische Gesellschaft ist also nur scheinbar christlich.

ZWEITE ETAPPE. 2016 – DIE KIRCHE VERLIERT DIE FRAUEN

So viel wie die PiS und die Kirche hat bisher niemand zur Entwicklung der Frauenbewegung und zur Verbreitung des Bewusstseins für die Rechte der Frauen beigetragen. Im Oktober 2016 rief der Gesamtpolnische Frauenstreik (Ogólnopolski Strajk Kobiet, OKS) als Reaktion auf die geplante Verschärfung des in Polen seit 1993 geltenden Abtreibungsgesetzes zu einem »schwarzen Protest« nach dem Vorbild des Streiks der isländischen Frauen von 1975 auf. Hunderttausende Frauen und Männer gingen in polnischen Städten auf die Straße, um gegen die Pläne der Regierung zu protestieren. Unter dem Eindruck der Massendemonstrationen nahm die Regierung von ihren Plänen Abstand. Bis auf weiteres.

Mit der Entscheidung vom Oktober 2020 beschloss das polnische Verfassungsgericht, dass die Bestimmung, die bei einer schweren und irreversiblen Behinderung des Fötus oder einer unheilbaren, für ihn lebensbedrohlichen Krankheit einen Schwangerschaftsabbruch erlaubt, nicht mit der polnischen Verfassung vereinbar sei. Diese Entscheidung wurde von einem Gremium gefällt, an dessen Unparteilichkeit und Unabhängigkeit berechtigte Zweifel bestehen. Diesem Gremium gehörten drei so genannte »Richter-Double« an, Personen also, die nicht zur Verhandlung von Rechtssachen befugt sind, und die Vorsitzende, Julia Przyłębska, wurde in einem von schweren Rechtsverstößen überschatteten Verfahren zur Präsidentin des Gerichts ernannt.

Bei den Frauenprotesten 2016 ging es zunächst vor allem um die Frage des Abtreibungsrechts, dessen Verschärfung sowohl von Anti-Abtreibungsorganisationen als auch von der Kirchenhierarchie gefordert wurde. Im Lauf der Zeit breiteten sich die Proteste auf weitere Themenkomplexe aus und führten in jüngster Zeit dazu, dass die Verbindungen zwischen Staat und Kirche und die Hegemonie der letzteren in Frage gestellt wurden. Daher rührte auch der ausgeprägt antiklerikale und zuweilen antireligiöse Charakter der Proteste im Herbst 2020. Die Wut auf die Kirche hängt aber nicht nur mit ihrer Einflussnahme auf das Abtreibungsrecht zusammen. Auch die Aufdeckung von Pädophilie und sexuellem Missbrauch durch einige Kirchenvertreter sowie die systematische Vertuschung durch die Kirchenführung nährt eine antiklerikale Stimmung. Ein weiteres Thema, das allgemeine Empörung hervorrief, war die Beteiligung von Bischöfen an der Kampagne gegen LGBT+-Personen.

Lange Zeit galt die Kirche als stabilisierendes Element der rechtlichen Regelungen in Polen zu Lebensschutz, Fortpflanzungsfragen oder Familienformen. Das hat jedoch damit zu tun, dass die in Polen geltenden Normen – im Vergleich zu denen in westeuropäischen Ländern – äußerst konservativ sind.

Bis 2015, als die PiS-Regierung an die Macht kam, gab es in Polen einen fragilen und stark kritisierten, aber dennoch realen Konsens in den Beziehungen zwischen Staat und Kirche. Dieser Konsens, der sich in den 1990er Jahren herausgebildet hatte, galt auch unter der von der Bürgerplattform (Platforma Obywatelska, PO) geführten Regierung, als die Kritik an der Kirche an Stärke zunahm. Zur Regierungszeit der PO wurden die oben genannten Themen jedoch so in die öffentliche Debatte eingeführt, dass die Stimme der Kirche (auch wenn sie von Politiker:innen geäußert wurde, die sich auf den Standpunkt der Bischöfe bezogen) bei den jeweiligen Entscheidungen letztlich den Ausschlag gab. So war es etwa bei dem Versuch, eine Diskussion über den rechtlichen Rahmen für Lebenspartnerschaften anzustoßen, der in einem Fiasko endete und zu einem höchst demagogischen Streit über »Gender-Ideologie« führte.

Der Abtreibungskompromiss wurde von der Kirche in gewisser Weise akzeptiert. Die Bischöfe betonten zwar, Ziel des Gesetzes solle der volle Schutz des gezeugten Lebens sein, doch erst in den letzten Jahren begannen sie, Initiativen zur Verschärfung der geltenden Bestimmungen ausdrücklich zu unterstützen. Es sei daran erinnert, dass die Kirchenführung nach 1997, als das Verfassungsgericht anerkannte, dass das menschliche Leben vom Zeitpunkt der Empfängnis an rechtlich geschützt ist, keine weiteren Änderungen in Richtung einer restriktiveren Handhabung des Abtreibungsrechts anstrebte. Als die Partei Liga Polnischer Familien (Liga Polskich Rodzin, LPR) wiederum 2007 zusammen mit Sejm-Marschall Marek Jurek und einem Teil der PiS den Schutz des Lebens vom Zeitpunkt der Empfängnis an in der Verfassung festschreiben wollte, schwieg der Episkopat, und einige Kirchenführer wie Erzbischof Tadeusz Gocłowski oder Erzbischof Józef Życiński machten deutlich, dass eine solche Änderung unklug wäre. Heute ist von dieser früheren – man könnte sagen: Zurückhaltung – nichts mehr zu spüren. Die Bischöfe haben sich nunmehr eindeutig auf die Seite der ultrakonservativen Alt-Right-Bewegungen[1] gestellt.

Der bei den Umfragen der beiden Meinungsforschungsinstitute CBOS und IBRiS festgestellte öffentliche Vertrauensverlust der Kirche legt nahe, dass diese in naher Zukunft gesellschaftlich und politisch nicht mehr die Rolle spielen wird wie in den ersten Jahrzehnten der Dritten Polnischen Republik, insbesondere bis 2005, das heißt bis zum Tod von Johannes Paul II. Die derzeitige Krise im Zusammenhang mit dem sexuellen Missbrauch von Minderjährigen durch Geistliche, der Verwicklung einiger Bischöfe in Sexualdelikte oder der Deckung der Täter trägt zur Schwächung der verknöcherten Strukturen innerhalb des Klerus bei. In den Augen vieler Gläubigen haben die Bischöfe in Polen ihre Glaubwürdigkeit verloren, und die Kirche als Institution hat bewiesen, dass sie keine öffentliche Autorität mehr sein kann.

Dieser Vertrauensverlust hat auch tiefere Wurzeln und ist zu einem großen Teil auf den Weg zurückzuführen, den der polnische Episkopat nach 1989 eingeschlagen hat. Historisch gesehen nennen wir diesen Weg die Allianz von Thron und Altar, aber

---

1 Kurzform von *alternative right* (alternative Rechte): Ideologien am Rand der politischen Rechten – ursprünglich in den USA –, die von weiß-christlichem Suprematismus geprägt sind (Anm. d. Red.).

> Artur Nowak: Die Vertreter der Amtskirche sind die Pharisäer von heute [...]. Das sind die Stellen aus dem Evangelium über das Einnehmen der Ehrenplätze, über besondere Achtung, über das Auferlegen von Lasten auf Menschen, die sie selber nicht tragen können. Das ist das Tragen lächerlicher Kleidung, Mützen, Gewänder, Gurte, Alben, Kordeln mit Fransen. Sie leben für sich und sind darin perfekt. Hat jemand jemals einen Bischof gesehen, der missionieren geht? Nein. Er sitzt auf seinem barocken Thron, verkleidet wie ein Kasper, und wartet, bis jemand zu ihm kommt, um seine Schelte zu hören. Erst dann steht er gütig auf.
>
> **Gazeta Wyborcza: Das System entartet. Sie schreiben darüber in *Gomora*.**
>
> Stanisław Obirek: Das System dient der Reproduktion, dem Klonen. [...] Ich bin der starken Überzeugung, dass die gegenwärtige Form des polnischen Katholizismus eine Resultante verschiedener Prozesse ist. Am meisten prägten ihn nicht die letzten Jahre der Machenschaften mit der PiS, sondern die triumphale Überdauerung der Volksrepublik. Die Kirche war jedoch, wie sich nach 1989 zeigte, eine der Organisationen, die eifrig mit dem kommunistischen Geheimdienst zusammengearbeitet hatte. Auf der Ebene einfacher Pfarrer spricht man von zehn Prozent, aber unter den Bischöfen waren es schon 30 Prozent. Nach dem Umbruch durchlief die Kirche keine einzige Etappe der Transformation. Sie wurde nicht arbeitslos und verarmte nicht (im Gegenteil, wenn man bedenkt, wieviel sie dank der Vermögenskommission zurückerhielt). All das, womit sich die polnische Gesellschaft bis heute herumschlägt, wie z. B. mit Bereichen der Armut, betrifft die Amtskirche nicht.
>
> Wir haben es mit einer Elite zu tun, die den Kontakt zur Basis verloren hat. Sie ist zudem davon überzeugt, dass die Basis sie unterstützt. Der Fall wird schrecklich und schmerzhaft.
>
> Artur Nowak, Stanisław Obirek: Piekło potrzebuje terapii szokowej [Die Hölle braucht eine Schocktherapie]. In: Gazeta Wyborcza vom 18. September 2021, S. 20.

Zbigniew Nosowski, Chefredakteur der katholischen Zeitschrift Więź, hat ihn kürzlich noch treffender als »Konkubinat« bezeichnet. Auf jeden Fall war der Vertrauensverlust in die Kirche nach 1993 noch nie so groß wie heute.

Wichtig ist, dass sich die letzten Proteste zumindest teilweise auch gegen eine Kirche richteten, die sich angesichts des vom herrschenden Lager vom Zaum gebrochenen gesellschaftlichen Konflikts klar auf dessen Seite gestellt hat. Auch hat es die heutige Kirche in Polen versäumt, eine Beziehung zur jüngsten Generation aufzubauen, die Anfang der 1990er Jahre geboren wurde und erst vor kurzem ins Erwachsenenleben eingetreten ist. Für diese Generation ist die Kirche kein Bezugspunkt für die öffentliche Moral. Sie hat keine Erinnerung an die historischen Verdienste der Kirche zur Zeit der Entstehung der demokratischen Opposition in der kommunistischen Volksrepublik.

Die jüngere Generation, die sich so zahlreich an den letzten Streiks beteiligte, kennt den Kontext des früheren Gesellschaftsvertrags nicht, der aus den stürmischen Auseinandersetzungen der frühen 1990er Jahre resultiert. Der Abtreibungskompromiss wird heute zunehmend als ein Element des alten Konsenses wahrgenommen, an dem die katholische Kirche und ein großer Teil der früheren Oppositionskreise beteiligt waren. Während der »schwarzen Proteste« organisierte eine Gruppe von Warschauer Feministinnen eine »Bischofskonferenz der Polinnen« – ein Happening, das vor Kirchen stattfand und auf die Diskriminierung von Frauen in kirchlichen Einrichtungen und die Tatsache aufmerksam machte, dass es Männer sind, die mit Männern Frauenrechte verhandeln.

Für Katholikinnen und Katholiken ist die Stimme der Kirche in Fragen des Glaubens und der Moral wichtig, besonders wenn es die Stimme des Papstes ist, der *ex cathedra* spricht. Allerdings ist auch im Bereich des religiösen Glaubens das individuelle Gewissen die letzte Instanz, der ein Mensch folgen muss. Die Erfahrung zeigt, dass die Lehre der Kirche unzureichend sein kann, und aus ihrer Geschichte sind Fälle bekannt, in denen Personen rehabilitiert wurden, die zuvor mit den Entscheidungen des kirchlichen Lehramts in Konflikt geraten waren. Ich halte die Praxis, dass der Staat sich nach den Entscheidungen der römisch-katholischen Kirche richtet und auf deren Grundlage Gesetze erlässt, für falsch und schädlich für das bürgerliche Leben. Natürlich möchte ich weder Bischöfen noch anderen Geistlichen das Recht absprechen, sich an der öffentlichen Debatte zu beteiligen, auch nicht, in einer besonderen und privilegierten Rolle aufzutreten, wie sie verschiedenen Autoritäten (sei es im Bereich der Wissenschaft, der Philosophie oder der Moral) zugesprochen wird. Vielmehr geht es mir darum, den Irrglauben zu korrigieren, ihre Stimme sei automatisch wichtiger als die Stimme von Menschen mit einer anderen moralischen Sensibilität. Zweifellos werden die sich verändernde Rolle der Kirche in Polen und die Krise ihrer Autorität Auswirkungen haben für die künftige Entwicklung der Abtreibungsdebatte.

DRITTE ETAPPE. DAS JAHR 2018 – SEXUALDELIKTE VON GEISTLICHEN UND DAS SCHWEIGEKARTELL

Auf dem Cover des kürzlich erschienenen Buches *Bóg a sprawa polska* [Gott und die polnische Frage] von Mirosława Grabowska, einer der bekanntesten polnischen Soziologinnen und Kirchenwissenschaftlerinnen, prangt ein charakteristisches Foto. Es zeigt Arbeiter:innen in in der Danziger Werft während des Streiks im August 1980. Die überwiegende Menge der Arbeiter:innen kniet um ein freies Rechteck in der Mitte, in dem ein Tisch steht, der mit einem weißen Tischtuch bedeckt ist, daneben ein Priester, der einem der Arbeiter die Beichte abnimmt. Dieses Foto veranschaulicht perfekt den polnischen Volksglauben im gesellschaftlichen und politischen Kontext.

Obwohl im Impressum des Buches nicht verraten wird, wer der Beichtvater ist, ist diese Person in Polen zu bekannt, um anonym zu bleiben. Es geht um den Prälaten Henryk Jankowski, einst ein legendärer Priester der *Solidarność*, heute jemand, der posthum pädophiler Handlungen beschuldigt wird.

Das heute nicht mehr existierende Denkmal für Pater Henryk Jankowski wurde auf Initiative eines Komitees errichtet, dem viele ehemalige Aktivist:innen der legendären *Solidarność* angehörten. Am 31. August 2012, dem Jahrestag der Unterzeichnung der Augustabkommen von 1980, die einen großen Sieg für die demokratische Opposition darstellten, weihte Erzbischof Sławoj Leszek Głódź, der Metropolit von Danzig, das Denkmal ein. Die Veranstaltung war pompös, was perfekt zum luxuriösen Lebensstil des Erzbischofs passte. Es nahmen Vertreter:innen der staatlichen Behörden, der Stadtverwaltung und der Geistlichkeit an der Veranstaltung teil. Auch der Platz, auf dem man das Denkmal errichtete, wurde nach Pater Henryk Jankowski benannt.

Im Dezember 2018 veröffentlichte Duży Format, eine Wochenbeilage der Tageszeitung Gazeta Wyborcza, eine Reportage mit dem Titel *Das Geheimnis der Heiligen Birgitta. Warum ließ die Kirche zu, dass Pater Jankowski jahrelang Kinder missbrauchte?* von der inzwischen verstorbenen, sehr geschätzten Journalistin Bożena Aksamit. Nach der Veröffentlichung forderten viele bekannte Persönlichkeiten die Entfernung des Danziger Denkmals aus dem öffentlichen Raum. Kurz darauf, im Februar 2019, wurde das Denkmal gegen drei Uhr morgens von drei Männern umgestürzt. Die Aktion wurde von dem Journalisten Tomasz Sekielski dokumentiert, der durch zwei Filme bekannt wurde, in denen er den sexuellen Missbrauch durch Geistliche und das Schweigekartell ihrer Vorgesetzten aufdeckte. Sie legten ein Messdienergewand und Kinderunterwäsche auf die vom Sockel gelöste Statue. Dann warteten die Männer, die von den Medien als »Täter zivilen Ungehorsams« bezeichnet wurden, auf das Eintreffen der Polizei. Obwohl die gesamte Aktion darauf abzielte, die Statue zu entfernen und nicht zu zerstören (sie blieb unbeschädigt), werden die Männer bis zum heutigen Tag strafrechtlich verfolgt.

DER »DENKMALSTURZ« BEGANN JEDOCH SCHON FRÜHER

Anfang des Jahres 2018 lockte der Spielfilm *Kler* (Klerus) des renommierten polnischen Regisseurs Wojciech Smarzowski fünf Millionen Zuschauer in die Kinos. Der Film erzählt das Leben dreier katholischer Priester, Kollegen aus dem Priesterseminar. Pater Lisowski ist Angestellter der Kurie in einer großen Stadt. Er träumt davon, in den Vatikan zu ziehen, wird aber von Erzbischof Mordowicz daran gehindert, der seinen politischen Einfluss nutzt, um das größte Gotteshaus Polens zu bauen. Pater Trybus ist ein Dorfpfarrer, der mit dem Alkohol und einer zunehmend komplizierten Beziehung zu einer Frau zu kämpfen hat. Schließlich, und das ist vielleicht der wichtigste Punkt, verliert Pater Kukuła unter dem Eindruck der Ereignisse in seiner Gemeinde das Vertrauen der Gläubigen. Nebenbei geht es um die Sünden der Kirche, vor allem um Pädophilie und das Decken der Täter. Die im Film präsentierten Fragmente von Zeugenaussagen pädophiler Priester stammen aus dem 2013 erschienenen Buch des Journalisten Ekke Overbeek.[2]

Im Mai 2019 hatte der Dokumentarfilm *Tylko nie mów nikomu* [Erzähl es bloß niemandem] der Brüder Tomasz und Marek Sekielski auf YouTube Premiere und wurde von

---

2 Ekke Overbeek: Lękajcie się. Ofiary pedofilii w polskim Kościele mówią [Fürchtet euch. Jetzt sprechen die Pädophilie-Opfer in der polnischen Kirche], Warszawa 2013.

über 20 Millionen Internetnutzer:innen gesehen. Zwei Jahre später wurde ein zweiter Teil des insgesamt als Trilogie geplanten Filmprojekts uraufgeführt – *Zabawa w chowanego* [Versteckspiel].[3] Daraufhin kam es zu einem massiven Erdbeben.

Die Brüder Sekielski deckten auf, dass die Diözese Kalisz nach Bekanntwerden eines von einem Priester begangenen Sexualdelikts 15 Jahre lang keine kirchenrechtliche Untersuchung gegen den Geistlichen einleitete, der wegen Missbrauchs und Belästigung von achtjährigen Kindern rechtskräftig verurteilt worden war. Der Film zeigt, wie Bischof Edward Janiak die Eltern eines jungen Mannes behandelte, der in seiner Kindheit von einem Priester dieser Diözese sexuell missbraucht worden war.

Unmittelbar nach Ausstrahlung des Films übermittelte der Primas von Polen dem Vatikan über die Apostolische Nuntiatur die Mitteilung, der Bischof von Kalisz könne eine Handlung begangen haben, die im Apostolischen Schreiben von Papst Franziskus *Vos estis lux mundi* beschrieben wird als »Handlungen oder Unterlassungen, die darauf abzielen, zivile oder kirchenrechtliche Untersuchungen zu stören oder zu vermeiden«. In diesem Fall geht es darum, dass mindestens zwei Jahre lang versäumt wurde, ein kirchenrechtliches Verfahren einzuleiten, obwohl zuverlässige Informationen über den sexuellen Missbrauch eines Minderjährigen vorlagen.

Auch Priester aus Kalisz revoltierten. Wenige Tage nach der Premiere des Films weigerte sich der Priesterrat der Diözese Kalisz, ein Unterstützungsschreiben für Bischof Janiak zu unterzeichnen, dem die Deckung und Vertuschung von Pädophilie vorgeworfen wurde. Nach einer hitzigen Diskussion einigte sich der Priesterrat – anstelle des langen, dreiseitigen Unterstützungsbriefs – auf ein anderes Schreiben. Dabei handelt es sich um einen kurzen Brief an Papst Franziskus mit der Bitte um Klärung der Vorwürfe gegen den Bischof und der Zusicherung, dass man für die Situation in der Diözese beten werde.

Dies ist in der polnischen Kirche eine noch nie dagewesene Situation. In der Vergangenheit konnten Bischöfe, die des Missbrauchs oder bestimmter Versäumnisse beschuldigt wurden – wie Erzbischof Paetz oder Erzbischof Głódź –, erfolgreich die Unterstützung des Klerus für sich organisieren. Für sie war es damals nicht wichtig, ob diese Unterstützung echt oder erzwungen war. Was zählte, war das dem Vatikan vorgelegte Dokument mit den Unterschriften, nicht die tatsächlichen Meinungen der Priester.

Bald stellte sich heraus, dass Bischof Edward Janiak, der mutmaßlich Sexualstraftäter gedeckt hatte, in einem von Priestern dem damaligen Nuntius Erzbischof Józef Kowalczyk übergebenen Brief selbst beschuldigt wurde, sich unangemessen gegenüber

---

3 Beide Filme sind mit deutschen Untertiteln verfügbar: https://www.youtube.com/watch?v=BrUvQ3W3nV4 und https://www.youtube.com/watch?v=T0ym5kPf3Vc (21.11.2021) (Anm. d. Red.).

IST POLEN (NOCH) EIN CHRISTLICHES LAND?

> **Dorota Wodecka: Sie sind also ein Konservativer, der die LGBT+-Community verteidigt, um es ganz einfach auszudrücken.**
>
> Tomasz Ziętek: Wenn ich mich an diese Vereinfachungen halten soll: Ja, das bin ich.
>
> **Was ist Konservatismus?**
>
> Eine weitere mörderische Frage. Es fällt mir schwer, es auf der Definitionsebene zu erklären. Vielleicht ist in meinem Fall die Religion oder eher der Glaube der entscheidende Faktor? Ich habe oft gesagt, dass ich gläubig bin, aber ich würde es vorziehen, für die Arbeit zur Rechenschaft gezogen zu werden, nicht für mein Leben.
>
> **Sie geben damit etwas zu, was für manche Menschen eine Schande sein kann.**
>
> Möglicherweise, aber ich habe nichts, wofür ich mich schämen muss.
>
> **Was gibt Ihnen die religiöse Praxis?**
>
> Je älter ich werde, desto mehr schätze ich die Kraft der Rituale, die ich wiederhole, genau wie meine Eltern und Großeltern. Ein Ritual stellt eine geistige Suche nicht in Frage, es hat eine starke bindende Kraft.
>
> Unser Vater sorgte immer dafür, dass wir am Sonntag gemeinsam frühstückten. Im Oberstufenalter war das Sonntagsfrühstück die Höchststrafe, wenn es am Samstag eine fette Party gab. Allein der Blick auf das Essen war nicht auszuhalten. Aber heute erinnere ich mich sehr gerührt an diese Frühstücksrunden, und wenn ich an zu Hause denke, sehe ich den Sonntag vor mir. Wissen Sie, sonntags ist immer schönes Wetter.
>
> **Können Sie in der Kirche beten? Vielleicht ist das eine kindische Frage, aber es geht doch wohl in der Messe um die Begegnung mit Gott und nicht nur um ein Ritual.**
>
> Wissen Sie, bis heute singe ich manchmal in einem Chor bei verschiedenen religiösen Feierlichkeiten, und diese Teilnahme an der Liturgie erzwingt eine etwas andere Art von Erfahrung. Es ist schwierig für mich, darüber zu sprechen.
>
> **Haben Sie sich nicht für Ihre Kirche geschämt, als ihr Erzbischof Marek Jędraszewski Menschen als »Regenbogenpest« bezeichnete?**
>
> Es ist nicht das einzige Gesicht dieser Kirche. Aber ich bedaure, dass die Gläubigen selbst nicht zu Wort kommen.
>
> Tomasz Ziętek: Miałem kurtkę z niemiecką flagą, zlali mnie za antypolskie sympatie, a przecież to tylko kurtka [Ich trug eine Jacke mit einer deutschen Flagge und wurde wegen antipolnischer Sympathien verprügelt, aber es war doch nur eine Jacke]. In: GAZETA WYBORCZA vom 11. September 2021, S. 14.

Klerikern verhalten zu haben, als er noch Weihbischof in Breslau war. Der Nuntius hatte diesen Brief jedoch, wie herauskam, nie an den Vatikan weitergeleitet.

Kurz nach den Ereignissen in Kalisz wurde eine kirchenrechtliche Untersuchung über die Versäumnisse von Erzbischof Sławoj Leszek Głódź eingeleitet, und dem Breslauer Kardinal Henryk Gulbinowicz wurden – nach einer Untersuchung durch den Heiligen Stuhl – das Recht auf die bischöflichen Insignien sowie auf Trauerfeier und Begräbnis in der Kathedrale entzogen. Zur selben Zeit, als der Vatikan seinen Bericht über den ehemaligen Erzbischof von Washington, Theodore McCarrick – den ersten Kardinal der katholischen Kirche, der wegen im Priesteramt begangener sexueller Übergriffe sein Amt verlor –, veröffentlichte, wurde in Polen die Reportage *Don Stanislao* gezeigt. Hauptfigur war Kardinal Stanisław Dziwisz, langjähriger Sekretär Johannes Pauls II. und nach dessen Tod Erzbischof von Krakau. Die Ausstrahlung des Films löste in Polen eine Lawine von Fragen aus über die Beteiligung des Kardinals an der Vertuschung von Sexualdelikten während seiner Tätigkeit für den polnischen Papst und über Versäumnisse in der Erzdiözese.

Viele Jahrzehnte lang herrschte in der polnischen Kirche ein Kartell des Schweigens. An den Vatikan übermittelte Informationen wurden blockiert. Personen, von deren Straftaten man wusste, wurden von Ort zu Ort versetzt, oft sogar befördert. Und wenn im Vatikan selbst etwas nicht mehr verborgen werden konnte, wurden die Täter – wie im Fall Paetz – nach Polen überstellt. Diese schufen dann vor Ort neue Strukturen, die Übergriffe begünstigten. Und dieses Kartell bestand jahrelang.

Im Fall von Kardinal Gulbinowicz lassen sich erste Informationen über dessen ungebührliches Verhalten in den Unterlagen des kommunistischen Geheimdienstes finden. Vieles deutet aber darauf hin, dass auch einige Vertreter der Kirche davon wussten, zumindest diejenigen, die dem Kardinal in seiner Zeit als Dozent und Rektor (1968–1970) des Priesterseminars in Allenstein (Olsztyn) nahestanden. Aus dieser Zeit stammt auch seine Freundschaft mit dem damaligen Seminaristen und späteren Apostolischen Nuntius in Polen Józef Kowalczyk, der die Aktionen derjenigen blockierte, die den Fall von Erzbischof Paetz publik machen wollten. Ähnlich handelte der Nuntius im Fall von Bischof Janiak.

Ein paar Jahre später wurde der junge Priester Sławoj Leszek Głódź persönlicher Sekretär des damaligen Erzbischofs Gulbinowicz in Białystok. Schon in Breslau waren die engsten Mitarbeiter des Kardinals der verurteilte Bischof Jan Tyrawa (einer der unrühmlichen Protagonisten des Films der Brüder Sekielski, der einen pädophilen Priester von Breslau nach Bydgoszcz holte und diesen in einer Schule arbeiten ließ) sowie Bischof Janiak. Kardinal Gulbinowicz führte mehrere Jahrzehnte lang, von 1976 bis 2004, die Erzdiözese Breslau. Er war eine allseits geachtete Persönlichkeit und eine wichtige Figur der demokratischen Opposition in der Zeit der Volksrepublik Polen.

Eine identische Konstellation herrschte in der Erzdiözese Posen unter Erzbischof Juliusz Paetz. Vieles deutet darauf hin, dass dies auch auf die Diözese Łomża zutrifft. Die Günstlinge des Erzbischofs wurden zum Studium nach Rom geschickt, bekamen bessere Pfarreien und hatten bessere Aufstiegschancen. Als die Sache ans Licht kam, sammelten die Weihbischöfe, darunter auch Erzbischof Marek Jędraszewski, gegenwärtig Metropolit von Krakau, aktiv Unterschriften unter Unterstützungsschreiben für Paetz. Heute schweigt Erzbischof Jędraszewski über seinen Vorgänger Kardinal Dziwisz.

Man kann jedoch noch weiter zurückgehen, bis ins Jahr 2001. Damals erfuhr die polnische Öffentlichkeit von dem Priester Michał Moskwa, einem Pfarrer aus Tylawa, der beschuldigt wurde, Mädchen aus seiner Gemeinde belästigt zu haben. Die

Staatsanwaltschaft in Krosno unter Leitung von Stanisław Piotrowicz, später Mitglied der PiS und heute Richter am Verfassungsgericht, stellte den Fall mit der Begründung ein, es sei keine Straftat begangen worden. Erst nach Presseberichten ordnete die Staatsanwaltschaft eine zweite Untersuchung an, diesmal durch die Staatsanwaltschaft in Jasło. 2004 kam es schließlich zu einer Verurteilung. Der damalige Erzbischof von Przemyśl, Józef Michalik, erlaubte dem Priester jedoch, noch ein Jahr in derselben Gemeinde weiterzuarbeiten. Nach diesen aufsehenerregenden Vorkommnissen dauerte es mehr als ein Jahrzehnt, bis der polnische Episkopat erste Leitlinien dafür aufstellte, wie beim Verdacht auf sexuellen Missbrauch zu verfahren sei und wie dieser verhindert werden könne. Zuvor hatten die Bischöfe argumentiert, das Problem des Missbrauchs in Polen sei nicht so gravierend wie im Westen, und die aufgedeckten Fälle zielten in erster Linie darauf ab, den guten Ruf der Kirche zu schädigen.

Obwohl der Episkopat die Leitlinien 2012 verabschiedete, zeigen die polnischen Erfahrungen, dass das Kirchenrecht so lange stumpf bleibt, bis der Druck der Medien so stark wird, dass man es nicht mehr bei PR-Reaktionen belassen kann. Einer der größten Erfolge im Kampf gegen den sexuellen Missbrauch durch Geistliche ist daher, dass dieses Problem endlich von Priestern und katholischen Laien, die nicht mit liberalen oder linken Ansichten assoziiert werden, wahrgenommen und erkannt wurde.

NICHT IN UNSEREM NAMEN

Im Jahr 2020 riefen aus der Kirche Ausgetretene eine Online-Plattform ins Leben, auf der Menschen, die den Kirchenaustritt beschlossen haben, ihre Entscheidung öffentlich machen. Nach vollzogenem Austritt kann jeder auf diesem »Apostasie-Zähler« seine persönlichen Daten eintragen. Seit Bestehen des Zählers haben fast 3.000 Personen erklärt, dass sie aus der Kirche ausgetreten sind.

Viele Menschen, die die Kirche verlassen haben, teilen in den sozialen Medien die Gründe für ihre Entscheidung mit. Ihre Aussagen markieren sie oft mit dem Hashtag #teżodchodzę [Ich trete auch aus]. Meist wird ein Austritt begründet mit den Angriffen der katholischen Kirche auf Frauen und LGBT+-Personen, der Straffreiheit von Kriminellen in Soutanen, mit geistlichen Führern, die kirchliche Pädophilie decken, dem Strom öffentlicher Gelder auf Kirchenkonten und den unethischen Verstrickungen zwischen der Staatsmacht und den Bischöfen.

Den Trend zum Austritt bestätigen auch kirchliche Daten. Erhebungen von Kirchenämtern der Erzdiözese Warschau zeigen beispielsweise, dass in ihren Pfarreien von Anfang Januar bis Ende November 2020 445 Kirchenaustritte registriert wurden. Im gesamten Jahr 2019 waren es 220. In der Diözese Warschau-Praga traten im selben Jahr 132 Menschen aus der Kirche aus. Im Vergleich dazu betrugen die Zahlen 85 für das Jahr 2019, 39 für 2018 und 48 für 2017.

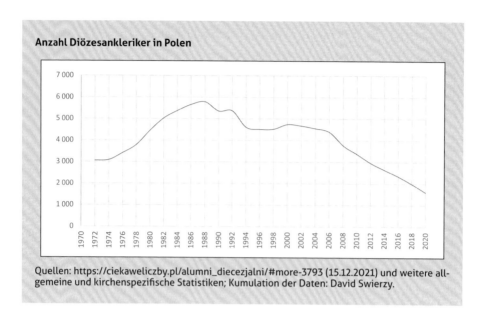

Quellen: https://ciekaweliczby.pl/alumni_diecezjalni/#more-3793 (15.12.2021) und weitere allgemeine und kirchenspezifische Statistiken; Kumulation der Daten: David Swierzy.

Obwohl die Kirche als Institution dank ihrer engen Verbindung zur polnischen Regierungspartei nach wie vor stark ist und zahlreiche Privilegien genießt (Steuerbefreiungen, Religionsunterricht in der Schule, Einfluss auf die Gestaltung von Gesetzen, wie z. B. die jüngsten Änderungen des Abtreibungsgesetzes, die zu einem fast vollständigen Verbot der Abtreibung in Polen führen), hat das Vertrauen der Öffentlichkeit in den Klerus in den letzten Jahren stark abgenommen. Dennoch sehen die Bischöfe ihr Heil in der Stärkung des Bündnisses zwischen Thron und Altar, auch wenn allein in den letzten zehn Jahren die Anzahl der polnischen Katholik:innen, die die Sonntagsmesse besuchen, um zweieinhalb Millionen Menschen zurückgegangen ist. In einem Land, das nur halb so viele Einwohner:innen hat wie Deutschland, bedeutet ein solcher Rückgang den Beginn einer Abwärtsspirale. Die Kirche hat bereits mit einer massiven Krise bei Berufungen von Priestern zu kämpfen, deren Zahl sich in den letzten zwei Jahrzehnten um 60 Prozent vermindert hat. Obwohl sich über 90 Prozent der Polinnen und Polen immer noch als gläubig bezeichnen, besuchten vor der Pandemie (2019) nur knapp 37 Prozent von ihnen die Sonntagsmesse. Auch die Anzahl derjenigen, die Zustimmung zur Lehre der Kirche im Bereich der Sexualethik äußern, geht zurück.

Besonders stark sind die Veränderungen bei jungen Menschen, deren Religionsausübung in den letzten 30 Jahren um die Hälfte zurückgegangen ist. Von den Studierenden betrachten sich derzeit nur 30 Prozent als praktizierende Gläubige. 50 Prozent von ihnen geben sogar an, dass die Kirche für sie keine Autorität sei. Auch in den anderen gesellschaftlichen Gruppen nehmen positive Meinungen über die Kirche spürbar ab. Während sich jahrelang etwa 55-60 Prozent der Befragten positiv über die Kirche äußerten, taten dies im Dezember 2020 nur noch etwa 40 Prozent. Diese

Angaben finden sich im jüngsten Bericht der Katholischen Presseagentur, *Kirche in Polen*, von 2021.[4]

Wir wissen mehr über den polnischen Katholizismus vor der Corona-Pandemie. In welcher Realität wir heute leben, ist schwieriger auszumachen. Der polnische Katholizismus war traditionell massentauglich und konzentrierte sich auf öffentliche Formen des religiösen Kults. Die Religiosität war stark zentralisiert und hierarchisch, außerdem waren das Katholische und das Polnisch-Nationale stark miteinander verflochten. Die Corona-Pandemie hat die gesellschaftlichen Gepflogenheiten auch in religiöser Hinsicht dramatisch verändert. Doch nicht nur dadurch hat sich in den letzten zwei Jahren der Status der Institution Kirche verändert. Erheblichen Anteil haben auch die ungesühnten Sünden der Kirche, die von den Amtsträgern beharrlich unter den Teppich gekehrt werden: sexueller Missbrauch, Machtmissbrauch durch Bischöfe und Kirchenobere (Mobbing), der obszöne Reichtum und verschwenderische Lebensstil mancher Kirchenführer, das Verschweigen von Sexualstraftaten sowie die Verschärfung des Abtreibungsgesetzes.

Die Zukunft der polnischen Kirche liegt mit Sicherheit bei den Laien, die sich zunehmend dazu entschließen, ihre Angelegenheiten selbst in die Hand zu nehmen. Eine dieser Initiativen ist der Kongress der Katholikinnen und Katholiken. Das ist eine Gruppe von Laien und Geistlichen, die in mehreren thematischen Sektionen zusammenarbeiten und sich bemühen, gemeinsam Lösungen für die Kirche in Polen zu finden. Besonderen Raum nimmt das Problem der Macht ein, besser gesagt, der Dominanz der Macht, wie sie in der Kirche von den Klerikern ausgeübt wird – eine für die Kirche schädliche Vorherrschaft der Kirchenführer gegenüber der geringen Durchschlagskraft von Millionen Laien, die aufgrund des universalen Priestertums der Gläubigen das Recht haben, über Gegenwart und Zukunft der Kirche mitzuentscheiden. An der Arbeit des Kongresses kann sich jeder beteiligen, der die Freiheit des anderen respektiert und anerkennt, dass die Gebote der Liebe ausnahmslos für alle Menschen gelten. Das lässt mit Hoffnung in die Zukunft blicken.

Aus dem Polnischen von Ulrich Heiße

DOMINIKA KOZŁOWSKA ist Publizistin und Essayistin sowie Chefredakteurin der katholischen Monatszeitschrift ZNAK. Ihre Interessensgebiete sind Themen gesellschaftlicher Veränderung, etwa in den Bereichen Religiosität und den Beziehungen zwischen Staat und Kirche, Multikulturalität und Probleme von Minderheiten.

---

4 Katolicka Agencja Informacyjna: Kościół w Polsce. Raport [Kirche in Polen. Bericht]. Warszawa 2021, https://www.ekai.pl/wp-content/uploads/2021/04/KAI_Raport_Kosciol-_w_Polsce_2021_2.pdf (4.12.2021).

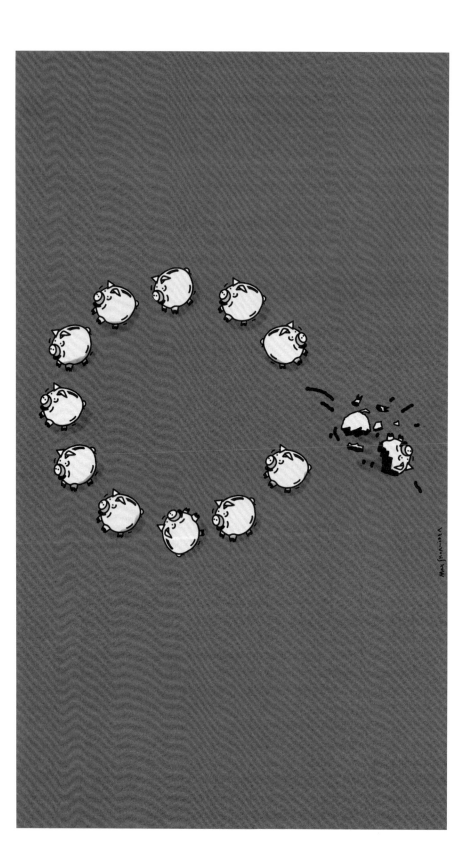

Reinhold Vetter

Polexit durch die Hintertür. Polnische Regierungspolitik und europäische Themen

Die Frage nach einem Austritt Polens aus der Europäischen Union ist zu einem Dauerthema in der europäischen Öffentlichkeit geworden. Das liegt nicht zuletzt daran, dass die polnische Regierung Entscheidungen des Europäischen Gerichtshofs (EuGH) konsequent ignoriert. Im Gegenzug wird der Warschauer Führung von scharfen Kritikern Polens im Westen der *Polexit* nahegelegt, den diese aber mit Blick auf die EU-Finanzmittel und die eigenen Wähler nicht will. So findet ein ständiges Tauziehen zwischen Brüssel und Warschau statt, wenn es um Themen wie Gewaltenteilung und Rechtsstaatlichkeit, Flüchtlingspolitik, Verwendung der EU-Mittel sowie Energie- und Umweltpolitik geht. Im Grunde genommen sind die EU und insbesondere die Brüsseler Kommission zu schwach, um Vorgaben des EuGH und des Europaparlaments wirksam umzusetzen.

Aufgrund mehrerer Entscheidungen europäischer Institutionen sowie zweier Urteile des polnischen Verfassungstribunals (Trybunał Konstytucyjny, TK) haben die innerpolnische und auch die europäische Diskussion über einen möglichen Austritt Polens aus der Europäischen Union, gewöhnlich *Polexit* genannt, eine neue Qualität erhalten. So stellte die EU-Kommission im September 2021 einen Antrag an den Europäischen Gerichtshof (EuGH), Polen mit Strafzahlungen zu belegen, weil Warschau einer Anordnung des EuGH zur Auflösung der umstrittenen Disziplinarkammer beim Obersten Gericht (Sąd Najwyższy, SN) des Landes bisher nicht nachgekommen sei. In Brüssel betrachtet man die Disziplinarkammer, die im Jahr 2018 auf Betreiben der Nationalkonservativen in der Regierung von Recht und Gerechtigkeit (Prawo i Sprawiedliwość, PiS) geschaffen wurde, als ein Instrument, um politisch missliebige Richter nachgeordneter Gerichte aus dem Dienst entfernen oder versetzen zu können. Bereits am 14. Juli 2021 hatte der EuGH angeordnet, die Disziplinarkammer aufzulösen, weil, wie in einer Mitteilung des Gerichts betont wurde, der Rechtsordnung der Europäischen Union schwerer Schaden durch die Tätigkeit dieser Einrichtung zugefügt werde.

Da die polnische Regierung dieser Anordnung nicht nachgekommen war – der Auslöser für den Antrag der EU-Kommission – verurteilte der EuGH Polen Ende Oktober 2021 zur

Zahlung eines Strafgeldes in Höhe von einer Million Euro täglich bis zum Zeitpunkt der Auflösung der Kammer. Der EuGH unterstrich, dass die Regierung in Warschau nicht nur gegen eine bestimmte Richtlinie oder Verordnung der Europäischen Union, sondern grundsätzlich gegen den in Artikel 2 des EU-Vertrags verankerten Grundsatz der Rechtsstaatlichkeit verstoße. Es war erst das dritte Mal, dass der EuGH eine Geldstrafe gegen ein Land verhängte – und das in Rekordhöhe.

Zuvor hatte der EuGH Polen im September 2021 mit einer Geldstrafe von 500.000 Euro täglich belegt, weil die polnische Regierung, wie die Luxemburger Richter erklärten, sich nach wie vor weigere, den Abbau von Braunkohle in Turów im äußersten Südwesten nahe der Grenze zur Tschechischen Republik und zu Deutschland einzustellen. Mit seiner Entscheidung gab der EuGH einer Klage der tschechischen Regierung statt, die vorgebracht hatte, dass der polnische Braunkohle-Tagebau in Grenznähe negative Auswirkungen auf die dortige Umwelt habe.

Hinzu kam eine Entscheidung des Europäischen Gerichtshofs für Menschenrechte (EGMR), mit der Polen zu Entschädigungszahlungen an zwei polnische Richter verurteilt wurde. Im Zuge der Justizreform in Polen, so der EGMR, sei das Verfahren zur Ernennung von Richtern von der Exekutive und dem Parlament unzulässig beeinflusst worden. Wegen der Verletzung des Menschenrechts auf ein faires Verfahren müsse Polen zwei Richtern, die im Straßburg Beschwerde eingelegt hatten, je 15.000 Euro zahlen. Im Gegenzug erklärte das polnische Verfassungstribunal Artikel 6 der Europäischen Menschenrechtskonvention für verfassungswidrig. Dieser garantiert allen EU-Bürgern das Recht auf ein faires Verfahren vor einem unabhängigen, unparteiischen und durch Gesetz begründeten Gericht sowie die Möglichkeit, sich direkt an europäische Gerichte zu wenden, wenn sie der Ansicht sind, dass sie in ihrem Heimatland kein faires Verfahren erwarten können.

Großes Aufsehen auf internationaler Ebene erregte aber vor allem ein Urteil des polnischen Verfassungstribunals vom 7. Oktober 2021, das bald darauf rechtskräftig wurde. Mit diesem Urteil stellten die gegenwärtig amtierenden polnischen Verfassungsrichter wesentliche Bestimmungen des EU-Vertrags grundsätzlich in Frage. Das betrifft insbesondere Artikel 1, in dem von einer »immer engeren Union der Völker Europas« die Rede ist, Artikel 4, in dem es heißt, die Mitgliedsstaaten achten den »Grundsatz der loyalen Zusammenarbeit« und sie und die Union unterstützen sich gegenseitig bei der Erfüllung ihrer vertraglichen Aufgaben, sowie Artikel 19, in dem sich die Mitgliedsstaaten verpflichten, einen wirksamen Rechtsschutz in allen Bereichen zu garantieren, die von EU-Recht erfasst sind. Alle diese Bestimmungen, so das Verfassungstribunal, stünden im Widerspruch zur polnischen Verfassung in einer Situation, in der die europäische Einigung eine »neue Etappe« erreiche, in der die EU-Organe außerhalb ihrer vertraglichen Kompetenzen handelten und die Verfassung nicht mehr das höchste Recht der Republik Polen sei. Letztlich spricht das Verfassungstribunal dem EuGH damit grundsätzlich das Recht ab, sich mit der polnischen Justiz zu befassen.

Äußerst kontrovers verlief dann die Debatte über die tiefe Krise der Rechtsstaatlichkeit in Polen am 19. Oktober 2021 im Europäischen Parlament, in der große Redeanteile von Polens Ministerpräsident Mateusz Morawiecki und EU-Kommissionspräsidentin Ursula von der Leyen bestritten wurden. Die Rede der Kommissionspräsidentin gipfelte in der Feststellung, dass das Urteil des polnischen Verfassungstribunals die gemeinsame Rechtsgrundlage der EU in Frage stelle. Demgegenüber befasste sich Morawiecki vor allem mit Urteilen des EuGH, die seiner Meinung nach zur Schaffung eines europäischen Superstaats führen würden. Der Zustand der Rechtsstaatlichkeit und der Demokratie in Polen, so der Ministerpräsident, böten außerdem keinen Anlass zu Beanstandungen. Immerhin kündigte Morawiecki die Abschaffung der Disziplinarkammer beim Obersten Gericht an. Die sich anschließende Debatte offenbarte eine tiefe Kluft zwischen den Abgeordneten der christdemokratischen Europäischen Volkspartei (EVP), der Sozialdemokratie und den Grünen einerseits, die Morawiecki scharf angingen, und den Abgeordneten rechter Fraktionen, auch der PiS, andererseits, die den polnischen Ministerpräsidenten verteidigten. Schließlich nahm das Parlament mit großer Mehrheit eine Entschließung an, in der die polnische Regierung wegen der Missachtung der Rechtsstaatlichkeit scharf kritisiert wurde.

Ausdruck der angespannten Situation war nicht zuletzt die Tatsache, dass das Europäische Parlament Ende Oktober die EU-Kommission verklagte, weil sie, wie es im Beschluss heißt, ein Instrument, das im EU-Haushaltsrecht benannt wird, bisher nicht eingesetzt habe. Dabei geht es um die Möglichkeit, bei gravierenden Rechtsstaatsdefiziten in einzelnen Mitgliedsstaaten Zahlungen aus dem EU-Budget einzufrieren.

MIT SCHARFER MUNITION

In den Reaktionen der Politiker des Warschauer Regierungslagers auf die Urteile des EuGH und die Beschlüsse der EU-Kommission zeigten sich zunehmende Konfrontationsbereitschaft und Kompromisslosigkeit. Sogar wohlwollende Beobachter in Polen und in westlichen EU-Staaten fragten sich, wie denn die Regierung von dieser Positionierung wieder werde abrücken können, ohne einen schwerwiegenden Gesichtsverlust hinnehmen zu müssen. Aus der Fülle dieser Aussagen seien nur zwei der wichtigsten zitiert.

So gehörte insbesondere Justizminister Zbigniew Ziobro zu denjenigen, die mit drastischen Äußerungen Öl ins Feuer gossen. Ziobro, der in Personalunion auch das Amt des Generalstaatsanwalts innehat, ist Vorsitzender der Partei Solidarisches Polen (Solidarna Polska), die als Juniorpartner mit der PiS die Regierung bildet. Er und seine Partei stehen in einem ständigen Konflikt mit Ministerpräsident Morawiecki um die Vorherrschaft in der Koalition und die mögliche Nachfolge von Jarosław Kaczyński (PiS) als führende Persönlichkeit der polnischen Nationalkonservativen. Schon kurz nachdem die EU-Kommission beim EuGH beantragt hatte, Polen mit Strafzahlungen zu belegen, trat Ziobro vor die Presse und bezichtigte die Kommission der »Aggression«, verbunden mit dem Hinweis, dass diese »mit Rechtsmitteln einen hybriden

Krieg« gegen Polen führe. Die Europäische Union, so der Minister, die doch ein Ort des Dialogs sein solle, entwickele sich zu einem »Instrument der brutalen Erpressung im Dienste des wirtschaftlich Stärkeren«. Erpressung könne aber kein Mittel zur Gestaltung der Politik sein, betonte Ziobro.

Aber selbst Ministerpräsident Morawiecki schreckte nicht vor extremen Äußerungen zurück, die man bis dato von ihm eher nicht gewöhnt war und die sich nur noch als verbale Kriegsführung bezeichnen lassen. In einem Gespräch mit der FINANCIAL TIMES sagte Morawiecki allen Ernstes, dass die EU Forderungen an Polen richte, indem sie Warschau »die Pistole an den Kopf halte«. Sollte die Kommission, so der Regierungschef, einen »dritten Weltkrieg« beginnen, werde man die eigenen Rechte mit allen Waffen verteidigen, die dem Land zur Verfügung stünden. Nach solcherart Äußerungen von Ziobro und Morawiecki war es dann immer Regierungssprecher Piotr Müller, der sich bemühte, die Wogen zu glätten, ohne aber von den grundlegenden Positionen seiner Regierung abzurücken. Müller unterstrich, dass die Europäische Union eine Gemeinschaft souveräner Staaten sei, in der klare Regeln herrschten. Aus der Kompetenzverteilung innerhalb der EU gehe hervor, dass die Organisation des Justizwesens ausschließlich in der Verantwortung der Mitgliedsstaaten liege.

Nicht selten wurden in Äußerungen von Morawiecki, Ziobro und anderen Mitgliedern der polnischen Regierung antideutsche Töne laut. So stellte Morawiecki auf einer Pressekonferenz fest, dass die in ganz Europa steigende Inflation nicht zuletzt auf Preismanipulationen des russischen Gaskonzerns Gazprom auf dem Energiemarkt zurückgehe, und erklärte mit Blick auf Deutschland, dass in diesem Zusammenhang die Gasleitung Nord Stream 2 zu einem potentiellen Erpressungsinstrument des Kreml werden könne, woran Deutschland und die in Berlin im Herbst 2021 noch regierende CDU, die Mitglied der EVP ist, eine Mitschuld trage. Genauer stellte der polnische Regierungschef den Zusammenhang zwischen der inflationären Entwicklung und der Rolle von Gazprom auf dem europäischen Energiemarkt jedoch nicht dar.

Justizminister Ziobro wiederum verstieg sich zu der absurden Behauptung, dass der Einfluss des Bundestags auf die Zusammensetzung des Bundesverfassungsgerichts viel weiter gehe, als im Falle des Sejm und des polnischen Verfassungstribunals. Allerdings verzichtete Ziobro darauf, seine Behauptung zu erläutern und genauere Hinweise zum Prozedere der Wahl der deutschen Verfassungsrichter zu liefern. Stattdessen kündigte er an, beim EuGH Klage gegen Deutschland wegen »Politisierung der Justiz« einreichen zu wollen.

Deutschlandfeindliche Äußerungen haben auch in Medien, die der PiS und der Regierung nahestehen, ihren Platz. Die Wochenzeitung SIECI behauptete, dass es in Polen eine »deutsche Partei« gebe. Dieser sollen angeblich Persönlichkeiten des öffentlichen Lebens angehören, die sich Deutschland besonders verbunden fühlen und eifrig ihre Loyalität zu diesem Land demonstrieren würden. Für sie seien die Interessen

> **Sieci: Andere Länder schweigen und protestieren nicht so wie Polen. Warum?**
>
> Jacek Saryusz-Wolski: Weil das eine alte Spielregel in der EU ist, sich hinter dem Rücken dessen zu verstecken, der entweder angefangen hat, um seine existenziellen Interessen zu kämpfen, oder keine Wahl hat und sich verteidigen muss. Ich möchte jedoch darauf hinweisen, dass es im Europäischen Rat nicht einmal gelungen ist, die notwendigen 22 Stimmen zu sammeln, um Polen im Zusammenhang mit dem Artikel 7 des Traktats [Vertrag über die Europäische Union, Anm. d. Red.] unter Anklage zu stellen. Einige Staaten unterstützen dies, aber immer mehr Länder verstehen, dass dies ein Test ist, dass dieses Schicksal im nächsten Moment auch sie treffen kann. Sie erkennen, dass es hier nicht um die Rechtsstaatlichkeit in Polen geht, sondern darum, Polen beispielhaft zu grillen, um später dann Methoden der Schikane anzuwenden und auch den Widerstand anderer Unnachgiebiger niederzuschlagen. In diesem Diskurs tauchte öfter die Bezeichnung Stärke auf und die Ankündigung, diese anzuwenden. Ich erinnere mich an einen Auftritt von Martin Schulz, des ehemaligen Vorsitzenden des Europaparlaments, der von der Anwendung von »Macht« sprach, was, aus dem Mund eines Deutschen, im Ohr eines Polen ziemlich feindselig klingt. Später sagte die Vizechefin des EU-Parlaments, Katarina Barley, die auch Deutsche ist, dass man uns »aushungern lassen« müsse*. Wiederum drohen andere, uns in die Knie zu zwingen. Juristische, institutionelle, politische und finanzielle Formen von Gewalt werden zu offiziell akzeptierten und angewendeten Vorgehensweisen in der EU. Sie predigt Bestrafung und setzt durch, dass Schwächeren der Wille der Stärkeren aufgedrängt wird. Von einer Friedensgemeinschaft und Zusammenarbeit hin zu einer zerstrittenen und strafenden Union: Diesen Weg ist die heutige EU gegangen. [...]
>
> **Wenn wir uns für den harten Kampf entscheiden würden, welche Chancen haben wir Ihrer Meinung nach?**
>
> Wie aus Obigem hervorgeht, haben wir recht und die Sache lässt sich gewinnen. Unsere Schwäche sind wir selbst. Sie sitzt in unseren Köpfen, in unserem post-Teilungs-, post-Volksrepublikanischem Syndrom der Unterwürfigkeit. Wir müssen uns vor allem dessen bewusstwerden, dass wir für diesen Kampf, für die Verteidigung Europas, auserwählt sind und keine andere Wahl haben, als diesen Kampf anzunehmen, so wie es Jagiełło tun musste, als er im Jahre 1410 die zwei Schwerter annahm, so wie Jan III. Sobieski es 1683 tat, so wie Józef Piłsudski 1920 und die *Solidarność* 1980. Wir müssen »Nein« sagen. Dies ist das polnische Schicksal. Jede Generation hat ihre Bewährungsprobe, ihre »Westerplatte«, und darf den Kopf nicht einziehen.
>
> ---
> * Der Deutschlandfunk nutzte im Oktober 2020 ein falsches Zitat als Titel für ein Interview mit Katarina Barley, das am folgenden Tag korrigiert wurde (»EU-Vizepräsidentin Barley: Ungarn und Polen finanziell aushungern«), wörtlich sagte Barley: »Wir müssen ihn [Viktor Orbán] aushungern finanziell. Er braucht auch das Geld.« Die Aussage rief sehr starke Reaktionen in Ungarn und Polen hervor (Anm. d. Red.). Vgl. Thomas Dudek: »Aushungern« als Ablenkung. In: CICERO vom 10. Oktober 2020, https://www.cicero.de/aussenpolitik/katarina-barley-eu-gelder-ungarn-polen-aushungern (23.12.2021).
>
> Jacek Saryusz-Wolski: Musimy się bić o Polskę [Wir müssen um Polen kämpfen]. In: Sieci vom 20.–26. September 2021, S. 23–25.

Deutschlands oft wichtiger als die Polens. Sieci nannte insbesondere Donald Tusk, ehemaliger Ministerpräsident (2007–2014) und Präsident des Europäischen Rates (2014–2019), den ehemaligen Außenminister Radosław Sikorski (2007–2014) und den früheren Bürgerrechtsbeauftragten Adam Bodnar (2015–2021). Diese bald nach 1989 gegründete Partei, so die Darstellung, erkenne die deutsche Hegemonie in der EU an. Die starke Position dieser Partei in Polen sei das Ergebnis finanzieller Hilfe aus Deutschland in Form von Stipendien, Auszeichnungen und Einladungen an Experten. Deutschlandfreundliche Politiker, Wissenschaftler und Kulturschaffende, so Sieci, hätten im Laufe der Jahre enorme finanzielle Unterstützung insbesondere durch die Konrad-Adenauer-Stiftung, die Robert Bosch Stiftung und die Friedrich-Ebert-Stiftung erhalten. Die Rückkehr Tusks in die polnische Politik sei das Ergebnis des deutschen Einflusses in Polen. Wiederholt wurden in den abendlichen Fernsehnachrichten des regierungsnahen Ersten Programms einige Sätze von Tusk, die er im Rahmen einer Rede in deutscher Sprache gehalten hatte, in Reportagen und Kommentare eingefügt, um seine Abhängigkeit von Deutschland zu demonstrieren.

Zur Verbalisierung der kritischen bis angespannten Haltung gegenüber den Deutschen gehört des Weiteren, dass unter dem Einfluss von PiS-Politikern auf vielen Gedenktafeln in Warschau, die an Schandtaten der SS und der Wehrmacht während der deutschen Besetzung Polens im Zweiten Weltkrieg erinnern, das Wort *hitlerowcy* (Hitleristen, Nazis) durch *Niemcy* (Deutsche) ersetzt wurde, um die Täter zu benennen.

Auch den Nationalfeiertag der Unabhängigkeit (11. November) wusste das Regierungslager für seine Antihaltung gegenüber der EU und Deutschland zu nutzen. Gezielt übernahm die polnische Regierung die Schirmherrschaft für die zentrale Demonstration 2021, indem sie diese der staatlichen Institution übertrug, die sich um die Anliegen von Veteranen und Verfolgten aus der Zeit der Diktaturen kümmert. In den vergangenen Jahren waren die Demonstrationen am 11. November vor allem von polnischen Rechtsradikalen dominiert worden, wobei es zu gewaltsamen Auseinandersetzungen mit der Polizei gekommen war. So ermöglichte die Regierung 2021 vielen polnischen Bürgern, die national und patriotisch empfinden und zum Teil der PiS nahestehen, an dieser Demonstration teilzunehmen, ohne als Sympathisanten der Rechtsradikalen zu erscheinen. Das Ergebnis war ganz im Sinne der Regierung. Viele der Demonstranten unterstützten die Anti-EU- und antideutsche Haltung, welche die Regierungsmitglieder zuvor immer wieder zum Ausdruck gebracht hatten.

Es bleibt die Frage, warum sich Regierungsmitglieder wie Morawiecki und Ziobro sowie Funktionäre der PiS und der Partei Ziobros einer derart aggressiven Rhetorik bedienen, die bei den EU-Institutionen nur Verwunderung und Befremden auslöst. Vieles deutet darauf hin, dass sich beide Parteien schon jetzt, knapp zwei Jahre vor den nächsten Parlamentswahlen im Jahr 2023, im Wahlkampfmodus befinden. Die PiS hat im Parlament aktuell keine Mehrheit mehr und muss deshalb vor jeder parlamentarischen Entscheidung Bündnispartner suchen, sei es in Gestalt der Partei von Ziobro, Solidarisches Polen, sei es bei anderen Fraktionen. Hinzu kommt die Angst vor einem Machtverlust, die vor allem jene PiS-Funktionäre und -Sympathisanten erfasst, die seit dem Machtantritt der Partei Kaczyńskis im Jahr 2015 erhebliches Vermögen angehäuft haben, etwa durch Übernahme lukrativer öffentlicher Posten mit Hilfe ihrer Partei, beispielsweise in der Polnischen Nationalbank (Narodowy Bank Polski, NBP), in mehrheitlich staatlichen Unternehmen oder in kulturpolitisch aktiven öffentlichen Institutionen. Ein Gang der PiS in die Opposition würde den Verlust dieser Posten bedeuten und möglicherweise juristische Konsequenzen für die betreffenden Personen.

GEDANKENSPIELE IN SACHEN *POLEXIT*

Geradezu zwangsläufig mündete die aggressive Rhetorik der Regierenden in ein öffentliches Nachdenken über einen Austritt Polens aus der EU. So erklärte der Vizemarschall des Sejm und Vorsitzende der PiS-Fraktion, Ryszard Terlecki, während eines Wirtschaftsforums im südwestpolnischen Karpacz, dass man darüber nachdenken müsse, wie weit und wie stark man kooperieren könne, damit alle in der EU ihren Platz fänden, in einer EU, die man akzeptieren könne. Doch wenn es sich weiter so entwickele, wie es den Anschein habe, betonte Terlecki, dann müsse man nach drastischeren Lösungen suchen. Und wörtlich: »Die Briten haben gezeigt, dass ihnen die Diktatur der Brüsseler Bürokratie nicht gefällt. Sie haben sich abgewandt und sind gegangen.« Später beschwichtigte Terlecki, er habe damit keineswegs gemeint, dass Polen aus der EU austreten solle.

Einen Schritt weiter ging Marek Suski, ein enger Berater von Ministerpräsident Morawiecki, der als wichtiges Sprachrohr der PiS gilt. Während einer Gedenkfeier erinnerte er daran, dass Polen während des Zweiten Weltkriegs gegen die deutschen und die sowjetischen Besatzer gekämpft habe. Offenbar, so Suski, sei es nun an der Zeit, gegen die Besatzer aus Brüssel zu kämpfen, die versuchten, Polen in die Knie zu zwingen, »damit es vielleicht ein deutsches Bundesland werde, aber kein stolzer Staat freier Polen«. Suski gebrauchte das Wort *Polexit* nicht, aber den Zuhörern im Saal war klar, dass er mit seinen Äußerungen in diese Richtung zielte.

Der Abgeordnete Janusz Kowalski von der mitregierenden Partei Solidarisches Polen kündigte an, man plane für 2027 ein gesamtpolnisches Referendum zu einem möglichen Austritt Polens aus der EU. Der Europaabgeordnete der PiS und Berater des Parteivorsitzenden Jarosław Kaczyński, Ryszard Legutko, ließ in einem Interview für die Wochenzeitung DO RZECZY durchblicken, dass das Europaparlament im Grunde überflüssig sei, da es eh nur als Bühne für linke und linksradikale Kräfte diene.

So war es nur konsequent, dass der frühere polnische Regierungschef und ehemalige Präsident des Europäischen Rates, Donald Tusk, in einem Gespräch mit dem Fernsehsender TVN 24 festhielt, dass er einen Austritt seines Landes aus der EU nicht für ausgeschlossen halte. Polen, meinte Tusk, könne schneller, als es irgendjemand für möglich halte, kein Mitglied der EU mehr sein, wenn der PiS die Anti-EU-Kampagne aus den Händen gleite.

WIDERSPRÜCHLICHES DEMENTI

Schließlich bemühte sich der Parteivorsitzende der PiS und stellvertretende Ministerpräsident Jarosław Kaczyński, die Austrittsdebatte zu kanalisieren und die Richtung für die Regierungspolitik der kommenden Monate in Sachen EU vorzugeben. Sehr erfolgreich war er damit nicht, wie sich in der Folgezeit erwies, denn er selbst äußerte sich sehr widersprüchlich, was Anlass für weitere öffentliche Spekulationen gab. Kaczyński sagte in einem Interview mit der polnischen Nachrichtenagentur PAP, dass es keinen *Polexit* geben werde, da man Polens Zukunft eindeutig in der EU sehe. Aber ebenso hob er hervor, dass die EU-Verträge größtenteils von den Mitgliedsstaaten nicht mehr als verpflichtend angesehen bzw. nur noch als Vorwand benutzt würden. Außerdem werde der Grundsatz der Gleichheit der Staaten in drastischer Weise verletzt. Man beobachte, so der Parteivorsitzende, eine Instrumentalisierung der EU durch die stärksten Staaten, insbesondere durch Deutschland. Kaczyński wörtlich: »Dagegen müssen wir uns wehren. Wir sind dafür, dass die EU-Verträge entsprechend präzisiert werden, damit Missbräuche jeglicher Art verhindert werden können. Wir wollen in der EU sein, aber gleichzeitig wollen wir ein souveräner Staat bleiben.«

Insbesondere der letzte Satz eröffnete Raum für neue Spekulationen. Es ist kein Geheimnis, dass die EU nach Kaczyńskis Überzeugung in ihrer jetzigen rechtlichen, politischen und administrativen Gestalt zum Scheitern verurteilt ist. Allerdings hat er bislang nicht erläutert, wie er seine Auffassungen innerhalb der EU mehrheitsfähig machen und zu entsprechenden Beschlüssen aller Mitgliedsstaaten kommen will. Immerhin kündigte er an, Polen werde im Rahmen der laufenden »Konferenz zur Zukunft Europas« einen Alternativplan vorlegen. Kurz nach der Veröffentlichung dieses Interview fasste die Führung der PiS einen Beschluss, der im Wesentlichen den Vorgaben Kaczyńskis entsprach.

Der Parteivorsitzende und seine engsten Mitstreiter wissen natürlich sehr genau, dass nach wie vor gut 80 Prozent der Bürger Polens die Mitgliedschaft ihres Landes in der EU grundsätzlich befürworten. Dies ist ein wesentlicher Grund für das Lavieren der von der PiS geführten Regierung im Umgang mit den EU-Institutionen. Im September 2020 veröffentlichte die Tageszeitung RZECZPOSPOLITA eine Untersuchung des Warschauer Meinungsforschungsinstituts IBRiS, wonach nur zehn Prozent der befragten polnischen Bürger glauben, dass die Anwesenheit Polens in der EU mehr Nachteile als Vorteile habe. Demgegenüber, so hieß es, seien fast 70 Prozent der Befragten davon überzeugt, dass die Vorteile die Nachteile überwögen. Die meisten Befragten, nämlich 68 Prozent, äußerten die Meinung, dass der Zufluss von EU-Mitteln der größte Vorteil der Mitgliedschaft Polens in der EU sei. Für 58 Prozent wiederum sind offene Grenzen zwischen den Mitgliedsstaaten der wichtigste Aspekt. 34 Prozent meinten, dass sich die Sicherheit Polens aufgrund der EU-Mitgliedschaft erhöhe. Immerhin sehen 33 Prozent der Befragten eine von ihnen beobachtete ungleiche Behandlung der EU-Staaten als größten Nachteil und für 25 Prozent ist die Auferlegung von Rechtsvorschriften durch die EU, an die sich Polen halten müsse, der größte Nachteil der EU-Zugehörigkeit.

Bei aller Zustimmung hat aber auch die Sorge wegen eines möglichen Austritts Polens aus der EU zugenommen. Laut IBRiS hatten im November 2020 knapp 42 Prozent der Befragten derartige Befürchtungen. Im September 2021 waren es schon mehr als 46 Prozent. Das im estnischen Tallinn beheimatete Forschungsinstitut United Surveys veröffentlichte ebenfalls im September 2021 eine Umfrage unter polnischen Bürgern, wonach 86 Prozent der Befragten dafür votierten, dass Polen Mitglied der EU bleiben solle. Nur sieben Prozent befürworteten einen Austritt. Immerhin 30 Prozent befürchteten, dass ein *Polexit*-Szenario umgesetzt werden könne.

POLITISCHE UNTERORDNUNG VON VERFASSUNGSORGANEN

Für Konflikte zwischen Polen und der EU sorgen insbesondere die Haltung der Warschauer Regierung zur staatlichen Gewaltenteilung und zum Rechtsstaat, der Umgang mit dem EU-Haushalt und dem European Recovery Fund, die Frage der künftigen Energieversorgung und der Bewältigung des Klimawandels sowie der Umgang mit Flüchtlingen, die sich aus außereuropäischen Ländern in die EU aufmachen.

Dass die polnischen Nationalkonservativen seit ihrem Amtsantritt im Jahr 2015 die Gewaltenteilung beeinträchtigt und dem Rechtsstaat schweren Schaden zufügt haben, wird von regierungsunabhängigen nationalen sowie internationalen Experten immer wieder unterstrichen. Diese Kritik wird auch von Mitgliedern der EU-Kommission und des Europäischen Parlaments sowie von führenden Politikern aus den meisten EU-Staaten vorgetragen. Zu den Verteidigern des Regierungshandelns gehören allenfalls der ungarische Ministerpräsiden Viktor Orbán sowie Vertreter rechter bzw. nationalistischer Parteien wie etwa Marine Le Pen vom Rassemblement National in Frankreich.

In Polen hat nicht zuletzt der ehemalige Bürgerrechtsbeauftragte Adam Bodnar die verhängnisvolle Politik der Regierung in Sachen Justiz präzise beschrieben und analysiert. So betonte der habilitierte Verfassungsrechtler in einer Festschrift zum 70. Geburtstag von Marian Safjan, ehemaliger Präsident des Polnischen Verfassungstribunals und gegenwärtig Richter am EuGH, dass die polnische Regierung unter der Führung der PiS seit ihrem Amtsantritt 2015 die Unabhängigkeit des Verfassungsgerichts und die Gewaltenteilung insgesamt untergraben habe. Das Rechtsverständnis und die Rechtspraxis der PiS, so Bodnar, entsprächen einem »diskriminierenden Legalismus«. Die Regierung versuche, sämtliche staatliche Institutionen, darunter die Gerichte, ihrer Kontrolle zu unterwerfen. Ihre Machtmechanismen nutze sie, um Vertraute zu fördern. Mit formalen Verfahren und informellen Praktiken, stellte Bodnar fest, benachteilige und schikaniere sie Kritiker und Gegner, zerstöre die Neutralität staatlicher Institutionen und unterminiere das Recht und die Rechtsstaatlichkeit.

Bodnar sprach außerdem von einem »formalen Legalismus« der PiS und ihrer Verbündeten, womit er ihre Rechtfertigungsstrategie meint. Diese baue auf der Argumentation der Regierung auf, dass die Mehrheit nun einmal das Recht habe, Änderungen im Einklang mit dem Willen des Souveräns vorzunehmen, da dieser die Regierenden mittels Wahlen zu solchen Änderungen ermächtigt habe. Im potentiell verfassungswidrigen Charakter ihrer Schritte sähen die Politiker des Regierungslagers, so Bodnar, kein ernsthaftes Problem, denn schließlich legitimiere das von PiS kontrollierte

Verfassungstribunal mit seinen Urteilen immer wieder das Regierungshandeln. Gerade Ministerpräsident Mateusz Morawiecki bedient sich der Methode des formalen Legalismus.

Die letzten Wochen haben gezeigt, dass die PiS und ihr Koalitionspartner Solidarisches Polen trotz der im In- und Ausland vorgetragenen Kritik ihre Politik der Knebelung der Justiz konsequent fortsetzen. So kündigte Ministerpräsident Mateusz Morawiecki zwar an, man wolle die umstrittene Disziplinarkammer am Obersten Gericht auflösen, doch solle dies im Zuge einer umfassenden Reform des Justizwesens geschehen. An den Plänen für diese Reform wird vor allem im Justizministerium unter Leitung von Minister Zbigniew Ziobro gearbeitet. Dabei geht es um eine umfangreiche Reorganisierung des Obersten Gerichts, die Einführung neuer Disziplinarregeln für Richter sowie die Abschaffung der örtlichen Amtsgerichte zugunsten eines Ausbaus der Bezirksgerichte. All dies wird mit einer Überprüfung aller Richter dieser Institutionen verbunden sein, womit der Regierung neue Instrumente in die Hand gegeben werden, politisch missliebige Richter zu entfernen.

Das Rechtsverständnis der polnischen Nationalkonservativen krankt außerdem daran, dass sie nicht verstehen bzw. bewusst negieren, dass die EU eine eigenständige Organisation mit Rechtsetzungsbefugnissen ist, was gemeinschaftlich von den Mitgliedsstaaten in den europäischen Verträgen festgelegt wurde. Dem Europäischen Gerichtshof ist von den Mitgliedsstaaten aufgegeben, über das EU-Recht zu wachen. Natürlich kann es zu Widersprüchen zwischen nationalen und europäischen Justizorganen kommen, wie das Urteil des Bundesverfassungsgerichts zu den Anleihekäufen der Europäischen Zentralbank (Mai 2020) gezeigt hat. Jedoch werden solche Widersprüche gewöhnlich durch wissenschaftliche Konsultationen geklärt und in der Regel aufgehoben. Eine Verschanzung hinter der eigenen Position wäre auch nicht hilfreich.

Wer die EU in der gegebenen Rechtsform negiert, müsste alles daransetzen, sie radikal zu verändern bzw. sogar aufzulösen oder die eigene Mitgliedschaft aufkündigen. Aber das will und kann die PiS nicht, denn selbst wenn man die EU in eine reine Wirtschaftsgemeinschaft umwandeln würde, bräuchte man gemeinsame rechtliche Regeln etwa zur Festlegung von Qualitätsstandards und Gewährleistung von Vertragssicherheit. Das Rechtsverständnis der PiS ist insofern anachronistisch, als ihre Politiker nicht begreifen, dass wir aufgrund der Globalisierung in einer Zeit der Internationalisierung des Rechts leben. Ein Beispiel dafür sind die internationalen juristischen Bemühungen, der globalen Macht der großen Internetkonzerne wie Google und Amazon Schranken zu setzen.

ES GEHT UMS GELD

Ein Blick auf den EU-Haushalt 2021–2027 und den European Recovery Fund zeigt, wie Politiker der PiS und von Solidarisches Polen die finanzpolitischen Realitäten zu verschleiern suchen. So behauptete der polnische Europaparlamentarier Patryk Jaki im

September 2021, dass Polen durch seine Mitgliedschaft in der EU seit 2004 fast 120 Milliarden Euro verloren habe. Als »Verlust« verbuchte er finanzielle Transfers ausländischer, in Polen tätiger Unternehmen an ihre Muttergesellschaften beispielsweise in Deutschland. Einer ernsthaften Beurteilung können solche Behauptungen nicht standhalten.

Tatsächlich ist Polen seit Jahren der größte Nettoempfänger des EU-Haushalts. Im Jahr 2020 erhielt das Land 12,4 Milliarden Euro mehr, als es einzahlte. Ein Jahr zuvor betrug der positive Saldo 12,37 Milliarden Euro. Das entspricht 2,4 Prozent des polnischen Bruttoinlandsprodukts. Im Rahmen des EU-Budgets 2021–2027 stehen Polen 76 Milliarden Euro aus dem Strukturfonds und 30 Milliarden aus dem Agrarfonds zu. Allerdings wurde auf dem EU-Gipfel im Dezember 2020 die Vergabe der Strukturgelder zum ersten Mal an die Befolgung rechtsstaatlicher Prinzipien geknüpft. Der Druck der Mitgliedsstaaten in dieser Frage war groß. So wurde Polen aufgetragen, das Investitionsklima insbesondere durch den Schutz der Unabhängigkeit der Justiz zu verbessern, den Zugang zu unabhängigen Gerichten zu ermöglichen und Berechenbarkeit von Maßnahmen und Institutionen im Bereich der Gesetzgebung zu gewährleisten, weil all das entscheidende Faktoren für das Funktionieren des Binnenmarkts seien. Allerdings wurde in dem Beschluss der Mitgliedsstaaten auch festgeschrieben, dass die Feststellung eines Verstoßes gegen Grundsätze des Rechtsstaats allein nicht ausreicht, um EU-Finanzhilfen zu kürzen. Vielmehr muss klar nachgewiesen werden, dass der Verstoß negative Auswirkungen auf die Verwendung von EU-Mitteln hat. Als der EU-Haushalt beschlossen wurde, verzichteten Polen und Ungarn auf ein Veto gegen die Einführung dieses »Rechtsstaatsmechanismus«, behielten sich aber vor, beim EuGH dagegen zu klagen. Das geschah im März 2021. Ein Urteil wird frühestens im Herbst 2022 erwartet.

Außerdem stehen Polen 24 Milliarden Euro als Zuschuss und 34 Milliarden als Darlehen aus dem European Recovery Fund zu. Auch hier zählt für die Vergabe der Gelder aus diesem Fonds die Bedingung, dass die Empfängerländer die Rechtsstaatlichkeit achten. Doch bald nach diesem Beschluss der europäischen Staats- und Regierungschefs begann Polen, Urteile des EuGH zu ignorieren.

Politiker der PiS und von Solidarisches Polen bemühen sich immer wieder, die Bedeutung der EU-Mittel für Polen herunterzuspielen. So sagte der Berater des Ministerpräsidenten, Suski, dass diese Gelder nicht so bedeutend seien. Ohne die Milliarden aus dem Wiederaufbaufonds werde man »schon klarkommen«, Polen könne man nicht aushungern. Auch der Präsident der Polnischen Nationalbank, Adam Glapiński, ein alter Weggefährte des PiS-Vorsitzenden Jarosław Kaczyński, versicherte, dass in der Wirtschaft zwar jede Milliarde wichtig sei, dass man »das aber auch ohne diese Gelder schaffen« werde.

Das Gegenteil ist richtig. Ohne die EU-Mittel wird die polnische Regierung die Finanzierung ihrer aufwendigen Sozialprogramme, die enorme Aufstockung der

Verteidigungsausgaben und die Bewältigung der COVID-19-Krise nicht leisten können, es sei denn auf Kosten des Wirtschaftswachstums und der Stabilität der Währung. Hier hat Glapiński bereits angedeutet, dass die umlaufende Geldmenge ja erhöht werden könne.

ASYLSUCHENDE MÜSSEN DRAUSSEN BLEIBEN

Die Migrationspolitik der polnischen Regierung ist eine Mischung aus berechtigter Verteidigung gegen das aggressive Auftreten des belarusischen Regimes, mangelnder Bereitschaft zur Kooperation in der EU, Unmenschlichkeit gegenüber asylsuchenden Migranten und lautstarker Propaganda wegen eines angeblich terroristischen Hintergrunds vieler von ihnen. Immerhin sind sich die EU-Kommission und die polnische Regierung darin einig, dass der belarusische Machthaber Alexander Lukaschenka durch das Einschleusen von Migranten Unruhe in Polen und den anderen an Belarus angrenzenden EU-Staaten erzeugen will. Teilweise verhalten sich die belarusischen Grenzschützer sehr aggressiv, so dass die Gefahr bewaffneter Auseinandersetzungen droht. Die parallel abgehaltenen gemeinsamen Militärübungen von Belarus und Russland (November 2021) stellen sicherlich für die Ukraine und die baltischen Staaten eine Bedrohung dar, für Polen aber eher nicht.

Ob der von der polnischen Regierung im September 2021 verhängte Ausnahmezustand im Grenzgebiet notwendig ist, der den Zutritt von Ärzten, Hilfsorganisationen, Medienvertretern und Geistlichen verhindert, wird von vielen polnischen Kommentatoren bezweifelt. Eher, so heißt es, wolle die Regierung vermeiden, dass unliebsame Meldungen von der Grenze an die Öffentlichkeit dringen. Tatsächlich gibt es Hinweise darauf, dass hilfesuchende Asylbewerber rechtswidrig wieder nach Belarus abgeschoben werden. Sogar die Bitte des Primas von Polen, Wojciech Polak, regierungsunabhängigen Ärzten die Versorgung von Migranten an der Grenze zu erlauben, wurde von der Regierung abgelehnt. Als der Vorsitzende der Katholischen Bischofskonferenz, Erzbischof Stanisław Gądecki, dazu aufrief, Geld zu sammeln, um den Migranten helfen zu können, wurde dies von zahlreichen Priestern abgelehnt. Auch die von der EU-Kommission angebotene Hilfe durch die Grenzschutzagentur Frontex, die Asylbehörde EASO und die Polizeibehörde Europol stieß in Morawieckis Kabinett auf taube Ohren.

Die mangelnde Kooperationsbereitschaft der Regierung mit der EU steht in krassem Gegensatz zu öffentlichen Äußerungen Morawieckis, wenn er im englischsprachigen Dienst des Medienkanals YOUTUBE warnt, dass »Europa, unser gemeinsames Haus«, in Gefahr sei. Diktatoren in Belarus und Russland, so Morawiecki, wollten Europa destabilisieren. In einem Brief an die Mitglieder des Europaparlaments nannte der Ministerpräsident sieben Grundsätze für eine seiner Meinung nach wirksame Politik der EU gegenüber der Bedrohung aus dem Osten: Keinerlei Zugeständnisse an Moskau; Konsultationen mit Polen, bevor mit dem russischen Präsidenten Wladimir Putin verhandelt wird; Solidarität der EU mit den Ländern, die Lukaschenkas Machenschaften am stärksten ausgesetzt sind; Taten statt Worte in der Außenpolitik der EU-Staaten; enge Kooperation mit den USA; eine gemeinsame EU-Energiepolitik; stärkere Berücksichtigung der Interessen der Ukraine. Diese Grundsätze vertrat Morawiecki dann auch in seinen Gesprächen und mit dem französischen Präsidenten Emmanuel Macron und der geschäftsführenden Bundeskanzlerin Angela Merkel.

Der britische Verteidigungsminister Ben Wallace kündigte schließlich an, etwa 150 Soldaten an die polnisch-belarusische Grenze schicken zu wollen. Eine ähnliche Ankündigung machte auch der estnische Verteidigungsminister Kalle Laanet. Da der Ausnahmezustand im Grenzgebiet am 2. Dezember 2021 ausgelaufen ist und laut Gesetz auch nicht verlängert werden konnte, verabschiedete der Sejm gegen den Widerstand des Senats ein »Gesetz zum Schutz der Staatsgrenze«, das es dem Innenminister erlaubt, per Verordnung ein zeitlich begrenztes Aufenthaltsverbot für die Grenzregion zu verhängen – etwa für Journalisten und Angehörige von Hilfsorganisationen. Verfassungsrechtler und gestandene Medien wie die überregionale Tageszeitung RZECZPOSPOLITA haben das Gesetz als verfassungswidrig bezeichnet.

Vertreter von Amnesty International und der Internationalen Gesellschaft für Menschenrechte wiesen wiederholt darauf hin, dass Asyl suchende Migranten an der Grenze festgehalten werden, ohne nach Polen einreisen oder nach Belarus zurückkehren zu können, unter ihnen jesidische Familien aus dem Irak mit kleinen Kindern. Mehrfach wurden Leichen von Migranten in den Wäldern an der Grenze aufgefunden. Stark übertrieben scheint die allabendlich in den Fernsehnachrichten des regierungsfreundlichen Ersten Programms präsentierte Auffassung der Regierung zu sein, dass viele der ankommenden Migranten in Verbindung mit den Taliban, dem sogenannten »Islamischen Staat« und anderen terroristischen Gruppen stünden. Tatsache ist aber auch, dass einzelne Gruppen von Migranten mehrfach unter Beihilfe belarusischer Grenzschützer versucht haben, gewaltsam auf polnisches Gebiet vorzudringen, wobei polnische Soldaten und Polizisten verletzt wurden.

Wie sehr die Meinungen zur Situation an der polnisch-belarusischen Grenze auch in westlichen EU-Staaten auseinandergehen, zeigen etwa die Äußerungen deutscher Politiker. Während der geschäftsführende Innenminister Horst Seehofer bei einem Besuch in Warschau das Vorgehen der polnischen Regierung ausdrücklich lobte, forderte der frühere Bundestagspräsident Wolfgang Schäuble eine vorläufige Einreiseerlaubnis für Flüchtlinge aus Belarus. Ähnliche Forderungen wie Schäuble erhob das Deutsche Rote Kreuz. Immerhin einigten sich die EU-Staaten auf Sanktionen gegen Fluggesellschaften, die Migranten nach Belarus bringen.

Offensichtlich haben die Telefongespräche der geschäftsführenden Bundeskanzlerin Angela Merkel mit dem belarusischen Machthaber Lukaschenka (November 2021) dazu beigetragen, die Situation an der Grenze etwas zu entschärfen. Migranten wurden in einer festen Unterkunft einquartiert, andere in ihre Heimatländer zurückgeflogen.

Andererseits wurden die Telefonate der Kanzlerin in den rechtslastigen polnischen Medien und von einzelnen Politikern der Regierungsparteien scharf kritisiert. Man könne nicht mit Diktatoren verhandeln, hieß es. Nur Sanktionen seien angebracht. Auch Morawiecki erklärte öffentlich, Merkels Gespräche mit Lukaschenka hätten dessen Regime legitimiert. Präsident Andrzej Duda unterstrich öffentlich, sein Land werde keine Vereinbarungen akzeptieren, die ohne Beteiligung Polens festgelegt würden. Derlei Äußerungen sind nur vor dem Hintergrund zu verstehen, dass die polnische Regierung aufgrund ihrer mangelnden Kooperationsbereitschaft innerhalb der EU, etwa hinsichtlich der Verteidigung der Grenze, ihr Land weiter in die außenpolitische Isolation geführt hat. Dazu mag auch die Rechtsprechung des EuGH einen Teil beigetragen haben. Sie hat sich in jüngster Zeit vergleichsweise stark auf Polen konzentriert und ist juristisch korrekt; sie wirkt politisch aber insofern kontraproduktiv, als sie die polnische Regierung in ihrer Wagenburgmentalität bestärkt hat.

Geht es um die Energie- und Umweltpolitik, dann lässt sich absehen, dass Polen vorerst kaum etwas beisteuern wird, um die ehrgeizigen Ziele der EU-Kommission in Sachen Klimaschutz zu erreichen. Hierfür gibt es zwei Gründe. Zum einen gehört der Umweltschutz nicht zu den vorrangigen Zielen der von der PiS geführten Regierung. Allerdings stand dieser auch bei ihren Vorgängern nicht oben auf der Agenda. Zum anderen steht Polen nicht zuletzt wegen der rückständigen Struktur seiner Energieversorgung, die vor allem auf Kohle basiert, vor besonders großen Problemen. Insofern kann man das EuGH-Urteil zum Braunkohle-Tagebau Turów durchaus als unangemessen ansehen. Zwar hat Polen beim jüngsten Klimagipfel COP26 in Glasgow (November 2021) zusammen mit 30 anderen Staaten eine Verpflichtung unterschrieben, wonach alle Unterzeichner den Ausstieg aus der Kohle zum Ende der 2030er Jahre verwirklichen wollen. Doch schon bald nach dem Ende des Gipfels sagte der Sprecher des Ministeriums für Klima und Umwelt, dass man das Ziel erst gegen Ende der 2040er Jahre verwirklichen werde, da Polen hinsichtlich seiner Energiewirtschaft noch zu den Entwicklungsländern gehöre. Allerdings ist Polen Mitglied der Organisation für wirtschaftliche Zusammenarbeit und Entwicklung (OECD), der nur die wichtigsten Länder mit entwickelten Volkswirtschaften angehören.

FAZIT

Betrachtet man die Missachtung der EU-Gerichtsbarkeit durch die Regierungsparteien PiS und Solidarisches Polen, die von Jarosław Kaczyński vorgestellten Pläne zur deutlichen Aufstockung der Verteidigungsausgaben, die Flüchtlingspolitik des Kabinetts und die aggressive Rhetorik der Regierungsmitglieder, ist eine innere Logik erkennbar. Kaczyński und seine Mitstreiter wollen sich gegenüber ihren Wählern als entschlossene und standhafte Vorkämpfer für die vollständige Unabhängigkeit Polens präsentieren – mit (fast) allen Mitteln und koste es, was es wolle. Gegen die »Diktatur« der EU und die »Vorherrschaft« Deutschlands, gegen Russland (notfalls ohne die NATO) und gegen die Flüchtlingswelle, die angeblich hauptsächlich Terrorismus ins

Land bringe. »Wenn Du Frieden willst, bereite den Krieg vor«, sagte Kaczyński. Diese Kriegsrhetorik und die Migrationspolitik der Regierung dienen auch dazu, von realen Problemen etwa bei der Bewältigung der COVID-19-Krise abzulenken.

Dies ist eingebettet in eine Situation, in der sich die EU in einem weitreichenden Krisenmodus bewegt. Neben den Entwicklungen in Polen und Ungarn sind in der Gemeinschaft auch das Erstarken des Nationalismus in westlichen EU-Staaten, die zunehmende Marginalisierung der EU in der internationalen Politik, die finanzielle Verschwendung in der Gemeinschaft, die mangelnde Effektivität des Apparats der EU, die grassierende Korruption in Bulgarien, Rumänien, Malta und anderswo und eben auch die Missachtung von Urteilen der europäischen Gerichte zu beobachten.

Doch die Regierungen aller Mitgliedsstaaten und auch die EU-Kommission haben nicht den Willen, eine strategische Debatte über eine durchgreifende Reform der Gemeinschaft anzustoßen – sei es zugunsten einer stärkeren Vergemeinschaftung oder zugunsten einer Begrenzung der von der EU bearbeiteten Politikfelder und einer Rückübertragung bestimmter Aufgaben an die Nationalstaaten oder einzelne staatenübergreifende Regionen. Schon jetzt zeichnet sich ab, dass die von der EU-Kommission angestoßene »Konferenz zur Zukunft Europas« wenig strategisch bedeutsame Konzepte hervorbringen wird. Durchdachte, Erfolg versprechende Vorschläge kommen eher aus der Wissenschaft, beispielsweise von den deutschen Verfassungsrechtlern Dieter Grimm und Andreas Voßkuhle, sie finden in der Politik aber kaum Beachtung. Im Grunde genommen sind beide Seiten schwach: die EU und insbesondere die Kommission in Brüssel, weil sie Vorgaben des EuGH und des Europaparlaments kaum wirksam durchsetzen kann, und die Regierung in Warschau, die der EU eher ablehnend gegenüber steht, aber auf die EU-Mittel angewiesen ist und genau weiß, dass die Mehrheit der polnischen Bürger einen *Polexit* nicht akzeptiert. Kaczyński setzt auf die zunehmende Schwäche der EU.

So hat die Regierung in Warschau eine gewisse Bewegungsfreiheit in ihrem Kurs des Lavierens. Grundlegende oder radikale Lösungen wie eine deutliche Änderung des Kurses der PiS, ihre Verdrängung von der Macht oder ein Austritt Polens aus der EU stehen vorerst nicht an. Also *Polexit* höchstens in Raten oder durch die Hintertür.

Der Text erschien als Beitrag in den POLEN-ANALYSEN Nr. 285. https://www.laender-analysen.de/polen-analysen/285 (26.1.2022).

REINHOLD VETTER ist Journalist und Publizist. Nach seinem Studium der Journalistik und Politikwissenschaft arbeitete er jahrzehntelang als Korrespondent u. a. für das HANDELSBLATT in Budapest und Warschau. Zuletzt ist von ihm erschienen: *Der Preis des Wandels. Geschichte des europäischen Ostens seit 1989* (Freiburg 2019).

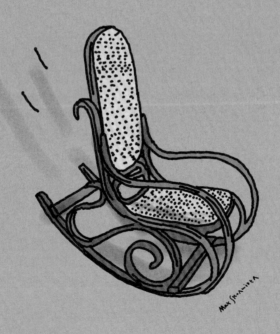

Legende einer Generation

Barbara Fatyga im Gespräch mit Dawid Karpiuk

Dawid Karpiuk: Wir haben die wohl größten Straßenproteste der jüngsten Geschichte Polens hinter uns. Was bleibt?

Barbara Fatyga: Wahrsagen liegt mir nicht. Wie wahrscheinlich niemandem in unserem Land. Wer weiß schon, wie sich die Situation entwickeln wird. Aber ich kann mich an einer Diagnose versuchen. In den vergangenen Jahrzehnten wurde den jüngeren Generationen vorgeworfen, sie würden sich nur für sich selbst interessieren und am gesellschaftlichen Leben, wenn überhaupt, dann nur punktuell und für kurze Zeit teilnehmen. Dadurch ist, auch in meinem Umfeld, die Diskussion über die Generationen eingeschlafen. Jetzt aber ist diese Debatte unvermeidbar, komme was wolle. Der frühere Präsident Aleksander Kwaśniewski (1995–2005) meinte, diese Proteste bildeten den Gründungsmythos einer neuen Generation. Im wissenschaftlichen Diskurs spricht man eher von der Legende einer Generation, die hier vor unseren Augen entstanden ist. An den Protesten nehmen meine 16-jährigen Enkelkinder ebenso wie 30-Jährige teil, also eine recht breite Altersgruppe, es ist zugleich aber auch ihre Geschichte sowie das prägende Erlebnis ihrer Generation.

Lässt sich auf dieser Legende etwas aufbauen?

Allein auf der Legende nicht. Generationenlegenden haben eine andere Funktion – sie formen die kollektive Vorstellungskraft. Hier geschah aber noch etwas anderes: Es ist ein Gemeinschaftsgefühl entstanden, was für die Mehrheit der jungen Leute bestimmt ein atemberaubendes Erlebnis war. Und darauf lässt sich bauen.

Verändert das die Welt?

Die Welt verändert sich durch so ein Ereignis nicht augenblicklich. Aber selbst, wenn sie jetzt nach Hause gehen, bleibt den Menschen, die dieses Ereignis durchlebt haben, die Erinnerung daran, wie viel Wirkmacht sie zusammen haben. Das kann eine zukunftsprägende Erfahrung sein.

Währenddessen macht sich die Regierung Sorgen, die Jugend würde das Wesen des Polentums nicht begreifen. In der politischen Sprache ist plötzlich der Begriff des »kulturellen Codes« aufgetaucht.

Den kaum jemand versteht. Wenn man von kulturellen Codes spricht, sollte erst geklärt werden, was diese sind.

Und was bedeuten sie?

Ganz einfach – ein kultureller Code definiert die Bedeutungen, die wir bestimmten Dingen beimessen. Er hat zwei Aufgaben: Er reguliert, welche Elemente ins System aufgenommen werden – in die Sprache und Gedankenwelt – und er bestimmt die Regeln, nach denen diese miteinander verbunden werden. Wenn vom kulturellen Code des gegenwärtigen Polentums die Rede sein soll, müssen wir uns die Frage beantworten, was das gegenwärtige Polentum ausmacht, aus welchen Elementen es besteht.

Ganz einfach: die Nation, die Kirche, der Warschauer Aufstand, ein missverstandener Mickiewicz, die Husaren.

Ja, nur verstehen wir jeden dieser Begriffe recht stereotyp.

Das bedeutet?

Die meisten von uns leben vor allem in der Alltagswelt, und da ist es am wichtigsten zu handeln, auf die Umwelt zu reagieren. Es gibt nicht viel Raum für tiefere Reflexion. Wenn wir also von derart komplexen Begriffen wie Patriotismus, Glauben oder Nation sprechen, greifen wir meistens auf Schemata und Stereotype zurück. Wir haben keine Zeit, über den verborgenen Sinn dieser Begrifflichkeiten nachzudenken.

Daher also dieser banale Pop-Patriotismus im Zeichen der Husaren?

Auf beiden Seiten der weltanschaulichen Grabenkämpfe operieren wir mit etwas, das ich Anfang der 1990er Jahre als symbolistischen Müllhaufen bezeichnet habe: mit einer Menge an Wissensfragmenten, Zitaten und Bruchstücken aus verschiedenen Diskursen, Wertesystemen und Weltanschauungen. Ein bisschen Glauben, etwas Wissen, einige eigene Lebenserfahrungen – dazwischen das, was man von jemandem gehört, im Fernsehen gesehen oder im Internet gefunden hat. Daraus bauen wir unsere Instrumente, mit denen wir die Wirklichkeit zu verstehen versuchen. Wir beziehen uns kaum noch auf eine ganzheitliche Weltanschauung, sondern greifen auf dieses symbolistische Sammelsurium zurück.

Seither hat sich nichts geändert?

Anfang der 2000er Jahre versteinerte dieser Müllberg und es bildeten sich Schichten heraus: Es entstand etwas Neues, eine neue Ordnung.

Die seit einigen Jahren wieder zerstört wird. Offiziell im Namen einer Rückkehr zu Tradition und konservativen Werten.

Aber schaut man sich diese vermeintlich konservativen Werte an, dann zeigt sich, dass das alles nicht zusammenpasst.

Also ebenso ein Müllhaufen?

Exakt. Das ist auch so eine Anhäufung verschiedener Bruchstücke. Es würde sich darin kein Klassiker wiederfinden. Aber es gibt Dinge, auf die hat keine Regierung Einfluss. Zum Beispiel auf die Popkultur, die alles verändert hat – auch die Politik und unsere Weltanschauungen. Es liegt in ihrer Natur, alles zu vereinnahmen und zu homogenisieren. Und ihre größte Sünde ist, allem den tieferen Sinn zu rauben.

Habe ich das richtig verstanden: In den 1990er Jahren herrschte popkulturelles Chaos, aus dem bereits etwas Beständigeres erwuchs, das jetzt von der Popkultur »Gott, Ehre und Vaterland« zerstört wird?

Hätte sich die rechts-konservativ-populistische Seite nicht derart stark in die Belange unseres Landes und auch der Welt eingemischt, wäre vermutlich in Ruhe etwas aus diesem Müllhaufen erwachsen. Aber es hat sich gezeigt, dass es keine Ruhe geben kann. Die strukturellen, politischen, popkulturellen und technischen Veränderungen haben eine berauschende Freiheit mit sich gebracht, die für viele nicht auszuhalten war.

Lange hatte ich gehofft – wie viele meiner Generation – dass die Welt sich letztlich zum Besseren entwickeln würde, insbesondere unsere geliebte Heimat. Dass diese Prozesse zu etwas Neuem führten, das ein neues Weltverständnis mit sich brächte. In der Wissenschaft ist der Postmodernismus, der das Ende der großen Erzählungen verkündete, erst vor Kurzem aus der Mode gekommen. Ich frage mich, wo die Postmodernist:innen mit dieser These heute stecken. Ich schrieb damals davon, dass die Menschen nicht ohne Held:innen leben können. Leider nutzt man heute die Bruchstücke dieser großen Erzählungen nicht, um die Freiheit zu sichern, sondern um in eine Gefangenschaft zurückzukehren.

Vielleicht ist die Vision einer vermeintlich konservativen Welt attraktiv, da sie die Aufmerksamkeit davon ablenkt, dass die Welt verrückt geworden ist. Pandemie, Klimakatastrophe, alles Dinge, über die man lieber nicht nachdenkt ...

Wie, besser nicht darüber nachdenken? Die herannahende Zeit, die eigentlich schon angebrochen ist, wird bestimmt vom Ende der Arbeit, einer dramatischen Säkularisierung und dem Verfall der Ideen, die vielen Menschen ein Gefühl von Ordnung und Sinn verliehen haben. In einem von Terry Pratchetts Scheibenweltromanen sagt der Patrizier Lord Havelock Vetinari: »Die Menschen wollen nicht, dass es besser wird. Sie brauchen den Glauben daran, dass es morgen genauso sein wird, wie heute.« Für dieses Gefühl von Sicherheit und Vorhersehbarkeit sind sie bereit, viel zu opfern. Das sieht man in unserem Land sehr gut. Aus Nostalgie und dem trügerischen Gefühl der Vorhersehbarkeit heraus sind wir bereit, Unglaubliches hinzunehmen. Aber die Welt hat sich derart verändert, dass dieses Verhalten keine Chance hat und wir uns auf ein hartes Erwachen einstellen können.

Aber es lässt uns am falschen Gefühl von Vorhersehbarkeit festhalten?

Ja, in den 1990ern hat Elżbieta Tarkowska das Zeitgefühl der Polen untersucht. Sie stellte fest, dass wir damals als Gesellschaft in der Gegenwart lebten. Heute leben wir in der Vergangenheit und sind sehr mit der Gegenwart beschäftigt. Niemand interessiert sich für die Zukunft. Aber das ist wichtig: Wer werden wir sein? In welche Richtung gehen wir? Welche Ziele verfolgen wir?

In Bezug auf die jüngsten Proteste heißt das: Wir sollten uns fragen, was aus ihnen erwachsen soll.

Diese Proteste sind nicht zukunftsgerichtet?

Schon, aber ein Protest ist etwas Momentanes und die Zukunft lässt sich nicht in fünf Minuten erdenken. Außerdem finden diese Proteste in einem Umfeld statt, in dem alle Autoritäten untergraben wurden. Vor allem die Autorität der Wissenschaft, die aber hätte helfen können, die Zukunft zu erschließen. Ohne Anerkennung der Wissenschaft haben wir keine Chance zu überdauern.

Aber sind Wissenschaft und Bildung nicht das Steckenpferd der jetzigen Regierung?

Durchaus. Es wurde angekündigt, man müsse sich um die Hochschulen kümmern, da diese nicht die Menschen hervorbrächten, die die Regierung brauche. Man hat sogar ein spezielles Funktionärsamt nur dafür geschaffen.

Die Regierenden meinen, die Demonstrant:innen wollten keine Polen sein und daher müsse das Bildungssystem umgebaut werden, um Polen zu erziehen.

Ich glaube, ich brauche nicht auszuführen, wie viel Schlechtes sich in der Geschichte des 20. Jahrhunderts auf das auf Blut und Boden gründende Konzept der Nation zurückführen lässt. Die Regierung will dennoch dazu zurückkehren. Untersuchungen haben deutlich gezeigt, dass sich unsere Gesellschaft in den letzten Jahren vor der Machtübernahme durch die Partei Recht und Gerechtigkeit (Prawo i Sprawiedliwość, PiS) von diesem Denken abgewandt hatte. Die Frage, wer Pole ist, wurde immer seltener mit Verweis auf Blut und Boden beantwortet. Stattdessen war Pole, wer Polnisch sprach oder wer sich als Pole oder Polin fühlte. Diese Auffassung wird heute bekämpft und ausgemerzt, was schädlich für die Seele, anachronistisch, dumm und niederträchtig ist. Als Gesellschaft haben wir viel Zeit gebraucht, um zu einem klugen, offenen Umgang mit der Nationalfrage zu kommen. Heute versucht man, uns unter Bezugnahme auf Unmögliches nationale Integrität zu versprechen. Also durch den Rückgriff auf den Müllhaufen der Symbole und nationalen Ideen. Aber die Welt funktioniert heute anders. Man müsste ja sonst auf allen möglichen Ebenen Autarkie anstreben.

Man kann damit beginnen, die Jugend neu zu formen.

Das lässt sie zum Glück nicht mit sich machen. Die junge Generation, die zivilisatorisch-kulturelle Veränderungen miterlebt hat, lässt sich nicht so einfach dazu bringen, wieder Bełza zu lesen und nach Weisheiten aus Jachowicz Gedichten zu leben.[1]

Ist das vielleicht die wichtigste Erkenntnis aus den Protesten? Dass die Jugend sich nicht formen lässt? Dass dies nur unter totalitären Extrembedingungen möglich ist?

Vermutlich. Wie sollte das auch gehen? Soll man so einem Jungspund das Smartphone oder Tablet wegnehmen und ihn vollkommen von der Außenwelt abschneiden? Außerdem ist der kulturelle Code, den die Regierenden anbieten, nur vermeintlich auf alte Traditionen bezogen, tatsächlich aber leer und fragmentiert. Sie beschleunigen die Erosion dessen, was noch von diesen alten Codes und Vorbildern übriggeblieben ist.

Aber offiziell verteidigen sie diese.

Ja, aber was spüren Sie, wenn Sie das Wort »Nation« hören?

Nichts Gutes. Auf jeden Fall nichts, was mit mir zu tun hätte.

Eben. Aber identifizieren Sie sich als Pole?

Schon. Aber ich kann das Wort Nation nicht ausstehen, da ich es mit Kaczyński und seinen Lakaien, den Faschist:innen auf den Straßen und mit dem Episkopat assoziiere.

---

1 Władysław Bełza (1847–1913) und Stanisław Jachowicz (1796–1857) stehen hier für ein heute aus der Zeit gefallenes, moralisch-patriotisch angehauchtes Schrifttum des 19. Jahrhunderts, mit dem Generationen von polnischen Jugendlichen während der Zeit der Fremdherrschaft großgeworden sind (Anm. der Red.).

Na, sehen Sie. Das Wort hat seinen »heiligen« Sinn verloren und ist zu etwas Abstoßendem degeneriert. Die Proteste haben gezeigt, dass sich einiges von dem, was die Regierung gerne machen würde, nicht realisieren lässt. Sie haben ihre zivilisatorische und kulturelle Machtlosigkeit gezeigt. Es macht mich rasend, dass wir so viel Zeit vergeuden. Es müsste so viel getan werden, die Demokratisierungsprozesse könnten fortgeführt werden, die bereits erste Früchte getragen hatten. Man könnte die Menschen daran gewöhnen, sich frei zu fühlen. Aber das wird alles zerstört und man wird wieder bei Null anfangen müssen. Sehr frustrierend.

Kein Hauch von Optimismus?

Optimistisch war ich nach dem Umbruchsjahr 1989. Damals erschien es mir, wir würden langsam normal werden. Aber was hilft es. Mein Lebensabend ist ein Déjà-vu: nach dem Wandel die Rückkehr zu Tragödie und Farce.

Das Jahr 1989 war das prägende Erlebnis Ihrer Generation?

Mein erstes Erlebnis revolutionärer Auflehnung liegt länger zurück, im Jahr 1968. Meine Eltern waren wissenschaftlich tätig. Mein Vater an der Hochschule, meine Mutter an einem Forschungsinstitut. Ich war 13 Jahre alt, als sie von der Arbeit kommend von verschwindenden Kolleg:innen und Freund:innen sprachen.

Und der Kriegszustand?

Da habe ich bereits meine Student:innen begleitet. Es war eher ihr Protest als meiner. Mein Weltbild hatte sich bereits formiert. Eine meiner schlimmsten Erinnerungen ist, wie ich in der Wohnung einer Freundin in der Nähe der Technischen Uni Krankenschwester spielen musste und die Rücken meiner Studierenden bandagierte, die man in der Nacht mit Gummiknüppeln vom Streik vertrieben hatte. Wenn ich mich einer Generation zuordnen sollte, würde ich sagen, dass ich zu einer der wenigen Gruppen gehöre, die eine friedliche Jugendzeit hatte und keine von traumatischen Erlebnissen bestimmte generationelle Prägung. Sie fand während der Gierek-Jahre statt. Ich habe einen Platz in einem Studiengang bekommen, in den kaum jemand aufgenommen wurde. Die Gierek-Kredite waren noch nicht aufgebraucht und es gab keine Lieferengpässe beim Wein aus Rumänien. Es war eine beflügelnde und intellektuelle Zeit ohne traumatische Erfahrungen. Sie hat mir außergewöhnlich viel Kraft für den Rest meines Lebens gegeben.

Sind die gegenwärtigen Demonstrationen ein spielerisches oder ein traumatisches Erlebnis für die jungen Menschen?

Sowohl als auch. Sie sind nicht mit den Studentenstreiks von 1980 zu vergleichen, die unter den Knüppeln der Bürgermiliz endeten. Lebensbedrohende Vorfälle gab es diesmal zum Glück nur wenige, spielerische Elemente dagegen sehr viele. Das ist kein absolutes Novum. Man braucht nur die Orangene Alternative[2] in Erinnerung zu rufen, die gezeigt hat, dass man demonstrieren und zugleich Spaß haben kann. Das, was wir heute beobachten, ist eine Fortsetzung dieser Idee.

Spannend, dass parallel zur Abwertung von Worten wie »Nation« dem Begriff »verpissen« plötzlich Erhabenheit und Sinn verliehen wurde.

Einige rümpfen die Nase: »Proteste gerne, aber diese Sprache! Niemals!« Dabei durchbricht dieser Begriff jegliche Heuchelei. Nebenbei gesagt: Die Bildwelt der Proteste gefällt mir sehr gut. Viele machen sich vermutlich nicht einmal bewusst, dass sich hier der Geist des reinen Nonsens erhebt. Nebenbei zeigt sich, dass wir unseren Sinn für Humor nicht verloren haben – obwohl er in unserer trostlosen Realität zuletzt kaum sichtbar war. In der Volksrepublik hatte es gereicht, dass irgendein Politiker etwas von sich gab und am nächsten Tag lachte das ganze Land. Das generierte damals eine unglaubliche Widerstandskraft. Und die ist heute zurück.

Aus dem Polnischen von Maria Albers

Der Text erschien in NEWSWEEK POLSKA Nr. 46/2020 und in der Sonderausgabe NEWSWEEK WYWIADY 1/2021, S. 89–91.

BARBARA FATYGA ist Soziologin, Kulturwissenschaftlerin und Anthropologin mit dem Schwerpunkt Soziologie der Jugend. Sie ist Leiterin einer Forschungseinrichtung zur Jugend an der Universität Warschau.

DAWID KARPIUK ist Journalist in der Kulturabteilung von NEWSWEEK POLSKA. Er ist Musiker und Mitglied der Band *Dziwna Wiosna*.

---

2   Politisch-künstlerische Bewegung, die in Polen in den 1980er Jahren entstand und durch Happenings und unkonventionelle Protestformen bekannt wurde (Anm. d. Red.).

Klassenspiele

Andrzej Leder im Gespräch mit Sławomir Sierakowski

Sławomir Sierakowski: Die von der Partei Recht und Gerechtigkeit (Prawo i Sprawiedliwość, PiS) vorgeschlagene »Polnische Ordnung« hat eine Diskussion über die gesellschaftlichen Schichten in Polen entfacht, insbesondere über die Mittelschicht, der diese Ordnung angeblich schadet. Was ist überhaupt die Mittelschicht in Polen?

Andrzej Leder: Die Ambitionen machen sie aus. Ich verteidige diese Ansicht, weil sie zu verstehen ermöglicht, wie in der armen Gesellschaft der 1990er Jahre bis zu 80 Prozent derjenigen, die gefragt wurden, zu welcher Schicht sie gehören, antworteten: zur Mittelschicht. Deshalb lässt sich auch heute auf der einen Seite jemand dazuzählen, der im Grunde nichts hat außer der Arbeit und seinem Traum, dass er eines Tages in einer Villa leben wird und seine Kinder zum Studieren nach England schickt, und auf der anderen Seite jemand, der diese Villa schon besitzt. Wollte man sie allein durch Einkommensniveau und Vermögen definieren, würde das bedeuten, dass die Mittelschicht in Polen sehr schmal wäre.

Und jemand, der keine Arbeit, aber studiert oder eine Berufsausbildung hat?

Gewöhnlich strebt so jemand auch die Mittelschicht an. Die Definition über Ambitionen bezeichnet eine Dynamik, eine Vorstellung davon, was mit einem Menschen in der Zukunft passieren wird. Es kann aber sein, dass diese Person schon einen Tag später weiß, dass sie höchstens beim Discounter Biedronka Arbeit finden wird. Oder dass sie das schon heute weiß.

Und wenn diese Ambitionen sich nicht verwirklichen lassen?

Wenn es den Menschen nicht gelingt, ihre Träume zu verwirklichen, entwickeln sie Frustration und Zorn. Das hat einen sehr starken Einfluss auf die politische Dynamik, weil es populistische Reaktionen antreibt. Die Leute erwägen, sich an denen zu rächen, die daran vermeintlich schuld sind, oder an denen, die es geschafft haben. Das ist eines der Elemente, die den politischen Prozess seit etwa 2005 angetrieben haben.

Und die anderen Schichten?

In den Gesellschaften des 19. und 20. Jahrhunderts bildeten die Eigentümer der Fabriken und die dort tätigen Arbeiter die antagonistischen Klassen. Im heutigen Polen, wie überhaupt in der globalisierten Welt, ist das nicht mehr so einfach: Polen ist ein Land in der Semiperipherie. Ein großer Teil des Produktionsvermögens ist entweder im Eigentum internationaler Konzerne oder des Staates. Bei uns gibt es nicht solche Großvermögen wie die der Krupps in Deutschland oder der Bettencourts in Frankreich, bzw. gibt es davon nicht sehr viele, zum Beispiel die Familie Kulczyk. Bei uns sind viele der Reichen auch Arbeitnehmer:innen – die Managerkader der staatlichen Unternehmen, der Großbanken und ähnliches. Und gleichzeitig gibt es eine Schicht von Leuten, die ein eigenes, nicht allzu großes Unternehmen besitzen, aber in den Kategorien des Vermögens ganz und gar nicht zu den Reichen gehören. Vor dem Hintergrund der allgemeinen Armut, besonders in der Provinz, sind sie dennoch vermögende Leute. Zusätzliche begriffliche Verwirrung entsteht dadurch, dass uns weiterhin die alten adlig-gutsherrschaftlichen Bilderwelten, ein Bündel von Vorstellungen beherrschen, die komplett anachronistisch das Verständnis von »Volk« und »Eliten« definieren.

Auf welche Weise?

Wir bewegen uns die ganze Zeit in Vorstellungen, die aus der adlig-gutsherrschaftlichen Welt des alten Polen stammen, der Welt vor der Revolution, vor der Industrialisierung und vor allem vor der Urbanisierung. Kurz gesagt stammen sie aus der Vorstellungswelt von Wyspiańskis *Wesele* (Die Hochzeit), einer Welt also, bei der es in unserer Vorstellung eine sehr kleine Elite und das Landvolk gibt. Und die Elite diskutiert ständig über ihr Verhältnis zum Volk. Dabei strotzt sie vor Verachtung, streut dann aber in fiebrigen Anfällen von »Bauernmanie« Asche auf ihr Haupt. Dieses Phantasma von den »hohen Herren« und den »ungebildeten Bauern« war während der letzten Diskussion zum Thema »Lesen« sehr sichtbar, die sich im Internet abspielte. Sich dafür zu entschuldigen, dass man Bücher hat und sie liest, ist eben das Syndrom eines absurden Schuldgefühls, das aus den Vorstellungen in der *Hochzeit* herrührt. Die Kehrseite davon ist die Abneigung im »Landvolk« gegen die Kultur und die Schule der »Herren«. Es gibt in Warschau Viertel, in denen Schüler:innen, die lesen, als »Kollaborateure« gelten und eins übergezogen bekommen. Ich glaube, dass das an vielen Orten in Polen so ist. Aber das kann sich ändern.

Die Polinnen und Polen ziehen nämlich in die Städte. Nicht nur im materiellen Sinne. Sie »verbürgerlichen« in dem Sinne, dass eine Mittelschicht entstanden ist, zum anderen aber auch insofern, als dass ein sehr großer Teil der Menschen in Städten wohnt und dort auf urbane Weise lebt. Die sozialen Antagonismen besitzen somit einen völlig anderen, neuen Charakter. Sie sind Machiavellis Welt mit dem *popolo grasso* und dem *popolo minuto*, die sich auf den Straßen von Florenz gegenüberstanden,[1] näher als der Welt des Dorfes.

Definieren wir also die heutige Unterschicht.

Den größten Teil der Unterschicht macht gegenwärtig das Prekariat aus, also Menschen, die in kleineren oder größeren Firmen, darunter auch Staats- oder Familienunternehmen, arbeiten, ohne eine stabile Beschäftigung.

Und ohne ein Gehalt, das ein würdiges Leben ermöglicht.

Viele von ihnen sind junge Leute ohne feste Beschäftigung und ohne soziale Absicherung. In unserer heutigen Welt ist der Generationenkonflikt eine der antagonistischen Achsen. Schon allein deshalb, weil die Jungen die Konsequenzen der Klimakatastrophe tragen werden, die aus dem unbewussten Konsum der Älteren um die Jahrtausendwende herrührt. Man muss auch die ihrer Stimme beraubte millionenstarke Gruppe der Immigrant:innen erwähnen, die für die Wirtschaft einen Puffer bilden. Dann gibt es noch die ehemalige Landbevölkerung, aktuell sicher 20-30 Prozent der Gesellschaft. Zudem arbeitet nur ein Teil davon in der Landwirtschaft. Aber wie in der traditionellen Vorstellungswelt ist das Dorf »Keimzelle und Rückzugsort des Polentums«. Für die rechten politischen Parteien ist das eine wichtige Wählerschaft. In gewissem Sinne ist das Dorf überrepräsentiert.

Und die Oberschicht?

Ich kenne die neue Oberschicht nicht, aber meinem Gefühl nach lebt sie in hohem Maße entweder außerhalb des Staates oder verborgen in Enklaven, das heißt, sie ist einfach wenig sichtbar. Vielleicht in den Boulevardblättern.

Ist das eine Art Luxus oder eher die Angst vor dem Antagonismus?

Ich denke, dass darin ein gewisses Element von Angst steckt, andererseits muss man auch riesige Mittel haben, um sich eine solche Unsichtbarkeit leisten zu können.

Die Oberschicht hat es sich also verdient, die Oberschicht zu sein?

Aber welche Oberschicht hat es verdient? Die polnische Spezifik besteht darin, dass das größte einheimische Kapital in den staatlichen Unternehmen angesammelt ist. Deshalb ist auch die Oberschicht in hohem Maße mit der politischen Klasse verbunden. Das heißt, dass es sich einfach um die Klientel der größten politischen Kräfte handelt, früher der Liberalen, aktuell der PiS. Zum Beispiel die Chefs der großen Firmen. In diesem Sinne hat der Kapitalismus in Polen klientelistischen Charakter.

---

1   Niccolò Machiavelli (1469–1527) nimmt in seinen staatsphilosophischen Überlegungen Bezug auf den Ciompi-Aufstand von 1378 in Florenz, eine kurze erfolgreiche Erhebung der rechtlosen Unterklasse – *popolo minuto* – gegen die städtisch-zünftische Oberschicht – *popolo grasso* (Anm. d. Red.).

Die Oberschicht ist gleichsam aus dem Antagonismus ausgeklammert. Das Vermögen von Daniel Obajtek, Vorstandsvorsitzender des Mineralölkonzerns Orlen, oder von Ministerpräsident Mateusz Morawiecki stört niemanden besonders. Uns irritiert, dass die Nachbarsfamilie »500+« bekommt.

Mir scheint, dass die Bekundung von Feindseligkeit und Sympathie hier den Regeln der alten adlig-gutsherrschaftlichen Vorstellungswelt entspricht. Ein wichtiges Element von ihr ist, dass man zueinander gehört. Alle haben in ihren Familien so einen cleveren Frechdachs, so einen Obajtek, der am Ende immer die Nase vorne hat, der aber auch immer mit seinen Leuten teilt und verschiedene Dinge regelt. Aber für diejenigen, die Austern schlürfen, in elitären internationalen Milieus verkehren und »staatsbürgerliche Tugenden vortäuschen« – denn man vermutet, dass dieses ganze bürgerliche Ethos eine Lüge ist – gibt es keine Gnade. Und die PiS spielt eben diesen Antagonismus sehr gekonnt aus.

Wie überlagern sich diese gesellschaftliche Hierarchie und die politischen Gegensätze in Polen?

Indem Kaczyński auf das Zusammengehörigkeitsgefühl, die Religion und den Nationalismus setzte, hat er eine Erzählung geschaffen, die die Wünsche der Vertreter:innen sehr verschiedener Schichten befriedigt. Er heilt das Minderwertigkeitsgefühl der Unterschicht, indem er den Stolz auf das Polentum fördert, das wirkt auf die provinzielle Mittelschicht – provinziell im Hinblick auf die Art der Mentalität und den allgemeinen Mangel an Selbstbewusstsein, und nicht auf den Wohnort. Für sie gibt es zudem das Versprechen, den mit der Globalisierung verbundenen Konkurrenzdruck zu reduzieren, indem man Europa »unschädlich« macht. Eine kleine Splittergruppe der Allerreichsten – besonders diejenigen mit Wurzeln in der Zweiten Republik und Verbindungen zur katholischen Kirche – unterstützt dieses Projekt ebenfalls. Es überbrückt somit die Gegensätze zwischen den Schichten. Und das ist der riesige politische Erfolg dieser Formation. Durch dieses reaktionäre Bündnis zwischen den »einfachen« Leuten und den Reichen und Mächtigen ist das Polen der PiS zu einer Brutstätte der Reaktion in Europa geworden. Der andere Teil dieser Wählerschaft, den der von Ihnen und Przemysław Sadura veröffentlichte Bericht *Der politische Zynismus der Polen*[2] offengelegt hat, sind Polinnen und Polen, die in einer komplett instabilen, prekären Situation leben. Gegenwärtig sind sie von der Pandemie ganz schrecklich betroffen. Tag für Tag die Angst, in Armut zu geraten, also denkt man nicht langfristig. Auch wenn das der PiS nicht gefällt, stimmt man wegen der unmittelbaren Vorteile für sie. Auf der anderen Seite haben wir die Wählerschaft aus der Mittelschicht – die kleinen und mittleren Unternehmer:innen, aber auch die Angestellten des großen öffentlichen Sektors in Polen, also Lehrerinnen und Lehrer, Pflegekräfte, Arbeitnehmer:innen verschiedener staatlicher Firmen aus dem Bereich Verkehr und Energie, dann die Gebildeten, die

---

2 Przemysław Sadura, Sławomir Sierakowski: Polityczny cynizm Polaków. Raport z badań socjologicznych [Der politische Zynismus der Polen. Bericht aus der soziologischen Forschung], Krytyka Polityczna 2019, auf Polnisch verfügbar unter: https://krytykapolityczna.pl/kraj/polityczny-cynizm-polakow-raport-z-badan-socjologicznych/ (22.12.2021).

aus den freien Berufen: Ärzte, Juristinnen, akademische Mitarbeiter:innen. Das ist in hohem Maße die Wählerschaft der Opposition.

Was unterscheidet die Wähler:innen von Bürgerplattform (Platforma Obywatelska, PO), Szymon Hołownia (unabhängiger Präsidentschaftskandidat 2020) und der Linken (Lewica) im Hinblick auf ihre Schichtzugehörigkeit?

Hier ist der generationsbedingte sowie der weltanschauliche Antagonismus entscheidend, weniger wichtig ist die ökonomische Position. Hołownia versammelt die jüngere liberal-konservative Generation um sich, also Leute, die irgendwie weiterhin mit der Religion verbunden sind, sowie solche, die sich für Wirtschaftsliberale halten, aber nicht für die Konföderation (Konfederacja) stimmen möchten. Das resultiert auch aus der kulturellen Ablehnung der PO als einer Partei, die schon etwas zu lange in der Politik ist. Die Bürgerplattform wird mit dem alten Liberalismus assoziiert, deshalb zieht sie vor allem die Generation der 1990er Jahre an. Die Linke dagegen besteht teilweise aus der jungen, fortschrittlichen städtischen Mittelschicht, der Wählerschaft von Gemeinsam (Razem), teilweise aber auch aus Menschen, die biographisch mit der Volksrepublik verbunden sind, dem alten Bund der Demokratischen Linken (Sojusz Lewicy Demokratycznej, SLD). Paradoxerweise zerreißt der Klassenantagonismus die Linke selbst, die versucht, den sozial schwächeren Teil der PiS-Wählerschaft abzufischen, obwohl sie sich in hohem Maße auf die junge, fortschrittliche Mittelschicht stützt.

Wird die Strategie der Linken Früchte tragen?

Ich habe gewaltige Zweifel an diesem Spiel, aber »an ihren Früchten sollt ihr sie erkennen.« Die Linke kann probieren, der PiS die Wählerschaft wegzunehmen, die Sie in Ihrem Bericht zynisch genannt haben, aber dafür müsste man die Macht haben, schnell verschiedene Profite zu verteilen, und nicht nur »irgendwann, irgendwann ...« zu versprechen. Eine sehr wichtige Schlussfolgerung aus dem zweiten Bericht *Das Ende der Hegemonie des 500+* ist doch: In einem sehr großen Teil der Wählerschaft, besonders im sozialen, herrscht ein so starkes Misstrauen, ein so stark fehlender Glaube an den Staat, dass alle langfristigen Projekte nur eine schwache Resonanz haben. Wenn jemand keine konkrete Macht hat und nicht schnell Erträge ausschütten kann, dann wird er als unbedeutender Player wahrgenommen. Ich habe auch den Eindruck, dass dieser letzte Schachzug der Linken [die PiS bei der Verabschiedung der »polnischen Ordnung« zu unterstützen, Anm. d. Red.] zum Ziel hat, sich unabhängig zu machen und das liberale Zentrum langfristig zu schwächen. Es gibt eine eindeutige Abneigung gegenüber der PO und den liberalen Eliten. [...]

Heute zweifelt man seitens der Linken, nicht nur in Polen, sehr stark die traditionelle parlamentarische Demokratie an, weil sie ebenfalls in einer tiefen Krise steckt. Zusätzlich begleitet wird dies von einem Angriff auf den politischen Liberalismus mit seiner Ideologie der Menschenrechte. Dieser wird nämlich mit dem Neoliberalismus gleichgesetzt.

Welchen Sinn macht es, dass die Linke die Liberalen bekämpft, während die populistische Rechte regiert?

Man nimmt an, dass der politische Liberalismus ein Deckmantel für die Herrschaft der großen Unternehmen und des berühmten letzten Prozents der Allerreichsten sei. Auf der Linken gibt es übrigens eine lange Tradition, liberales Bürgertum und Faschismus gleichzusetzen. Meiner Meinung nach ist das falsch, aber es führt zu der Strategie, die parlamentarische Demokratie zu bekämpfen, »damit das faschistische Profil des Staates an die Oberfläche kommt«. In der Zwischenkriegszeit ist die Linke sehr oft gemeinsam mit den Populist:innen gegen die liberale Mitte aufgetreten. Die Weimarer Republik ist ein ausgezeichnetes Beispiel dafür, dass die Kommunist:innen die sozialdemokratischen Regierungen als Hauptgegner betrachteten, weil sie mit Hilfe der protofaschistischen Freikorps die Revolution von 1919 unterdrückten und eine bis zu 40-prozentige Arbeitslosigkeit Anfang der 1930er Jahre zuließen. Nur dass die Linken dann zusammen mit den Liberalen in den Konzentrationslagern landeten. Aufgrund der Lehren aus dieser Erfahrung hat die Linke nach dem Krieg, und im Grunde während der ganzen Nachkriegszeit, eine gemeinsame Front mit dem liberalen Zentrum aufgebaut, die auf Zugeständnissen beider Seiten basierte und die Grundlage für einige Jahrzehnte des relativen sozialen Friedens war. Ich wäre für eine solche Politik, aber sie würde einen tiefgreifenden Mentalitätswandel erfordern, übrigens vor allem seitens der Liberalen. Vielleicht ist aber der soziale Frieden auf der ganzen Welt an ein Ende gekommen ...

Was kann die »Polnische Ordnung« an der Schichtzugehörigkeit in Polen ändern?

Ich denke nicht, dass sie viel ändern wird. Bei aller Abneigung gegen die autoritäre Politik der PiS und dem Ekel vor ihrer nationalistischen Rhetorik bin ich überzeugt, dass der Versuch, das System der Einkommensverteilung zu verändern, richtig ist. Nach 1989 waren Menschen, die eigene Unternehmen betrieben, 30 Jahre lang steuerlich gegenüber denen privilegiert, die Lohnarbeit ausführten. Bis heute zahlt jemand, der selbstständig ist, einen pauschalen Krankenversicherungs- und Rentenbeitrag. Er kann zudem rein private Ausgaben von seiner Steuerbemessungsgrundlage abziehen. Diese Ungerechtigkeit besteht seit Jahrzehnten. Vielleicht war sie zu Beginn der Transformation sinnvoll, als das polnische Bürgertum entstand, aber heutzutage stellt sie einen völligen Anachronismus dar. Die geplante prozentuale Berechnung des Krankenversicherungsbeitrags wird die Mittelschicht nicht umbringen. Überhaupt wird die steuerliche Progression sie nicht umbringen.

Ich füge noch etwas hinzu: In Polen muss sich das Verhältnis zu Steuern ändern. Die Steuer wird in der Sprache des Neoliberalismus als »Tribut« bezeichnet, so als ob wir sie irgendeinem Feudalherrn geben würden. Indes ist sie eine Investition, und zwar in uns selbst. Wir leisten sie gemeinsam und bekommen im Tausch konkrete Vorteile: Bildung, Gerechtigkeit und Sicherheit, Schutz der Gesundheit, Verkehr. Und soziale Kohärenz. Man muss daran erinnern, dass Polen nur über ein Gut verfügt, nämlich seine Menschen. Wir wissen bereits, dass die Kohle kein solches Gut ist, und der Export von

Rohkupfer und gefällten Wäldern ist auch keine besonders raffinierte Art, Geld zu verdienen. Aber damit die Menschen solch ein Gut werden, müssen sie sich umeinander kümmern. Das bedeutet auf der Ebene der Republik, also der allgemeinen Sache, zu investieren. Investieren kann man aber nur über ein Steuersystem. Wenn man diese Funktion von Steuern nicht sieht – und in Polen wird sie nicht gesehen – entsteht dieser schreckliche Diskurs darüber, dass jemand uns etwas entreißt, dass uns jemand zerstört.

Zwischen den Wähler:innen der PiS und denen der Opposition kann man vor allem den weltanschaulichen Konflikt sehen, und nicht den ökonomischen. Daher kommen die Vorwürfe an die Linke, dass sie die weltanschaulichen Fragen vergessen habe, als sie mit der PiS verhandelte.

Deshalb ist ein Bündnis mit der nationalistischen, klerikalen Rechten mit autoritären Neigungen für die Linke immer riskant. Man muss auch sehen, dass die Gesetzgebung zu scheinbar »nur« weltanschaulichen Fragen große gesellschaftliche, politische und ökonomische Bedeutung hat. Zum Beispiel der Bereich der Reproduktionsrechte. Das Abtreibungsverbot ist ein Instrument gesellschaftlich-ökonomischer Repression, weil dieser ganze bedrückende Charakter der Rechte bezüglich Abtreibungen in Polen mit Sicherheit vor allem arme Menschen betrifft. Und zwar nicht nur Frauen, sondern auch Männer. Fast jeder hat eine Schwester, Frau, Tochter. Die meisten sind an den Entscheidungen darüber beteiligt, ob man ein Kind bekommen will oder nicht. Sie sind durch das Schicksal mit einer Frau verbunden. Der politische Druck, das Schüren der Angst vor dem Krankenhaus, dem Registrieren, dem Priester als Denunzianten, vor diesen idiotischen Interventionen in Tschechien, »damit dort keine Schwangerschaftsabbrüche vorgenommen werden können«, das betrifft schon auch die Mittelschicht. Die Angst davor, dazu gezwungen zu sein, ein Kind mit einer ernsthaften Behinderung zur Welt zu bringen, ist gewaltig. Auch wenn das vor allem die Frauen betrifft, so geht das auch die Männer an. Als Folge haben wir *de facto* einen Reproduktionsstreik. Frauen wollen weder Kinder noch eine Familie haben, und die Männer sind daran beteiligt. Dies wiederum hat ernste demografische Folgen, es droht ein Arbeitskräftemangel und der Zusammenbruch des Rentensystems. Ich sehe keine Möglichkeit, dies durch irgendwelche Sozialtransfers zu durchbrechen. Offensichtlich hat das Programm »500+« in dieser Frage überhaupt nicht funktioniert. Die Linke scheint nicht zu begreifen, dass ein Bündnis mit dem fortschrittlich-kulturellen Teil der großstädtischen Mittelschicht eine gewaltige gesellschaftliche Bedeutung hat. Und dass es nicht nur eine Frage dessen ist, ob wir tolerant gegenüber Minderheiten sein wollen – auch wenn wir das wollen.

Artikuliert sich der Klassenantagonismus heute eher durch den politischen oder den kulturellen Kampf? PiS gegen PO oder eher LGBT+-Rechte gegen Homophobie?

In Polen, und nicht nur da, hat der Kulturkampf die gesellschaftlichen Gegensätze sichtbar gemacht. Das rechte Projekt der kulturellen Gegenrevolution hat den Menschen eine Stimme gegeben, die in der Zeit der Transformation, in den 1990er Jahren, aufgegeben wurden. Es brachte ihre Wut und Ressentiments zum Vorschein. Auf Facebook kursierte vor einiger Zeit ein Meme, das einen nationalistischen, kahlgeschorenen Schläger verspottete, in dessen offenem Mund es wohl nur noch einen Zahn gab. Aber da gibt es nichts zu lachen. Das ist die Folge der Abschaffung der Arzt- und Zahnarztsprechstunden in den Schulen Anfang der 1990er Jahre. Ihre Einführung war eine gewaltige Leistung der Volksrepublik, eine derjenigen, die wir überhaupt nicht wertgeschätzt haben. Jedes Kind wurde in der Schule untersucht. Warum in der Schule? Sie ist der einzige Ort, die einzige Institution, wo der Staat ganz sicher auf fast alle seine Bürger:innen trifft. Die Schule ist für alle da, bzw. sollte sie das sein. Durch den Rückgang der allgemeinen Zahnarztsprechstunden haben Millionen von Kindern keinen Zugang mehr zu regelmäßiger zahnärztlicher Betreuung. Das Gefühl der Unzugänglichkeit gewisser Güter, die über grundlegende Dinge entscheiden, erzeugt Hass. Das heißt, vereinfacht gesagt, wenn ich nicht zu einem Arzt gehen kann, von dem meine Lebensfähigkeit abhängt, beginne ich eine allgemeine Abneigung und ein Misstrauen gegenüber dem Gesundheitswesen zu entwickeln. Dieser Hass äußert sich dann eben in Verschwörungstheorien über Bill Gates und die Impfungen, in dem Mythos von der Elite, die nichts für unser Wohl tut und uns wie menschliches Rohmaterial behandelt. Und dann letztlich im Kulturkampf.

Warum betrifft diese Abneigung auch Flüchtlinge oder Minderheiten?

Alle Politiken der Förderung gegenüber Minderheiten werden von der aufgegebenen Mehrheit, die sozial schwach ist, als Verschwörung der Eliten behandelt. »Sie lassen es sich auf unserem Rücken gut gehen.« Das verbindet sich fast immer mit der Sexualmoral, daher die Effektivität der Kampagne gegen alles, was nicht heteronormativ ist. Die Fantasien darüber, dass verbotene Formen von Vergnügungen existieren, die die Eliten gemeinsam mit den Minderheiten betreiben, verkörpern die Frustration der Unterschicht und erzeugen Hass. Das ist das alte Motiv der »jüdischen Perversion«, das heute weiter aktuell ist, allerdings eher die sexuellen Minderheiten oder muslimische Immigrant:innen betrifft.

Aber wie stark ist in Polen der Klassismus?

Er ist stark, weil er nicht nur Vermögensunterschiede ausdrückt, sondern sich auch mit einem hierarchischen Modell von Kultur verbindet. Im Zusammenhang damit ist eine herablassende Haltung gegenüber den verschiedenen Arten von Schwächeren sehr verbreitet. Weiterhin dominiert die adlig-gutsherrschaftliche Vorstellungswelt: Die Menschen streben danach, zu den Herren, zum Adel zu gehören, und eines der Attribute dieser sozialen Position ist die Möglichkeit, diejenigen zu verachten, die schlechter als man selbst sind. »Auf seinen Bauerntrottel schauen«, hat das Gombrowicz genannt. Ich würde sagen, dass einer der perversen Vorteile, den diese Art der sozialen Fantasie beschert, darin besteht, dass man Schwächere verachten kann und aus dieser Verachtung Freude schöpft. Andererseits gibt es die schon erwähnte Art, dem vermeintlichen Volk zu schmeicheln, sich für das richtige Polentum an die Brust zu schlagen, die meiner Meinung nach auch herablassend ist …

Wie sollte man dem Klassismus begegnen?

Die europäische Geschichte zeigt, dass gut eingeführte Bildungssysteme die Ansichten der Gesellschaften wirklich verändern. Im Frankreich der zweiten Hälfte des

19. Jahrhunderts hat Jules Ferrys Reform zur Schaffung eines modernen Typs des französischen Republikanismus geführt. In Schweden hat die Sozialdemokratie eine tiefgreifende Bildungsreform in Richtung Gleichheit durchgeführt und eine Gesellschaft mit tief verinnerlichten Idealen der Gerechtigkeit geschaffen. Die PiS geht in die umgekehrte Richtung. Die Zerstörung der Gymnasien, die die Bildungschancen der Provinz angeglichen hatten, die Schwächung der lokalen Universitäten sind die Folgen der Reformen des Ministers für Wissenschaft und Bildung Jarosław Gowin (2015–2020). Sie spielen eine gewaltige kulturbildende Rolle, waren sie doch für die Regionen sehr wichtige kulturelle Zentren.

Warum strebt die Unterschicht nicht nach Bildung?

In den letzten Jahren strebt sie nicht danach. In den ersten 20 Jahren der Transformation war der Wunsch nach Bildung riesig. Daher entstand ja auch die große Zahl privater Hochschulen. Interessanterweise erwies sich der Bildungsboom in den »Transformationsländern« als ein spezifisch polnisches Phänomen, die ungarische Gesellschaft hatte so etwas z. B. nicht. Es gab keine solche Flut an Privatschulen, die zwar keine besonders gute Bildung vermittelten, aber doch die Ambitionen zufriedenstellten. Die polnische Transformation war mit der demokratischen Opposition verbunden, die einen klassischen, akademischen Charakter hatte. Die Bildungsambitionen flossen in die gesamte Transformationsideologie ein. Das endete wahrscheinlich vor etwa 15 Jahren vor allem deswegen, weil sich herausstellte, dass die Diplome all dieser Hochschulen die Lage auf dem Arbeitsmarkt nicht verbessert haben. Grund dafür ist die semiperiphere Lage Polens, wo die Arbeit hauptsächlich in der einfachen Vergabe von Aufträgen an Subunternehmen besteht. Jegliche intellektuelle Arbeit wird konzentriert, das heißt, sie flieht aus der Peripherie in Richtung der am besten entwickelten Staaten. Das ist so eine globale Klassenspaltung.

Aus dem Polnischen von Markus Krzoska

Der Text erschien in der POLITYKA Nr. 23 vom 1. Juni 2021, S. 20–23. © Sławomir Sierakowski

ANDRZEJ LEDER ist Professor am Institut für Philosophie und Soziologie der Polnischen Akademie der Wissenschaften. Er lehrt an der Graduiertenschule für Sozialforschung am Institut für Philosophie und Geschichte der PAN und am *Collegium Civitas*. Autor zahlreicher Monografien, u. a. 2014: *Prześniona rewolucja. Ćwiczenie z logiki historycznej* (Polen im Wachtraum. Die Revolution 1939–1956 und ihre Folgen. Aus dem Polnischen von Sandra Ewers, Osnabrück 2019).

SŁAWOMIR SIERAKOWSKI ist Soziologe und politischer Kommentator. Er ist Gründer und Vorsitzender von KRYTYKA POLITYCZNA, einer Bewegung von liberalen Akademiker:innen, Künstler:innen und Aktivist:innen. Er ist außerdem Direktor des Institute for Advanced Study in Warschau sowie Präsident der Stanisław Brzozowski Association. Sławomir Sierakowski schreibt Kommentare für THE INTERNATIONAL NEW YORK TIMES, hat eine eigene Kolumne auf PROJECT SYNDICATE und veröffentlicht regelmäßig Artikel in der FINANCIAL TIMES und DIE ZEIT.

Verfemte Waisen

Mit Tomasz Szlendak spricht Elżbieta Turlej

Elżbieta Turlej: Kennen Sie das Wort »Posthumus«?

Tomasz Szlendak: Es bezeichnet ein Kind, das nach dem Tod des Vaters geboren wurde. Weshalb fragen Sie danach?

Ich habe den Eindruck, dass die 20- bis 30-jährigen männlichen Polen, die Sie im Rahmen Ihres internationalen Forschungsprojekts zu aktuellen Männlichkeitsbildern untersuchen, zu einer Generation von Nachgeborenen einer Welt gehören, die sie nie erlebt haben. Und von Vätern, die sie nie kennengelernt haben.

Sie haben diese Väter nie gehabt. Schauen Sie, wen sich die Polen heute als geistige Väter, als männliche Vorbilder wählen. Ritter, verfemte Soldaten und Kavaliere der Vorkriegszeit. Dabei ist unsere Gesellschaft dem Bauernstand entwachsen! In letzter Zeit sind einige geniale Publikationen wie etwa die Adam Leszczyńskis[1] über die Erneuerung des Denkens über das Bauerntum erschienen. Trotzdem gibt es keine enthusiastischen Reaktionen seitens der Männer. Keiner sagt: Szela[2] war mein Urahn und auf ihn werde ich mich berufen. Es scheint unpassend, sich auf das bäuerliche Erbe zu beziehen. Das wäre so, als ob wir uns gleich auf die Zeit unserer Unterdrückung berufen würden.

Mein Urgroßvater war Bauer.

Ich bin ebenfalls Nachfahre von Bauern und kenne meine bäuerliche Abstammung gut. Mein Vater hatte sechs Geschwister. Sie lebten auf dem Dorf in der heutigen Woiwodschaft Lublin. Als Kinder hüteten sie die Nutztiere, aber dank der Volksrepublik

---

1 Adam Leszczyński: Ludowa historia Polski [Bäuerliche Geschichte Polens], Warszawa 2020, siehe auch: Ders. Der Herr und sein Knecht. Über die Langlebigkeit der Leibeigenschaft. In: Jahrbuch Polen 2018 Mythen, Wiesbaden 2018, S. 165–180 (Anm. der Red.).

2 Jakub Szela (1787–1860) war ein Anführer von rebellischen Bauern, die während des antifeudalen Aufstandes in West-Galizien 1846 einen blutigen Kampf gegen die Adeligen führten (Anm.d. Red.).

erhielten sie eine Schulbildung. Ich weiß ebenso, woher mein Nachname stammt: Szlendak leitet sich vom altslawischen *slendaty* ab, also sich herumtreiben, herumstreunen. Das ist wahrlich nicht sehr edel! Ich mache mich etwas lustig über diese polnische Sehnsucht, adelig zu sein, aber soziologisch betrachtet verstehe ich sie. Die Geschichte ist immer eine imaginierte und schert sich nicht um die Fakten. Ich gebe Ihnen ein Beispiel aus einem anderen Forschungsprojekt. Zwei Jahre lang habe ich mich in Kooperation mit Kolleg:innen dem Hooligan-Milieu gewidmet. Alle sind Nachfahren oder Kinder der aus dem Bauernstand erwachsenen Arbeiterklasse gewesen. Aber die Slogans, die sie auf ihre Banner, Schals und Fahnen druckten, bezogen sich auf das Rittertum, auf den Ritter Zawisza. Sie waren wirklich davon überzeugt, ihre Vorfahren hätten dem Hoch- und Landadel angehört.

Kurz: der Elite. Die während des Zweiten Weltkrieges stark dezimiert und in der Volksrepublik endgültig zerstört wurde. Sie wurde ausgelöscht; die Bauern überdauerten alles.

Das Problem ist, dass sich mit dieser Überlebensfähigkeit auch einige Nachteile verbinden. In die Knie zu gehen, sich einer Teilungs- oder Besatzungsmacht anzupassen, um zu überleben, hat nichts Edles an sich. Nichts Anziehendes, nichts Ästhetisches. Junge Männer aber wollen sich auf Vorbilder berufen, die die Fantasie anregen. Sie wollen ästhetische Vorbilder haben, weil ihnen die Gegenwart unästhetisch erscheint.

Und wenig revolutionär. Zum ersten Mal seit Jahrhunderten haben junge Polen auch kein deutliches Feindbild.

Ich würde sie eher als unbewusste Konterrevolutionäre bezeichnen. Sie leben in einer Zeit, in der die Emanzipation der Frau zu einer gleichberechtigten Aufteilung der Rechte und Pflichten zwischen den Geschlechtern geführt hat. Die Frauen haben eine neue Weiblichkeit. Den jungen Männern fehlt es aber an einer neuen beziehungsweise alternativen Männlichkeit, die die alte ersetzen könnte. Daher definieren sie sich in Opposition zu den Frauen. Zusammen mit Magdalena Żadkowska und Radosław Kossakowski habe ich dargelegt, dass Männer unmännliches Verhalten sehr ähnlich definieren, unabhängig davon, welchen Platz ihr Land im Ranking der Geschlechtergleichstellung belegt. Angenommen, Norwegen belegt den ersten Platz und Pakistan einen der letzten. Wenn Sie einen jungen Mann aus Norwegen und einen aus Pakistan fragen, was es bedeutet, unmännlich zu sein, werden sie Ihnen einhellig antworten: weiblich zu sein. In Polen denkt ein Großteil der Männer ähnlich, vor allem weniger gebildete und zur Unterschicht zählende. Zudem sind sie davon überzeugt, die Frauen würden ihre Männlichkeit unterdrücken, ihnen etwas wegnehmen. Archaische verfemte Soldaten,[3] Ritter und Edelmänner der Vorkriegszeit kommen ihnen da zu Hilfe.

---

3 Über »verfemte Soldaten«, die nach dem Zweiten Weltkrieg gegen die kommunistische Machtergreifung kämpften und die Erinnerung an sie siehe: Lech M. Nijakowski: Die polnische Erinnerungspolitik. In: JAHRBUCH POLEN 2017 Politik, S. 29–48 (Anm. d. Red.).

Mit anderen Worten: Sie generieren Männlichkeit durch die Verfestigung archaischer, imaginierter Vorbilder.

Der bei jungen Männern beliebte Mixed Martial Arts-Kämpfer Marcin Różalski kann als Beispiel für ein Verschmelzen solcher Vorbilder dienen. In den sozialen Medien zeigt er sich in Kleidung, die an die bürgerliche Eleganz der Vorkriegszeit erinnert. Ich habe ihn nie in Röhrenjeans oder rosa Hemd gesehen.

In dieser Retro-Utopie einer ästhetischen Männlichkeit gibt es keinen Platz für enge Hosen. Diese werden mit Männern assoziiert, die die Linke unterstützen. Röhrenhosen gelten als weiblich. Ein echter Mann kann so etwas nicht tragen. Ein echter Mann wählt auch kein Rosa, das ist für Frauen reserviert. Das ist absurd und ahistorisch. Früher galt Rosa, als Abstufung des Roten, schließlich als extrem männlich. Einige der härtesten Krieger in den Ulanen-Regimentern trugen rosafarbene Mützenbänder. In unserer Retro-Utopie der ästhetischen Männlichkeit werden auch die kleinen Dokumenten-Taschen mit Bändchen nicht toleriert, in die nur Handy und Portemonnaie passen. Dadurch wollen sich die polnischen Männer von den in Polen arbeitenden Ukrainern und Belarusen abgrenzen, die sie mit diesen Taschen in den öffentlichen Verkehrsmitteln sehen.

Ich habe Soldaten und Ritter in Fitnessstudios, beim Unabhängigkeitsmarsch und auf den Demos gegen die Frauenproteste gesehen. Aber elegante Kavaliere aus der Zwischenkriegszeit? Wann wählen junge Polen diese zum Vorbild?

Das ist eine Beziehungsutopie. Rufen Sie sich Marek Krajewskis Romanfigur des Eberhard Mock in Erinnerung![4] Das ist ein derartiger Retro-Kavalier, der seine Ehefrau vom hohen Ross seiner Männlichkeit herab behandelt. Er schlägt sie, aber eigentlich liebt er sie. Er kauft ihr Pelze und behandelt sie nachsichtig als fragiles, aber minderwertiges Wesen.

Über solche Beziehungen zwischen Mann und Frau singt der bei jungen Polen ungemein populäre Rapper Bedoes auf seinem neuesten Album »Romantische Revolution«.

Jungen Männern bleibt nichts anderes als diese Retro-Utopie, da sich heutzutage kaum etwas Neues erfinden lässt. Ebenso wenig in der Musik. Über YOUTUBE lässt sich jeder Stil, jedes ästhetische Vorbild abrufen. Die digitale Vernetzung tötet den Fortschritt. Junge Polen stecken dadurch in einer Endlosschleife, nicht nur in der Kunst, sondern auch was ihre Männlichkeitsvorstellungen anbelangt. Sie sind angewiesen auf rückwärtsgewandte, archaische Soldaten, Ritter und Edelmänner. Stets in Konfrontationshaltung, immer im Kampfmodus oder im Widerspruch zu irgendjemanden. Leider haben sie keinen Zugang zum bäuerlichen Vorbild, das etwas Neues und Erfrischendes sein könnte.

---

4   Zum Beispiel: Marek Krajewski: Tod in Breslau, München 2002 (Anm. d. Red.).

Während junge Polen der Vergangenheit zugewandt sind, blicken junge Polinnen in die Zukunft. Sie unterscheiden sich sogar in ihren politischen Einstellungen. Während die Männer zunehmend konservativ und rechts sind, wählen die Frauen verstärkt die progressive Linke.

Das Internet hat die Sphäre der Männer und die der Frauen sehr klar voneinander getrennt und sie voreinander verschlossen. Das ist sehr deutlich geworden, als ich vor zehn Jahren zu Reenactment-Gruppen geforscht habe. Diese Männer hatten natürlich Partnerinnen oder Ehefrauen und waren mit Mädchen zur Schule gegangen, aber sie schmorten in ihrem eigenen, digitalen Saft. Ihre Sozialisierung fand über das Internet statt, hier brachten sie sich gegenseitig bei, was als männlich und was als unmännlich galt. Die Konturen ihrer Weltsicht manifestierten sich immer stärker. Zeitgleich geschah dasselbe in den Subkulturen der Frauen. Heute trennt die beiden Welten mehr denn je. Wenn ich meine Studenten frage, ob sie in einer mehr als drei Monate andauernden Beziehung sind, melden sich etwa 20 Prozent der Gruppe. Sie wissen nicht, wie es ist, mit jemandem langfristig zusammen zu sein. Mädchen wird von Anfang an gesagt, dass man über Probleme sprechen und unangenehme Emotionen gemeinsam verarbeiten müsse. Jungen haben kein derartiges Konzept von Beziehung, da ihnen niemand beibringt, auf solche Weise in einer Beziehung zu funktionieren. Kein Wunder also, dass es ein 25-jähriger Mann und eine über Tinder kennengelernte Frau höchstens zwei, drei Wochen miteinander aushalten. Später wird so ein Mann immer kürzere Beziehungen und immer längere Phasen der Einsamkeit erleben. Generell wird er das Beziehungsleben immer weniger verstehen und brauchen und immer häufiger zu leicht zugänglicher Pornografie greifen, dank der er auf reale Frauen und ihre Bedürfnisse verzichten kann.

Vielleicht sollte man sich an die gebildeten jungen Frauen wenden und sie bitten, diese verwirrten jungen Männer nicht zu verurteilen und zu verdammen, sondern sie mit sich zu reißen?

Das Problem ist, dass sie diese Männer, von denen wir sprechen, nicht wahrnehmen. Für die Frauen sind die Männer aus der unteren Mittelschicht und der Unterschicht zunehmend uninteressant. Sie schauen nicht nach unten, sondern suchen jemanden aus derselben oder einer höheren Gesellschaftsschicht.

Also bleiben die Posthumi ohne Nachkommen?

Möglich. Heutzutage bleiben in den westlichen Staaten 45 Prozent der Männer kinderlos. Wir entwickeln uns in eine ähnliche Richtung, da junge Frauen die »Unterschichtmänner«, die verfemte Soldaten sein wollen, kaum noch zu Vätern ihrer Kinder erwählen. Oftmals bleibt für sie nur die Rolle des Nesthockers übrig: Eine wachsende Männergruppe bleibt sehr lange bei ihren Eltern, vor allem bei der Mutter, wohnen. Andere Frauen, Kommilitoninnen oder Bekannte, bleiben für sie unverständlich, da diese über Emotionen sprechen wollen und Fürsorglichkeit brauchen. Sie flüchten sich also ins Internet, wo sie mit anderen ihre konservativ-ritterlich-soldatisch-edelmännische Auffassung vom Leben und von Beziehungen zementieren.

Ich habe einen 11-jährigen Sohn. Wie erziehe ich ihn denn zu einem Mann?

Meine vor langer Zeit verstorbene Großmutter sagte immer, ein Mann müsse zwei Eigenschaften besitzen: schöner sein als der Teufel und Arbeit haben. Heutzutage wird diese Liste ständig erweitert. Generell aber reicht es, wenn man Jungen beibringt, kommunikativ zu sein und zuzuhören. Ein Junge sollte sich nicht in seine eigene Welt zurückziehen, sondern wissen, dass andere auch andere Ansichten haben und das Leben aus einer anderen Perspektive betrachten. Kurzum: gut, wenn er empathisch ist. Das reicht für den Anfang. Dann sollte er aber Humor und eine Leidenschaft haben. Das sind Eigenschaften, nach denen Frauen immer häufiger bei Männern suchen. Ideal wäre, wenn er selbst auch die Marotten, die Frauen an ihm sehen, erkennt ... Jetzt, wo wir darüber reden, erkenne ich, dass die Männer, die sich in Opposition zur Revolution der Frauen definieren, von Anfang an verloren haben. Vermutlich sehnen sie sich daher so stark nach der Zeit, von der meine Oma sprach.

Frauen sehen sie nicht in der Vaterrolle und wählen Männer, die auf Partnerschaft statt auf Auseinandersetzung setzen. Es gibt bereits die sogenannten neuen Väter, die viel Zeit mit ihren Kindern verbringen.

Vielleicht entwickelt sich diese neue Vaterschaft zum lebensfähigen Männlichkeitsvorbild. Ich bin selbst gespannt, welche Männer aus diesem intensiven Kontakt zwischen Mann und Mann erwachsen werden. Ich beobachte die heute 17-Jährigen und sehe, dass sie keine utopischen Sehnsüchte haben. Der Freund meiner Tochter begründet seine Identität mit Sprachkenntnissen, Marken, Fertigkeiten und der Kenntnis von IT-Gadgets. Er hat keine Sehnsucht nach einer imaginierten Vergangenheit und mit Sicherheit ist er kein Posthumus.

Aus dem Polnischen von Maria Albers

Der Text erschien in NEWSWEEK POLSKA 13/2021 und in der Sonderausgabe NEWSWEEK WYWIADY 1/2021, S. 84–87.

TOMASZ SZLENDAK ist Soziologe an der Nikolaus Kopernikus Universität in Thorn (Toruń). Seine Forschungsinteressen sind u. a. die Soziologie der Kultur, der Familie und der Jugend. Er ist stellvertretender Direktor des Komitees für Soziologie der Polnischen Akademie der Wissenschaften.

ELŻBIETA TURLEJ ist Journalistin und Publizistin. Ihre Artikel werden in Zeitungen und Internetportalen veröffentlicht, wie NEWSWEEK POLSKA oder ONET.PL. Zuletzt schrieb sie für die Wochenzeitschrift POLITYKA.

Ewa Wanat

Kampf der Geschlechter oder »You'll never walk alone«

Im Oktober 2020 gingen Tausende von Frauen in größeren und – wichtiger noch! – kleineren polnischen Städten auf die Straße, um gegen die Verschärfung des Abtreibungsrechts zu protestieren (nach Malta das zweitrestriktivste in der EU).

Ihnen folgten die Männer. Der junge Marcin Biały wurde zu einer Ikone der Proteste – auf dem Arm hielt er seine zweijährige Tochter und in der Hand ein Schild: »You'll never walk alone« (dt. »Du wirst nie alleine gehen«). Bekannt wurde er durch ein Foto, das seine Frau Monika postete. »Ich werde nicht zulassen, dass jemand für meine Tochter Entscheidungen trifft. Und dank des Fotos, das zufällig im Netz gelandet ist, wird sie daran erinnert werden, dass ich immer für ihre Wahlfreiheit gekämpft habe«, sagte er gegenüber dem Nachrichtenportal WP.PL.

»You'll never walk alone« ist ein Symbol für die sich – zwar sehr langsam, aber dennoch allmählich – verändernden Beziehungen zwischen Männern und Frauen in Polen. Schon bei den vorangegangenen Frauenprotesten, dem sogenannten »Schwarzen Protest« im Jahr 2016, als die Partei Recht und Gerechtigkeit (Prawo i Sprawiedliwość, PiS) erstmals versuchte, das Abtreibungsrecht zu verschärfen, waren auch viele jüngere Männer auf der Straße.

Immer häufiger sieht man junge Väter, die ihre Kinder auf den Spielplatz begleiten, beim Joggen den Kinderwagen schieben oder ihre Kinder zur Schule bringen. Während meiner Kindheit in den 1970er Jahren, aber auch noch bis in die 1990er Jahre, wäre dies ein unerhörter Anblick gewesen. Heute ist das Normalität, vor allem in Großstädten. Zwar handelt es sich noch nicht um ein Massenphänomen, aber junge Männer nutzen zunehmend die 2016 eingeführte Elternzeit für Väter. Allein bis Ende Mai 2021 machten mehr als 70.000 Männer davon Gebrauch. 2020 waren es insgesamt nur 60.000.

Die PiS versucht, diese Entwicklung rückgängig zu machen. Einerseits war es völlig richtig, ein monatliches Kindergeld in Höhe von 500 Zloty (ca. 110 Euro) für alle Kinder einzuführen, andererseits zielte es aber darauf ab, die Frauen zu Hause zu halten.

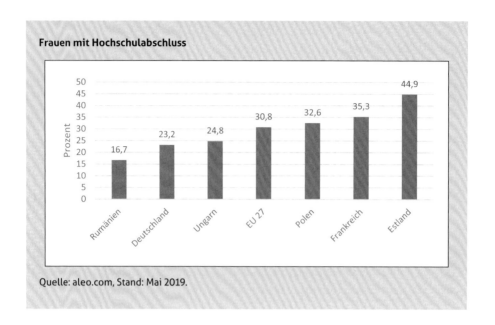

Quelle: aleo.com, Stand: Mai 2019.

Und genau das ist natürlich passiert. Seit der Einführung des Kindergelds 2016 ist die Erwerbstätigkeit unter Frauen rückläufig.

In Polen ist jede dritte Frau zwischen 20 und 64 nicht berufstätig und auch nicht auf der Suche nach einer Arbeitsstelle. Eurostat zufolge ist die Quote der erwerbstätigen Frauen in Polen eine der niedrigsten in Europa. Dahinter folgen nur noch Kroatien, Griechenland, Rumänien und Italien. Schuld daran ist nicht nur das Kindergeld »500+«, sondern auch der Mangel an Krippen- und Kindergartenplätzen sowie die fehlende Unterstützung berufstätiger Mütter – lange schon ein Manko, aber unter der derzeitigen nationalkatholischen, rechten Regierung nun fast Staatsräson.

Hinzu kam vor kurzem, dass Frauen nun um jeden Preis entbinden müssen, auch bei todkranken Föten.

Am 22. Oktober 2020 erließ das sogenannte Verfassungsgericht ein Urteil, das es Frauen verbietet, ihre Schwangerschaft zu beenden, selbst wenn der Fötus nicht lebensfähig ist. Ich bezeichne das Gericht als »sogenannt«, weil die meisten polnischen Justizbehörden gegenwärtig der Auffassung sind, dass das Verfassungsgericht nicht im Einklang mit der polnischen Verfassung handelt. Anstelle von rechtmäßig gewählten Richter:innen ist es derzeit mit sogenannten »Doubles« besetzt, die keine eigentlichen Richter:innen im Sinne des Gesetzes sind. Daher sind die »Urteile« des Verfassungsgerichts, an denen sie beteiligt waren, ungültig. Die Entscheidung über das Abtreibungsverbot wurde ebenfalls von Doubles getroffen, daher kann man es vor dem Hintergrund der polnischen Verfassung allenfalls als Meinung einer Gruppe von Personen bezeichnen, die am ehemaligen Sitz des Verfassungsgerichts tagen.

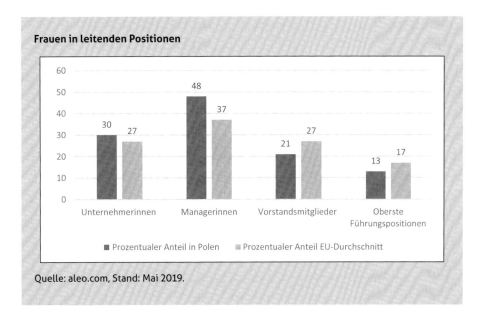

Quelle: aleo.com, Stand: Mai 2019.

Leider wirkt diese Meinung in der Praxis aber wie eine bestehende Rechtsvorschrift. Viele Ärztinnen und Ärzte haben Angst. Schon vor dem offiziellen Inkrafttreten des neuen Gesetzes verweigerten sie Frauen eine Abtreibung, die nach dem noch gültigen Abtreibungsgesetz ein Recht darauf gehabt hätten.

Jedes Jahr reisen Tausende polnischer Frauen ins Ausland, um einen Schwangerschaftsabbruch vornehmen zu lassen, Tendenz steigend. Das ist allseits bekannt, und das sogenannte Verfassungsgericht hat diese Heuchelei nur noch verstärkt. Selbst der PiS-Vorsitzende Jarosław Kaczyński tut nicht so, als würde er an die Macht des »Urteils« glauben. In einem Interview mit der Wochenzeitung Wprost erteilte er den Polinnen großmütig Ratschläge, wie sie das Verbot umgehen könnten: »Jeder halbwegs intelligente Mensch kann eine Abtreibung im Ausland organisieren. Meiner Meinung nach ist nichts geschehen, was die Interessen der Frauen gefährden könnte.«

Die Situation der Frauen in Polen ist aber sogar noch dramatischer als auf Malta, wo ein noch strengeres Abtreibungsrecht gilt. Dort droht nicht nur den Ärzt:innen und Helfer:innen, sondern auch der Frau Gefängnis. Allerdings ist dort die »Pille danach« weithin verfügbar. In Polen ist diese aber nur auf Rezept erhältlich und viele Ärzt:innen weigern sich unter Berufung auf die sogenannte »Gewissensklausel«, sie zu verschreiben. Viele Apotheken führen die »Pille danach« und hormonelle Verhütungsmittel einfach nicht, weil auch Apotheker:innen sich auf diese Klausel berufen können. Nach polnischem Recht können Apotheker:innen und Ärzt:innen auch die Auskunft verweigern, wo frau ein Rezept bekommen oder Verhütungsmittel kaufen könnte. Infolgedessen ist Polen bei der Verfügbarkeit von Verhütungsmitteln europaweit auf dem letzten Platz. Der *European Contraception Atlas*, der 2020 im Auftrag des Europäischen Parlamentarischen

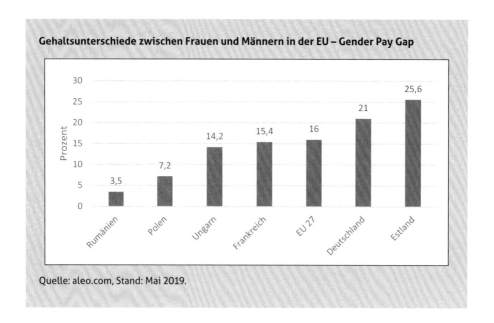

Quelle: aleo.com, Stand: Mai 2019.

Forums für sexuelle und reproduktive Rechte (EPF) veröffentlicht wurde, zeigt, dass die Situation in der Ukraine, in Belarus und sogar in der Türkei besser ist als in Polen. Zu der bereits erwähnten Gewissensklausel, die den Zugang zu Verhütungsmitteln erschwert, kommt ein Mangel an sexueller Aufklärung. Studien zufolge praktiziert die Hälfte aller polnischen Frauen als »Verhütungsmethode« *coitus interruptus* – in keiner Weise geeignet, um einer ungewollten Schwangerschaft vorzubeugen.

In Norwegen gibt es die »Pille danach« an jeder Tankstelle.

Im Oktober 2020 war ich bei den Demonstrationen in Warschau dabei. Anders als bei früheren Protesten, als es um die Verteidigung der Verfassung und die Unabhängigkeit der Gerichte ging, bei denen vor allem Menschen über 50 auf der Straße gewesen waren, sah ich nun fast nur junge Leute. Und die Slogans waren radikaler: »Verpisst Euch!« – »Fick die PiS!« – »Fick den Klerus!« So scharf war der Ton bei polnischen Demos bisher nicht gewesen. Für viele Menschen war es ein schockierendes Bild: Junge Frauen riefen »Verpisst Euch!« In Polen herrscht immer noch die Vorstellung, dass eine Frau brav und nett sein und lächeln muss, und sich viele Dinge für sie nicht schicken. Fluchen gehört dazu.

Zum ersten Mal wurde ein großes Tabu gebrochen: die Unantastbarkeit der Kirche. An Kirchenwänden fanden sich Sprüche wie »Fick den Klerus!« Bisher waren die Schwellen der Kirchen heilig gewesen. Selbst während des Kriegsrechts hatte die Polizei es nicht gewagt, sie zu übertreten. Jetzt wurden Messen von wütenden jungen Leuten mit Plakaten unterbrochen. Einem der konservativsten Funktionäre, Erzbischof Marek Jędraszewski, schrien sie »Jędraszewski, verpiss Dich!« entgegen. Das ist umso bemerkenswerter, weil die Mehrheit der Polinnen und Polen einen katholischen Geistlichen nicht einmal mit einem normalen, höflichen »Herr« (»proszę pana«), sondern immer nur besonders respektvoll mit »Hochwürden« (»proszę księdza«) ansprechen würde.

Es stellte sich heraus, dass man all das tun kann, ohne dass ein Blitz einschlägt, die Erde sich auftut oder ein Inferno losbricht. Der Rubikon ist überschritten. Es wird nie wieder so sein wie früher. Meinen empörten katholischen Bekannten riet ich, sich vorzustellen, dass Jesus selbst in den Tempel stürme und den Händlern »Verpisst Euch!« zuriefe.

Nach den Protesten begann eine Welle von Kirchenaustritten. Anfang 2021 drehte ich für das RBB-Fernsehen einen Beitrag über die 22-jährige Patrycja, die in einer kleinen Stadt in der Nähe von Posen ihren Austritt aus der Kirche erklärte. In Polen reicht es nicht, wie in Deutschland einfach eine Erklärung beim Bürgeramt zu unterschreiben, sondern man muss persönlich in der Gemeinde erscheinen, beim Priester vorsprechen und erklären, was einen zu dieser Entscheidung bewogen hat. Patrycja wusste früher nicht, dass die Möglichkeit überhaupt existierte. Dass man aus der Kirche austreten kann, erfuhr sie erst beim Frauenstreik. Sie sei diesen Schritt gegangen, sagt sie, weil die Kirche in Polen spalte, statt zu vereinen, den Hass auf LGBT+-Menschen schüre und vor allem Frauen ihre Menschenrechte nehme, d. h. das Recht auf Schwangerschaftsabbruch. Eigentlich braucht sie die Bescheinigung nicht, weil sie nicht die Absicht hat, kirchlich zu heiraten oder ihre Kinder taufen zu lassen. Aber sie wollte ein Zeichen setzen. Sie will, dass die Kirche mitbekommt, dass sich die Gesellschaft verändert. Patrycjas Freundin Ada, die in meinem Beitrag auch vorkommt, denkt ebenfalls über einen Austritt nach. Sie hat ein bisschen Angst, allerdings nicht um sich selbst: Ihre Mutter ist Lehrerin an einer Schule in der Kleinstadt und könnte Ärger bekommen. Schule und Kirche sind in der Provinz untrennbar miteinander verbunden.

Die Zahl der Kirchenaustritte in Polen steigt. In der Erzdiözese Krakau traten bis 2018 jährlich etwa 50 Menschen aus, 2019 waren es bereits 123 und 2020 dann 445. Die Zahl junger Menschen, die der Religion den Rücken kehren, ist in Polen eine der höchsten weltweit. Die katholische Philosophin Dominika Kozłowska[1] sagte 2020 gegenüber TVN24:

> »Die Kirche verliert die jungen Menschen und immer deutlicher auch die Frauen [...]. Zum ersten Mal in der Geschichte der Dritten Republik wird das Thema Feminismus nicht nur in großstädtischen Kreisen diskutiert, sondern hat, wie die Frauenstreiks im Herbst gezeigt haben, auch in kleineren Städten und Gemeinden Einzug gehalten. [...] Die Frauen wollen nicht mehr nur die Kirchen putzen. Sie wollen ihre Rolle innerhalb der Religionsgemeinschaft neu definieren.«

---

1 Siehe auch den Beitrag von Dominika Kozłowska in diesem Jahrbuch (Anm. d. Red.).

Es ist nicht bekannt, ob häufiger Frauen oder Männer aus der Kirche austreten. Eine solche Statistik existiert nicht. Man kann nur vermuten, dass unter den Abtrünnigen eine große Zahl junger Frauen ist. Untersuchungen zeigen, dass junge Polinnen eher links und liberal eingestellt sind, junge Polen eher konservativ.

Einerseits gibt es eine ganze Reihe jüngerer Männer, die die Frauen im Kampf um das Recht auf körperliche Selbstbestimmung unterstützen, anderseits wächst die Kluft zwischen einem Teil der jungen Männer und ihren Altersgenossinnen immer mehr. In Polen ist der Kampf der Geschlechter absolut politisch. Hätten bei den Parlamentswahlen 2019 nur Frauen wählen dürfen, wäre das liberale Wahlbündnis Bürgerkoalition (Koalicja Obywatelska) zusammen mit der linken Partei Frühling (Wiosna) siegreich gewesen. Im Parlament säße kein einziger Nationalist. Dürften jedoch nur Männer wählen, wären PiS und die extreme, national-rechte Partei Konföderation (Konfederacja) viel stärker gewesen.

Eine Umfrage des staatlichen Meinungsforschungsinstituts CBOS ergab 2020, dass der Prozentsatz junger polnischer Frauen, die linke Sympathien bekunden, in den letzten fünf Jahren von 9 auf 40 Prozent gestiegen ist. Unter den jungen Männern sind es nur 22 Prozent. Bei den letzten Präsidentschaftswahlen stimmten Männer bis 24 überwiegend für den rechtsextremen Nationalisten Krzysztof Bosak, während junge Frauen ihre Stimme dem liberalen Rafał Trzaskowski oder dem Linken Robert Biedroń gaben.

Für viele Männer ist der gesellschaftliche Wandel schwer zu akzeptieren, insbesondere für die weniger gebildeten aus kleineren Städten und Dörfern. Die Frauen ziehen öfter in die Großstadt und verfügen häufiger über höhere Bildung. Kein Wunder, dass sie sich in den Städten ähnlich gebildete Partner suchen. Die Situation in der polnischen Provinz ähnelt der in Bayern in den 1960er und 1970er Jahren, als die Frauen vom konservativen Land in die Städte flohen. Zurück blieben die Bauern. Für sie kamen Frauen aus Asien, unter anderem von den Philippinen. Dies lässt auch an Unterschiede zwischen Ost- und Westdeutschland denken. In Ostdeutschland gibt es immer weniger Frauen, dafür zunehmend mehr einsame und frustrierte Männer, die AfD wählen. In der polnischen Provinz haben 359 von 380 Kreisen einen Männerüberschuss. Dort beginnt, was auch in Bayern vor 50 Jahren passierte: Statistiken sowie professionelle Heiratsvermittlungen vermelden, dass es immer mehr polnisch-ukrainische Ehen gibt. Zwischen 2016 und 2018 ist die Zahl um das Zweieinhalbfache gestiegen. Mehr als 80 Prozent dieser Ehen werden zwischen einem Polen und einer Ukrainerin geschlossen.

Des Weiteren wächst das Phänomen polnischer Incels[2] – junge Männer, die im unfreiwilligen Zölibat leben und den Frauen vorwerfen, zu anspruchsvoll zu sein. Während

---

2 Anspielung auf eine Bewegung heterosexueller Männer, die in den 2000er Jahren in den USA entstand und sich oft u. a. durch Frauenfeindlichkeit in Verbindung mit Gewaltfantasien auszeichnet. »Incel« setzt sich aus dem englischen Wort *involuntary* (unfreiwillig) und *celibate* (sexuell enthaltsam) zusammen (Anm. d. Übers.).

> **POLITYKA: Die traditionelle Familie ist eine katholische. Welche Bedeutung hat dabei der Glaube?**
>
> Elżbieta Korolczuk: Eine riesige. Katholik:innen sind in der Lage, z. B. Gewalt im irdischen Leben zu ertragen, weil ihre Perspektive das ewige Leben ist. Das erlaubt zum einen, Leiden in einem breiteren eschatologischen Kontext zu verorten und gibt zum anderen das Gefühl, dass dies einen Sinn habe, weil für das Leiden eine Belohnung nach dem Tod warte. Dies ist ein bedeutendes Element der religiösen Rechtfertigung von Gewalt.
>
> Agnieszka Graff: In diesem Konflikt ist auch der Topos des Mannes stark vorhanden, der fälschlicherweise der Übergriffe beschuldigt wird. Er verbindet religiöse Anti-Gender-Bewegungen mit verfälschenden Männlichkeitsströmungen. Ihre Vertreter sind der Ansicht, dass die Statistiken stark übertrieben seien und vereinzelte Anschuldigungen dazu dienten, bestimmten Vätern im Falle einer Scheidung das Recht auf die Kinder zu nehmen. Sie denken, dass die aktuelle Kultur eine männerfeindliche sei. Und eine bedrohte Männlichkeit bedeute eine bedrohte Zivilisation.
>
> **Der Mann als Held und Opfer zugleich? So wie die Frau?**
>
> Elżbieta Korolczuk: Es gibt einen grundlegenden Unterschied. Die Männlichkeit sei, angegriffen durch Feministinnen und die LGBT+-Bewegung, durch einen kulturellen Wandel bedroht und ihrer wichtigsten Attribute beraubt [...].
>
> Agnieszka Graff: Das ist ihre bevorzugte Sichtweise: Männer dominieren nicht, weil wir im Patriarchat leben, sondern, weil es so »von Natur aus« ist. Frauen wiederum sollen klug mit dem männlichen Hang zur Dominanz umgehen, damit dieser fürsorglich und nicht aggressiv sei. Das bedeutet, sich um das männliche Ego zu kümmern.
>
> **Heißt das, dass die Verantwortung für die Verfassung des Mannes bei der Frau liegt? Das würde ja bedeuten, dass er auch entmündigt ist.**
>
> Elżbieta Korolczuk: Eher, dass er angegriffen und erniedrigt wird. Die Anti-Gender-Erzählung besitzt die Struktur einer Verschwörungstheorie. Der Feind ist unglaublich stark, gewieft, hinterlistig und attackiert von überall. [...] Echte Männer sind harte Krieger, gleichzeitig sind sie vom Aussterben bedroht, sodass die Frauen sie beschützen müssen. Diese Ambivalenz erlaubt es, Tatsachen zu verfälschen – so wird familiäre Gewalt total verdreht, in irgendein ideologisch begründetes Konstrukt.
>
> Agnieszka Graff: Das, was wir Emanzipation nennen, bezeichnen sie als entartete und zerstörerische Kraft, die den Frauen den Kopf verdrehe, was wiederum Männern die Lust am Familienleben genommen habe. Dabei garantiere nur das Patriarchat wahre Sicherheit, nur die traditionelle Gemeinschaft und die Kirche seien Zufluchtsorte.
>
> Agnieszka Graff i Elżbieta Korolczuk dla POLITYKI: Prawica nauczyła się grać w gender [Agnieszka Graff und Elżbieta Korolczuk gegenüber POLITYKA: Die Rechte lernt mit Gender zu spielen]. In: POLITYKA vom 1. Dezember 2021, https://www.polityka.pl/tygodnikpolityka/spoleczenstwo/2144186,1,agnieszka-graff-i-elzbieta-korolczuk-dla-polityki-prawica-nauczyla-sie-grac-w-gender.read (23.12.2021).

sich die Männer in Westeuropa dank der gesellschaftlichen Revolution der 1970er Jahre bereits einigermaßen an die veränderten sozialen Rollen gewöhnt haben, akzeptiert ein großer Teil der polnischen Männer die Veränderungen nicht. Sie sind verunsichert und wenden sich Parteien zu, die die Bewahrung der alten Ordnung versprechen: PiS und Konfederacja. Und die ein Schulsystem wollen, das – mit den Worten eines Beraters des Bildungsministeriums – die »weiblichen Tugenden festigen« werde.

> **Stellungnahme der Partei Konföderation (Konfederacja) zu Bildungs- und Kulturgutscheinen**
>
> »Darüber hinaus werden wir den Beruf des Lehrers befreien. Eine Lohnerhöhung für gute Pädagogen darf nicht von oben begrenzt werden. Ein Abkommen aller Seiten und Konkurrenz unter Schulen sollten die Arbeitsbedingungen bestimmen und nicht irgendwelche strukturellen Relikte wie die Lehrercharta oder eine Aufteilung der Schüler auf Bezirke. Wir werden die Schulen vor der Invasion selbsternannter »Sexualkundelehrer« und Propagandisten der LGBT-Bewegung beschützen. Wir werden Kinderrechte angemessen respektieren, um ihre Verletzlichkeit zu berücksichtigen und sie nicht der Indoktrination oder der Konfrontation mit Inhalten auszusetzen, die nicht für ihr Alter geeignet sind. Wir garantieren das Recht der Eltern, ihre Kinder im Einklang mit ihren Werten zu erziehen. Die Schule soll im Erziehungsprozess den Eltern Unterstützung leisten, und nicht mit ihnen rivalisieren.«
>
> Quelle: Internetportal der Partei Konföderation (Konfederacja) – https://konfederacja.pl/bonoswiatowy-i-kulturalny/ (23.12.2021).

Bildungsminister Przemysław Czarnek höchstpersönlich verkündete, dass die Hauptaufgabe der Frau darin bestehe, Kinder zu gebären: »Wenn das erste Kind mit 30 kommt, wie viele Kinder kann eine Frau dann überhaupt zur Welt bringen? Das kommt davon, wenn man Frauen erklärt, dass sie nicht das tun müssten, wozu Gott sie berufen hat.« Frauen werden in Polen von verschiedenen prominenten Männern massiv und permanent mit rüpelhaften, frauenfeindlichen Aussagen angegriffen. Über eine Frau, die als Dreizehnjährige von einem Priester eingesperrt und wiederholt vergewaltigt wurde, und der das Gericht eine Million Zloty (ca. 216.000 Euro) Entschädigung zuerkannte, bemerkte Stanisław Michalkiewicz, Kolumnist des Senders RADIO MARYJA: »Eine Million Zloty dafür, dass jemand mal seine Hand unter Deinen Rock geschoben hat, wer würde da Nein sagen. So viel verdient keine Nutte.« Rafał Ziemkiewicz, einer der beliebtesten rechten Kolumnisten (über 200.000 Follower:innen auf Twitter) sagte über Vergewaltigung: »Wer noch nie eine Betrunkene ausgenutzt hat, werfe den ersten Stein. Hat ein Mann, der morgens neben einem Pottwal aufwacht, auch das Recht, sie wegen Vergewaltigung zu verklagen?« Der polnische Abgeordnete Paweł Kukiz griff Joanna Mucha, Abgeordnete der Partei Bürgerplattform (Platforma Obywatelska, PO), wegen ihrer Teilnahme am Frauenstreik an: »eine Mutter, die ihre eigenen Kinder alleine lässt, um auf eine Demo zu gehen und das Recht zu fordern, ein drei Monate altes Lebewesen zu schlachten.« MdEP Janusz Korwin-Mikke: »Eine Frau wird von den Ansichten des Mannes, mit dem sie schläft, durchdrungen. Schließlich wurde der Mann (ob von der Natur oder Gott – darüber wollen wir nicht streiten) nicht so konstruiert, dass Hunderttausende von Samenzellen verlorengehen; sie dringen in den Körper der Frau ein und formen sie nach dem Bild und Gleichnis des Mannes um, dem sie gehört.« Und so weiter und so fort. Solche Äußerungen sind auf der rechten Seite des politischen Spektrums gang und gäbe und erhalten in den sozialen Medien Tausende von Likes. Kukiz, Ziemkiewicz und Korwin sind bei jungen Männern sehr beliebt. Sie symbolisieren den Zustand permanenter Panik, in dem sich die polnischen Konservativen befinden. Die letzten verzweifelten Zuckungen einer untergehenden Welt.

Einer der Gründe für die wachsende Kluft zwischen jungen Frauen und Männern ist die bessere Ausbildung der Frauen. In der Altersgruppe von 25 bis 30 Jahren haben fast 60 Prozent der Frauen und knapp 40 Prozent der Männer einen Hochschulabschluss. Dieser Unterschied schlägt sich auch in den Ängsten nieder. »Was sind die wichtigsten Bedrohungen für Polen im 21. Jahrhundert?«, fragte das Meinungsforschungsinstitut IPSOS junge Menschen im Jahr 2020. Bei den Männern steht »Gender-Ideologie« an erster Stelle (31 Prozent), gefolgt von der Klimakatastrophe (28 Prozent) und der demografischen Krise und der Überalterung der Gesellschaft (26 Prozent). Am meisten Angst haben die Frauen vor der Klimakatastrophe (38 Prozent), dem Kollaps des Gesundheitssystems (27 Prozent) und dem Austritt Polens aus der EU (25 Prozent). Eine Angst vor »Gender« gibt es unter jungen Frauen nicht. Einer der wichtigsten geschlechtsspezifischen Unterschiede ist die Einstellung gegenüber der traditionellen, patriarchalischen Familie: Nach einer Untersuchung des Kantar-Instituts glauben 78 Prozent der Männer, dass die Rolle der Frau darin bestehe, sich um die Kinder und den Haushalt zu kümmern. Das muss notwendigerweise zu Konflikten führen – und dazu, dass Männer mit einer solchen Einstellung unter den besser ausgebildeten und sich rasch emanzipierenden polnischen Frauen keine Partnerin finden.

Je konservativer die Ansichten und je kleiner die Stadt, desto schwieriger ist es, eine Partnerin zu finden – 69 Prozent der Männer mit einfacher Bildung sind alleinstehend (bei den Männern mit Hochschulbildung sind es nur 25 Prozent). In Dörfern betrifft

»Die Gender-Ideologie strebt die Zerstörung der Familie an!«, sprach Bischof Ignacy Dec. Am ersten Dezembersamstag 2019 verkündete der Ordinarius der Diözese Schweidnitz (Świdnica) im Studio von RADIO MARYJA in Thorn (Toruń) eine Katechese in der Sendung »Mit der Kirche im dritten Jahrtausend«. [...]

Während der Katechese sprach der Bischof unter anderem über den gesellschaftlichen Wandel in den letzten Jahrzehnten. Die Beobachtung der aktuellen Ereignisse zeige, dass der Kampf gegen die Wahrheit und das Gute niemals aufhört. Der Satan habe die Erde nicht verlassen und sei nicht in den Urlaub gefahren, sondern habe sich in neuen Menschen eingenistet, die mit scheinbar erhabenen Slogans eine neue Welt ohne Gott bauen wollen. Ihr Ziel sei die Entchristlichung Europas. Es sei offensichtlich, dass es auf der Welt eine organisierte und geplante Aktion gebe, die die Zerstörung der christlichen Zivilisation, besonders der lateinischen Christenheit, anstrebe und in einem gewissen Maße auch eine Zerstörung der gesamten euroatlantischen Kultur.

»Wir wissen, dass jede Berichtigung Gottes tragische Auswirkungen für die Menschen hat. Es ist nicht gelungen, die Familie durch Abtreibung und Verhütung zu zerstören, und nun versucht man sich an der Zerstörung der traditionellen Familie durch die Legalisierung außerfamiliärer partnerschaftlicher Beziehungen sowie die Sexualisierung von Kindern und Jugendlichen. Der marxistische Klassenkampf wurde durch den Geschlechterkampf ersetzt. Das, was bisher als Abweichung und Pathologie angesehen wurde, versucht man nun als die gängige Norm anzuerkennen«, so Bischof Dec.

Bp Dec: Ideologia gender zmierza do zniszczenia rodziny [Die Gender-Ideologie strebt die Zerstörung der Familie an]. In: EKAI.PL vom 7. Dezember 2019, https://www.ekai.pl/bp-dec-ideologia-gender-zmierza-do-zniszczenia-rodziny/ (7.12.2019).

dieser Anteil der weniger Gebildeten 58 Prozent der Männer, in Großstädten nur 37 Prozent.

»Die Frauen haben grünes Licht für ihre Selbstverwirklichung bekommen, und zwar in allen Bereichen. Sie kümmern sich um ihren sozialen Aufstieg, bilden sich weiter, sind immer offener und anspruchsvoller, auch bei intimen Dingen«, sagte Professor Zbigniew Lew-Starowicz, Psychotherapeut und Sexualforscher, 2019 der Tageszeitung RZECZPOSPOLITA.

Aber obwohl die Frauen aktiver und besser ausgebildet sind, spiegeln die polnischen Medien diese Veränderungen nicht wider. Selbst in den liberalen und progressiven Medien überwiegen immer noch Männer als Kommentatoren und Experten. Das Stereotyp des kompetenten männlichen Experten ist fest verankert.

Die Organisation Frauenkongress (Kongres Kobiet) veröffentlichte 2017 einen Bericht zum Medienmonitoring. Ein Jahr lang beobachtete ein Team Nachrichten, Programme und Sendungen in Funk und Fernsehen. Bei keinem der untersuchten Programme lag der Frauenanteil über 20 Prozent. 2021 erschien ein neuer Bericht. Der Frauenanteil stieg leicht an, betrug aber immer noch nur 25 Prozent.

Im Zusammenhang mit den Protesten nach der Entscheidung des sogenannten Verfassungsgerichts zur Verschärfung des Anti-Abtreibungsgesetzes wurde der Verein Gesamtpolnischer Frauenstreik (Ogólnopolski Strajk Kobiet, OSK) gegründet. Gegen die Anführerinnen, Marta Lempart und Klementyna Suchanow, laufen derzeit Strafverfahren wegen »Herbeiführung einer epidemischen Gefahr«. Ihnen drohen bis zu zehn Jahre Haft.

»Mit dem Recht auf Abtreibung fordern wir die Durchsetzung all unserer Grundrechte ein. Uns geht es um alles«, schrieben sie auf der Website des Frauenstreiks, »denn wie soll man sich einen modernen, bürgernahen, demokratischen Staat ohne das Recht auf Wahlfreiheit, Gesundheit, Sicherheit, körperliche Unversehrtheit, Bildung und Gleichberechtigung vorstellen? Die Legalisierung des Schwangerschaftsabbruchs ist der erste Schritt bei der Rückkehr Polens zur Zivilisation.«

Der OSK präsentierte die Forderungen. Ganz oben steht der legale, sichere und kostenlose Schwangerschaftsabbruch. Zu den weiteren Forderungen gehören Rechte für LGBT+-Menschen, ein säkularer Staat, die Verbesserung des Gesundheitswesens, bessere Bedingungen im Arbeitsrecht, Klimafragen und eine echte Unterstützung für Menschen mit Behinderungen.

Der Frauenkongress fordert des Weiteren den sofortigen Rücktritt von Wissenschafts- und Bildungsminister Przemysław Czarnek.

Sie wollen alles – so formulierte es schon Zofia Nałkowska, polnische Schriftstellerin und feministische Pionierin, 1907 beim Kongress der polnischen Frauen: »Wir wollen das ganze Leben.« 114 Jahre sind vergangen und ihr Schrei ist immer noch aktuell.

Denn polnische Frauen hören immer wieder, dass es wichtigere Dinge gäbe: »Erst kämpfen wir gegen den Kommunismus – Frauenfragen später. Als nächstes kämpfen wir für den Kapitalismus, erst die Transformation – dann befassen wir uns mit den Frauenfragen.« In der Zwischenzeit wurde uns 1993 still und leise die Abtreibung genommen, um die Kirche für die Unterstützung der Gewerkschaft *Solidarność* in den 1980er Jahren zu belohnen. »Jetzt geht es um den EU-Beitritt – Frauenfragen dann später. Jetzt ringen wir mit der PiS um die Demokratie – Frauenfragen dann später.«

Auf dieses »dann« warten wir inzwischen seit 32 Jahren vergeblich. Und es wird erst Wirklichkeit werden, wenn sich die Frauen endlich und konsequent auflehnen und ihre Rechte selbst einfordern. Dieser Schritt liegt noch vor uns. Ich hoffe, dass wir darauf nicht weitere 32 Jahre warten müssen. Hoffnung machen da auch Männer wie Marcin Biały mit seinem Plakat »You'll never walk alone«.

Aus dem Polnischen von Dorothea Traupe

EWA WANAT ist Journalistin und Autorin. Von 2003 bis 2012 war sie Chefredakteurin von RADIO TOK FM. Sie wurde 2013 mit dem Goldenen Verdienstkreuz des polnischen Staatspräsidenten für ihren Beitrag zum Aufbau der unabhängigen Medien im freien Polen ausgezeichnet. Von ihr ist u. a. 2018 erschienen: *Deutsche nasz. Reportaże berlińskie* [Deutsche unser. Berliner Reportagen].

Jennifer Ramme

Der Vielfalt »Frau werden«. Synergien und Unvereinbarkeiten frauenpolitischer Bewegung(en) in Polen

Im Herbst 2016 und zum Jahresende 2020 kam es in Polen zu den größten Protesten seit dem Entstehen der freien Gewerkschaft *Solidarność*, die weit über das Land hinaus reichten. Ein repressiver Gesetzesentwurf zu Schwangerschaftsabbrüchen sowie unverhohlene Äußerungen von Frauenfeindlichkeit durch rechte Publizist:innen, Politiker:innen und katholische Geistliche lösten 2016 eine Welle der Empörung unter vielen sogenannten »gewöhnlichen Frauen« aus. Diese waren nicht mehr bereit, Missachtungen zu tolerieren, und forderten ein Recht auf körperliche Unversehrtheit, insbesondere den Schutz vor Gewalt und das Recht auf Schwangerschaftsabbrüche. Vor den ersten Massenprotesten im Rahmen des Frauenstreiks am 3. Oktober 2016 hätten sich viele nicht träumen lassen, dass eine der bedeutendsten gesellschaftspolitischen Protestbewegungen in der Geschichte Polens nach 1989 von Frauen getragen werden würde. Es zeigte sich, dass dieser »Schwarze Montag« kein vereinzeltes Ereignis bleiben sollte. Die Mobilisierungskraft erwies sich auch in den Jahren darauf als enorm. Während der letzten großen Protestwelle im Herbst und Winter 2020, die als Reaktion auf ein Urteil des polnischen Verfassungsgerichtshofs entflammte, das Schwangerschaftsabbrüche selbst im Fall irreversibler Schäden am Fötus für verfassungswidrig befand, konnte das Ausmaß der Mobilisierung gegenüber 2016 sogar noch übertroffen werden. Die Proteste, die meist reaktiv und problembezogen erfolgen, führen zu immer wieder neuen Synergien zwischen Teilen der Gesellschaft, die zum Teil als unvereinbar gelten. Diese breite Bewegung für Geschlechterdemokratie, Frauen- und Reproduktionsrechte ist sehr heterogen und wird darüber hinaus von grundlegenden Kämpfen für den Erhalt demokratischer Staatlichkeit begleitet. Infolge der Vielfalt der beteiligten Akteur:innen ist die Bewegung auch mit Widersprüchen und Unstimmigkeiten konfrontiert. Nicht nur Synergien, sondern auch Gegensätze spornen die (Weiter-)Entwicklung der Bewegung(en) an.

ZUM PRODUKTIVEN WIDERSPRUCH DER »GEWÖHNLICHEN FRAUEN«

Der Kampf für reproduktive Rechte ist seit Jahrzehnten der Eckpfeiler des feministischen Engagements in Polen. Nach der Verschärfung des entsprechenden Gesetzes im Jahr 1993, welches Abbrüche aufgrund einer schwierigen sozialen Situation verbot, folgten etliche gescheiterte Versuche, die Gesetzgebung weiter zu verschärfen oder zu liberalisieren (kurzzeitig gelang dies 1996), was immer wieder neue Generationen frauenpolitischer Akteur:innen auf die Barrikaden brachte.[1] Für die geschlechterdemokratische Bewegung, die sich bereits seit dem Ende der 1980er Jahre konsolidiert hatte, kam die ersehnte, aber nicht erwartete Massenmobilisierung von Frauen überraschend. Einige Publizist:innen und Wissenschaftler:innen hatten die »Schwarzen Proteste« und Frauenstreiks sogar als das erste Aufkommen einer feministischen Bewegung bezeichnet. Abgesehen von der Breite der Mobilisierung lassen sich jedoch sowohl in Bezug auf die Abfolge der Ereignisse als auch auf die Mobilisierungsintensität überraschend viele Ähnlichkeiten zu frauenpolitischen Initiativen aus der Zeit vor 2016 aufzeigen. Viele der feministischen Aktivist:innen, die sich seit Ende der 1980er bzw. Anfang der 1990er Jahre oder auch nach der Jahrtausendwende für die Durchsetzung von Frauenrechten engagierten, waren auch durch die Kontroversen um das Abtreibungsrecht politisiert worden. Bei Betrachtung des Prozesses der Mobilisierung im Jahr 2016 werden sehr viele Ähnlichkeiten mit der politischen Dynamik feministischer Bewegung in den 1990er Jahren deutlich. Auch damals bildete sich eine breite Bewegung und es wurden über eine Million Unterschriften für ein Referendum gesammelt. Zuvor hatte die Mehrheit der Bevölkerung in Polen, darunter auch viele Gläubige, in Umfragen den Beibehalt einer liberalen Gesetzgebung in Abtreibungsfragen befürwortet.

Im Verlauf der demokratischen Konsolidierung des polnischen Staates nach 1989, aber auch im Zuge der EU-Osterweiterung, wurden allerdings Fragen der Demokratisierung der Geschlechterverhältnisse und der Gewährung reproduktiver Rechte von den jeweils herrschenden politischen Eliten immer wieder vernachlässigt oder aufgeschoben. Oft geschah dies aus politischem Kalkül und mit der Absicht, die Unterstützung durch oder potentielle Allianzen mit der katholischen Kirche und anderen konservativen Kräften nicht zu gefährden. Bis 2016 war diese Taktik des Aufschiebens auch in Parteien und Organisationen zu beobachten, die sich gegen den Abbau der Demokratie und den schließlich 2015 vollzogenen Rechtsruck positionierten.

Im Jahr 2016 hatte die Sejm-Abgeordnete Barbara Nowacka als Gegenentwurf zum Projekt »Abtreibungsstopp« (Stop Aborcji) das Komitee »Rettet die Frauen« (Ratujmy Kobiety) initiiert und zu einer Unterschriftensammlung für die Liberalisierung der

---

1 Siehe u. a. die Beiträge von Kinga Dunin, Sławomira Walczewska und Agnieszka Graff im JAHRBUCH POLEN 2006 Frauen, Wiesbaden 2006 (Anm. d. Red.), https://www.deutsches-polen-institut.de/publikationen/jahrbuch-polen/jahrbuch-polen-2006 (10.1.2022).

> **TYGODNIK POWSZECHNY: Wie war es auf dem Schwarzen Protest?**
>
> Dorota Masłowska: Ergreifend. Ich war dort mit meiner Tochter und meinem Partner, und das war für uns sehr wichtig.
>
> **Warum?**
>
> Weil ich spürte, wie die Häuser vom Skandieren Tausender Menschen vibrierten. Es war ein Feuer da, eine ungeheure Energie. Wenn man so will, Karneval, wenngleich schade, dass es ein schwarzer war.
>
> **Geht es nur um die Abtreibung?**
>
> Ich denke, dass der Gesetzesentwurf eine fatale Idee ist, in medizinischer, juristischer und moralischer Hinsicht. Aber dies ist nur die Spitze des Eisbergs.
>
> **Ich möchte nicht über die Abtreibung sprechen.**
>
> Warum nicht?
>
> **Ich möchte nicht, dass wir uns streiten.**
>
> Worüber möchtest Du dann sprechen?
>
> **Über Frauen.**
>
> Aber weißt Du, allein der Gedanke, dieses Gesetz durchzusetzen, entspringt einem ganz bestimmten Frauenbild: Dass sie nicht Mensch genug seien, um über sich selbst zu entscheiden. Erlaubte man ihnen die Abtreibung, würden sie jeden Monat abtreiben.
>
> […]
>
> Krew mnie zalewa [Mich trifft der Schlag]. Gespräch mit Dorota Masłowska im TYGODNIK POWSZECHNY vom 16. Oktober 2016, https://www.tygodnikpowszechny.pl/krew-mnie-zalewa-36239 (23.12.2021).

Abtreibungsgesetzgebung aufgerufen. Der Entwurf wurde aber im Sejm abgelehnt und nach der Abstimmung nur das restriktive Gesetz zur Bearbeitung weitergeleitet. Es sah ein absolutes Verbot von Schwangerschaftsabbrüchen vor, außer wenn das Leben der schwangeren Person in Gefahr war.

Die rechtspopulistische, antagonistische Dynamik und die Politik der Entmündigung haben die Voraussetzungen für die Konsolidierung eines politischen Subjekts der »gewöhnlichen Frauen« (*zwykłe kobiety*) geschaffen.[2] Der bedeutendste Gegensatz, der in den sogenannten Schwarzen Protesten und Frauenstreiks zum Ausdruck kam, war der zwischen dem herrschenden politischen Lager, das sich als legitime Vertretung der polnischen Nation versteht, und den Inszenierungen einer weiblichen Nation bzw. dem Volk (*naród*). Im öffentlichen Diskurs des Jahres 2016 und danach waren die

---

2 Vgl. Jennifer Ramme, Claudia Snochowska-Gonzalez: Nie/zwykłe kobiety. Populizm prawicy, wola ludu a kobiecy suweren [Un/gewöhnliche Frauen. Der Populismus der Rechten, der Volkswille und der weibliche Souverän]. In: Elżbieta Koroczuk, Beata Kowalska, Jennifer Ramme, Claudia Snochowska-Gonzalez (Hrsg.): Bunt Kobiet. Czarne protesty i strajki kobiet [Aufstand der Frauen. Schwarze Proteste und Frauenstreiks], Gdańsk 2019, S. 83–117.

Selbstdarstellungen der Organisatorinnen und Teilnehmenden der Streiks auch sehr oft mit der Positionierung als »polnische Frauen« verbunden und in dieser Hinsicht auch Ausdruck einer Art patriotischen Feminismus.

Darüber hinaus spielt die verwendete Rhetorik und Bildsprache sehr stark mit Begriffen, die allgemein mit nationalen Unabhängigkeitskämpfen assoziiert werden.[3] Das Subjekt der »gewöhnlichen Frauen« manifestiert sich in einer Ausprägung nationaler Überidentifizierung, die in ähnlicher Form auch in Teilen der LGBT+-Bewegungen zu beobachten ist und als Reaktion auf den symbolischen Ausschluss aus der nationalen Gemeinschaft durch die Konservativen verstanden werden kann. Im Herbst und Winter 2020, also bei den Protesten gegen das Urteil des Verfassungsgerichts zur Einschränkung des Schwangerschaftsabbruchs, war dies besonders ausgeprägt. Vor allem in kleineren Städten wurde das Singen der Nationalhymne zu einem wiederkehrenden Bestandteil der Aufmärsche. Inzwischen ging es nicht mehr »nur« um Frauenrechte, sondern auch um das »große Ganze« – die Zukunft Polens. Ein Höhepunkt der Proteste trat ein, als der Landesweite Frauenstreik (Ogólnopolski Strajk Kobiet, OSK) für den 13. Dezember 2020 zu einem »nationalen Aufstand« aufrief.

Die Einheit, die die Massendemonstrationen und die Inszenierung eines gemeinsamen politischen Subjekts suggerieren mögen, erweist sich allerdings immer nur als temporär, da sich die Gemeinsamkeit nur aus der politischen Dynamik ergibt. Obwohl die Selbstwahrnehmung als Volk und »gewöhnliche Frauen« in erster Linie als Abgrenzung gegenüber der Regierung und den politischen Eliten verstanden werden kann, stellte sich anfangs die Frage nach dem Verhältnis der neuen Aktivist:innen zu anderen oppositionellen Organisationen, aber auch zu bereits aktiven feministischen Initiativen und NGOs. In Warschau gibt es erkennbare Unterschiede zwischen beispielsweise dem Frauenstreik und queeren oder auch feministischen Initiativen aus der Zeit vor 2016. Obwohl sie sich in der Regel in grundsätzlichen Fragen gegenseitig unterstützen, ist auch eine gewisse Distanz zueinander zu beobachten. Einige langjährige feministische Aktivist:innen sehen den OSK als eng mit dem »Komitee zur Verteidigung der Demokratie« (Komitet Obrony Demokracji, KOD) verbunden. KOD wiederum wird als eine der Partei Moderne (Nowoczesna) und der konservativ-liberalen Bürgerplattform (Platforma Obywatelska, PO) nahestehende Organisation wahrgenommen. Beide werden in linken Kreisen für ihre neoliberale Ausrichtung kritisiert. Ein Grund dafür, dass die neuen Initiativen mit dem KOD in Verbindung gebracht wurden, sind konkrete Kooperationen, wie etwa die Unterstützung der Sicherheit der Warschauer Demonstrierenden im Oktober 2016 durch den Security-Dienst des KOD. Einige der OSK-Frauen, darunter die Initiatorin Marta Lempart, sowie die »Mädels für Mädels« (Dziewuchy Dziewuchom, DD) sind oder waren Mitglieder des KOD. Allerdings zeigten

---

3   Vgl. Jennifer Ramme: Framing Solidarity. Feminist Patriots Opposing the Far Right in Contemporary Poland. In: OPEN CULTURAL STUDIES 3, 2019, Nr. 1, S. 469–484. DOI: 10.1515/culture-2019-0040.

von mir geführte Interviews, dass einige Streik- und DD-Aktivistinnen in ihren Selbstbeschreibungen auf Distanz zum KOD gingen, als dessen enttäuschte ehemalige Mitglieder sie sich sahen. Als Gründe für den Austritt aus dem KOD nannten sie u. a. die interne Zensur in Facebook-Gruppen, wenn Meinungen von denen der Führung in Warschau abwichen. Fragen der Frauenrechte waren innerhalb des KOD lange Zeit umstritten. Laut einer Mitbegründerin von DD, ebenfalls Ex-KOD-Mitglied, die ich im November 2016 interviewte, wurde eine Frau aus der KOD-Facebook-Gruppe ausgeschlossen, nachdem sie Mateusz Kijowski, dem Leiter des KOD, die Frage gestellt hatte, ob er beabsichtige, seine Unterhaltsschulden zu begleichen. Die Aktivistin hatte die Erfahrung gemacht, dass einige ihrer Beiträge in der Facebook-Gruppe entweder nicht erschienen oder gar gelöscht wurden. Das KOD wollte lange Zeit keine Stellung zur Frage der Verschärfung des Abtreibungsgesetzes beziehen. Enttäuscht von der Haltung des KOD, erklärte die Interviewte damals: »Es heißt ›Komitee für Demokratie‹. Frauen machen die Hälfte der Bevölkerung aus, aber die Stimme der Frauen zählt für sie nicht oder ist weniger wichtig. [...] Sie sagen, jetzt sei nicht der richtige Zeitpunkt. Wenn nicht jetzt, wann dann?«

Unterschiedliche Haltungen, strategische Ansätze oder tatsächliche Unvereinbarkeiten führten allerdings auch zu Spaltungen in den neu entstandenen frauenpolitischen Gruppen. OSK und DD sprachen sich anfangs nur gegen die Verschärfung des Abtreibungsgesetzes aus, nahmen aber im Laufe der Zeit eine eindeutigere politische Haltung ein. Nach internen Auseinandersetzungen verließen einige Mitglieder, die nicht für eine Liberalisierung des Gesetzes waren, die neuen Gruppen. Die Hauptpostulate des OSK zum Internationalen Frauentag im März 2017 lauteten: »Wir fordern volle reproduktive Rechte! Wir fordern einen Staat frei von Aberglauben! Wir fordern die Umsetzung und Praxis der Anti-Gewalt-Konvention[4]! Wir fordern eine Verbesserung der wirtschaftlichen Situation von Frauen!«[5] Trotz der Abwendung einiger Katholik:innen in Folge zunehmend eindeutiger Pro-Choice Einstellungen der neuen Bewegungen und auch insgesamt der gewaltigen politischen Polarisierung, die u. a. durch Fragen der Allgemeingültigkeit der katholischen Morallehre hervorgerufen wird, ist die Haltung von Gläubigen zum Schwangerschaftsabbruch ambivalent und viele von ihnen unterstützten auch die Proteste von 2020 oder organisierten sie sogar.[6] Das zeigt, wie komplex die politische Situation ist, und dass Synergieeffekte auch zwischen Menschen auftreten, die vermeintlich gegensätzlichen Lagern angehören.

---

4   Übereinkommen des Europarats zur Verhütung und Bekämpfung von Gewalt gegen Frauen und häuslicher Gewalt von 2011, auch bekannt als Istanbul-Konvention. Die polnische Regierung drohte mehrfach mit dem Austritt (Anm. d. Red.).
5   Siehe Postulaty OSK, https://web.facebook.com/events/943465569122529/ (10.1.2022).
6   Vgl. z. B. hierzu auch Agnieszka Kościańska, Agnieszka Kosiorowska, Natalia Pomian: »Kobieta powinna decydować w swoim sumieniu« – o katolickimi zaangażowaniu w protesty przeciwko zakazowi aborcji w Polsce. [»Die Frau sollte nach ihrem Gewissen entscheiden« – über das katholische Engagement bei den Protesten gegen das Verbot von Schwangerschaftsabbrüchen in Polen]. In: LUD 105, 2021, S. 12–43.

Im moralischen Sinne gibt es keinen Unterschied zwischen dem Töten eines geborenen und dem eines ungeborenen Menschen. Das Zweite ist noch weit schändlicher, weil man eine völlig wehrlose Person angreift. Jedoch werden beide Verbrechen in der Gesellschaft nicht gleich wahrgenommen, ob es uns gefällt oder nicht. Wenn diese in moralischer Hinsicht gleich beurteilt würden, dann gäbe es nicht diese Proteste. Ich nehme an, dass in der Tötungsfrage kein polnischer Bürger sagen würde, dass man das Strafrecht lockern müsse. Hier gibt es einen Konsens, ein grundlegendes Moralgefühl. Im Falle des Rechts von Kindern auf ein Leben in jedem Stadium und jedem Gesundheitszustand ist dies, wie man sieht, anders. Es gibt keine Einigkeit. Kann man diese erzwingen? Man kann, indem man sich auf das Fünfte Gebot bezieht. Ende der Diskussion. Aber wo soll das enden? Da fehlt die Vernunft.

[...]

Die Ursachen der Proteste sind wie immer sehr vielschichtig. Ich stimme mit der Rhetorik vieler kirchlicher Milieus nicht überein, dass auf der einen Seite wir stehen, »die Guten«, und auf der anderen Seite »die Bösen«. Es ist eine teuflische Falle, alles in kriegerischen Kategorien zu begreifen, in Kategorien des Kampfes von Gut gegen Böse, in dem das Böse ein Lager bildet, und das Gute ein anderes. Die Welle der Emotionen und die Verbissenheit hindern uns daran, das zu erkennen. Natürlich ist es wunderbar, sich auf die »helle« Seite des Konflikts zu stellen und sich zu den kristallenen Verteidigern des Glaubens und der Moral zu zählen. Dies ist aber eine Illusion.

Das was gerade geschieht, ist auch eine große Niederlage der Kirche und wird für sie eine besonders schmerzhafte Läuterung sein. Sie ist es schon jetzt. Wer glaubt, dass es bei diesen Protesten (abgesehen vom Extremismus) nur um das Urteil des Verfassungstribunals geht, der sitzt im Elfenbeinturm.

Die Institution Kirche bezahlt nun für den Flirt mit der aktuellen Regierung. Die Sache geht jedoch tiefer. Es geht nicht einmal um diese oder um eine andere Macht. Es geht um die Illusion der Erwartung, dass sich das Königreich Gottes mit Hilfe politischer Macht auf der Erde einführen ließe. Das geht aber nicht.

[...]

Nichts kann eine demütige Evangelisierung, das Zusammensein mit Ausgestoßenen oder das Verlassen der Bequemlichkeitszone ersetzen. Aber ist es nicht besser, sich auf die Gesetzgebung zu verlassen als auf die Veränderung der Herzen? Ist es nicht besser, die Früchte des Erfolgs sofort zu sehen? Das verlangt keine Arbeit und Anstrengung. Wir haben das Recht darauf und setzen es durch. Jedoch ist dies eine enorme Illusion und kein moralischer Fortschritt. Und was haben wir in den Kirchen zur allgemeinen Bildung beizutragen? Es geht nicht nur darum, mit Bildern von zerrissenen Föten über die Schädlichkeit der Abtreibung zu sprechen, sondern auch, dass Kinder schwer krank auf die Welt kommen können. Hier geht es nicht nur um die Kinder, sondern auch um deren Eltern. Auch sie brauchen Hilfe.

Wir denken in der polnischen Kirche immer noch alttestamentarisch. Wir sind wie Rechtsgelehrte und Pharisäer. Jesus spricht zuerst von der Veränderung der Herzen, wir hingegen wollen eine Veränderung der Gesellschaft durch die Kraft von Rechtssanktionen und Angst.

[...]

Dariusz Piórkowski SJ: Spór o aborcję jest walką dobra ze złem? To diabelska pułapka [Streit um Abtreibung als Kampf von Gut gegen Böse? Das ist eine teuflische Falle]. In: WIĘŹ vom 2. November 2020, https://wiez.pl/2020/11/02/spor-o-aborcje-jest-walka-dobra-ze-zlem-to-diabelska-pulapka/ (23.12.2021).

UNERWARTETE SYNERGIEN UND DIE SELBSTERMÄCHTIGUNG KLEINER ORTSCHAFTEN

In der deutschen und internationalen Berichterstattung werden die Proteste oft als einheitlich wahrgenommen und mit dem Landesweiten Frauenstreik (OSK) assoziiert. Dieser stellt das umfassendste und aktivste oppositionelle Netzwerk in Polen dar und leitet viele der Proteste maßgeblich an. Es wird jedoch oft übersehen, dass die größeren landesweiten Proteste von einer Vielzahl heterogener Akteur:innen organisiert wurden und sich horizontal als Reaktion auf bestimmte politische Ereignisse ausbreiteten. Zu den Organisator:innen gehören neben dem Frauenstreik auch die Gruppen der »Mädels«, diverse Lokalpolitiker:innen sowie Menschen, die spontan die Initiative ergriffen, ohne einer Gruppe anzugehören. Nach Angaben der Polizei nahmen am 3. Oktober 2016 bis zu 98.000 Menschen an insgesamt 143 Protesten teil. Kennzeichnend für den Streik 2016 war die überraschend hohe Beteiligung in kleinen und mittleren Städte. Der Frauenstreik führte dazu, dass Bewohner:innen kleiner Ortschaften ihre eigene Stimme zurückgewannen und sich ihrer politischen Relevanz bewusst wurden. Nach dem Urteil des Verfassungsgerichts im Jahr 2020 zeigten Meinungsumfragen, dass bis zu 70 Prozent der Bevölkerung die Proteste unterstützten.[7] Die Anzahl der Kundgebungen und vor allem die Beteiligung kleinerer Orte hatte sich im Vergleich zu 2016 sogar vervielfacht, so dass die dortigen Aktivitäten inzwischen überwogen und es mancherorts sogar zu historisch einmalig stark frequentierten Kundgebungen kam. Bei meinen Recherchen zu den Protesten an der deutsch-polnischen Grenze, die zwischen Winter 2020 und Frühjahr 2021 stattfanden, stellte ich fest, dass die Gruppen der Organisator:innen sehr vielfältig zusammengesetzt waren. Viele organisierten die Proteste zum ersten Mal, einmalig oder für eine begrenzte Zeit. Unter ihnen waren zum Beispiel Hausfrauen, eine Physiotherapeutin, die Leiterin eines Motoradklubs, Lokalpolitiker:innen, lokale queere Akivist:innen und auch einige Jugendliche. In dem Ort Neusalz an der Oder (Nowa Sól) in der Region Lebus, mit etwa 38.000 Einwohner:innen, richtete ein 14-jähriges Mädchen spontan eine Facebook-Veranstaltung für den 28. November 2020 ein, sagte diese aber ab, als sie schockiert feststellte, dass sich mehr als 2.000 Menschen für den Protest angemeldet hatten. Dennoch versammelten sich mehrere Tausend Menschen und die Demonstration fand statt, obwohl es keine:n Organisator:in gab und die Behörden zuvor ein Versammlungsverbot ausgesprochen hatten. Überraschend dabei waren die unerwarteten Synergien, die bei den Kundgebungen entstanden. In Słubice, der Grenzstadt zu Frankfurt (Oder), nahmen neben der lokalen Bevölkerung mittleren Alters auch Gruppen von Kindern unter 14 Jahren und Jugendlichen teil, lokale queere Aktivist:innen, Lokal- und Regionalpolitiker:innen, Studierende der Europa-Universität Viadrina, aber

---

7   Vgl. Kantar: 70 proc. Polaków popiera demonstracje uliczne organizowane w ramach Strajku Kobiet [Kantar: 70 Prozent der Polen unterstützt die Straßendemos im Rahmen des Frauenstreiks]. In: POLNISCHE PRESSEAGENTUR PAP vom 20. November 2020, https://www.tokfm.pl/Tokfm/7,103087,26529501,kantar-70-proc-polakow-popiera-demonstracje-uliczneorganizowane.amp (20.11.2020).

auch Anhänger:innen des Słubicer Fußballvereins Polonia. Diese zündeten rote Fackeln an, um Ihre Unterstützung zum Ausdruck zu bringen.

Viele der lokalen Organisator:innen der Proteste sehen sich nicht als Teil des Landesweiten Frauenstreiks (OSK), der sich inzwischen als Stiftung mit Sitz in Warschau institutionalisiert hat. Die Gründe dafür sind sehr unterschiedlich. Die Führung des OSK gilt einigen als zu radikal, während andere sie als nicht radikal genug bzw. zu uneindeutig empfinden, z. B. in der Frage der vollständigen Liberalisierung des Rechts auf Schwangerschaftsabbrüche. Für viele Akteur:innen aus kleineren Städten, darunter auch in den polnischen Grenzregionen zu Deutschland, bietet das gesellschaftspolitische Engagement eine Chance, die eigene Wirksamkeit zu erfahren. Dies verdeutlicht die Aussage zweier junger Organisatorinnen eines Protests vom Herbst 2020 in der Stadt Bomst (Babimost): »Wir haben gezeigt, dass auch kleine Städte stark sind!«[8] Sie sind stolz darauf, eine eigene Stimme zu haben. Die lokalen Akteur:innen legten dabei viel Wert auf ihre Unabhängigkeit. Einige lokale Aktivist:innen möchten auch nicht

8   Siehe »W Babimoście też odbył się wielki protest kobiet, zobaczcie niezwykłe zdjęcia. Organizatorki: Pokazaliśmy, że małe miasteczka też mają moc!« [»In Babimost fand ein großer Frauenprotest statt, seht ungewöhnliche Bilder. Organisatorinnen: Wir haben gezeigt, dass Kleinstädte auch stark sind«]. In: Gazeta Lubuska vom 29. Oktober 2020, https://gazetalubuska.pl/w-babimoscie-tez-odbyl-sie-wielki-protest-kobiet-zobaczcie-niezwykle-zdjecia-organizatorki-pokazalismy-ze-male-miasteczka-tez/ar/c1-15259390 (30.12.2021).

mit politischen oder anderweitigen Organisationen in Verbindung gebracht werden. In anderen Städten in der Grenzregion wurden die Proteste dagegen weitgehend von Lokalpolitiker:innen unterstützt oder gar organisiert. Vor allem die Stadt Grünberg in Schlesien (Zielona Góra), wo im Mai 2021 dank kollektiver Bemühungen von Lokalpolitiker:innen und Aktivist:innen ein Platz in Polen zum ersten Mal offiziell »Platz der Frauenrechte« getauft wurde, hat eine Strahlkraft, die über die Region hinaus reicht.

ANI JEDNEJ WIĘCEJ! NICHT EINE MEHR!

Die rechtskonservative Politik und die darauf folgenden Massenmobilisierungen im Herbst 2016 und die zahlreichen Proteste 2020 haben in Polen einen Wandel in Politik, Kultur und Wissenschaft ausgelöst: Kaum jemand bestreitet noch die grundsätzliche gesellschaftspolitische Bedeutung der Kategorien Gender und Sexualität, und auch die politischen Akteur:innen sind sich bewusst, dass ein Verzicht auf eine Positionierung zu Geschlechtergerechtigkeit, reproduktiven Rechten oder Schutz vor Gewalt sie Unterstützung kosten kann. Dank der Breite der Proteste ergaben sich immer wieder neue unerwartete Synergieeffekte. Andererseits wurden im Laufe der Zeit viele Gegensätze sichtbar, auf die verschiedene Spaltungen und Abgrenzungsbewegungen folgten. Bei längerer Betrachtung zeigt sich allerdings auch, dass Abspaltungen nicht immer negative Folgen haben müssen. Die Proteste vom Herbst 2020 bis Frühjahr 2021 hatten bewiesen, dass trotz diverser interner Konflikte und Differenzen eine breite

Mobilisierung möglich war. Ähnlich wie im Fall des »Schwarzen Montags« im Jahr 2016 geschah dies reaktiv, problembezogen und horizontal. Obwohl die Proteste 2020/21 eine Rekordbeteiligung aufwiesen und viele Wochen andauerten, kam es schließlich am 27. Januar 2021 zur Veröffentlichung der Urteilsbegründung des Verfassungsgerichts.

Zusammen mit der zunehmenden Repression kam es kurz darauf zu einer Demobilisierung und teilweise sogar zur Resignation bei Teilen der Bewegung, die auf einen kurzfristigen Erfolg oder gar den Rücktritt der Regierung 2020/21 gehofft hatten. Aufgrund verschiedener Differenzen und Unvereinbarkeiten hat der Landesweite Frauenstreik inzwischen auch viel an Unterstützung eingebüßt. Konfliktpunkte waren hier vor allem die Besetzung des Konsultationsrats, die Reaktionen des OSK gegenüber der Linkspartei, eine Auseinandersetzung mit einem Flügel der queer-feministischen Bewegung sowie diverse *Fake News* und Gerüchte, die sich schnell verbreiteten und zu Spaltungen und aufgeheizter Stimmung führten. Ähnlich wie im oben beschriebenen Fall des KOD wird auch in der frauenpolitischen bzw. feministischen und queeren Bewegung der interne Umgang mit Dissens und Meinungsverschiedenheiten bemängelt. Aufgrund der verschärften politischen Situation und des politischen Antagonismus, der eindeutige Haltungen und Handlungen einfordert, gibt es innerhalb der oppositionellen Bewegungen wenig Raum für offene Diskussionen und Verhandlungen unterschiedlicher Positionen. Diese Dynamik wird durch die Repression und die Zersetzung der Bewegung durch verschiedene Falschmeldungen noch verstärkt. Für die Gestaltung demokratischer Prozesse innerhalb oppositioneller Bewegungen, die für den Erhalt der Demokratie kämpfen, ist jedoch ein Raum notwendig, in dem kontroverse Debatten geführt werden können, ohne dass es gleich zu einem Eklat kommt. Angesichts der zunehmenden Repression sind diese Bewegungen auf eine breite Praxis der Solidarität und gegenseitigen Unterstützung angewiesen.

Trotz des fortschreitenden Abbaus demokratischer Mechanismen und der zunehmenden Zentralisierung in Polen können viele Erfolge auch auf lokaler Ebene erzielt werden. Dies gilt insbesondere dann, wenn es trotz spezifischer politischer Differenzen möglich ist, in grundlegenden Fragen zusammenzuarbeiten und angesichts autoritärer staatlicher Umstrukturierungen auf lokaler Ebene demokratische Widerstandsfähigkeit aufzubauen bzw. beizubehalten. Widersprüchlichkeiten können destruktive Effekte auslösen und zur Entsolidarisierung führen. Oftmals entfalten diese jedoch auch eine produktive Wirkung, etwa wenn die Spaltungen und Unterschiede, wie schon zuvor im Fall der Abspaltung einiger Akteur:innen vom KOD, zu einer Vervielfältigung von Aktivitäten, Begründung neuer Zusammenhänge und Organisationen führen. So entwickeln sich diese Bewegungen, inklusive der von innen geführten Debatten ebenfalls weiter und können gegebenenfalls später (zumindest punktuell) auch wieder gemeinsame Anknüpfungspunkte ohne zu finden.

Der letzte landesweite Protest erfolgte am 6. November 2021 unter dem Slogan »Nicht Eine mehr! Marsch für Iza« (»Ani jednej więcej! Marsz dla Izy«)⁹, nachdem der erste offizielle Todesfall im Zusammenhang mit dem Urteil bekannt geworden war. Die 30-jährige Izabela aus Pszczyna verstarb im Krankenhaus, weil die verantwortlichen Ärzte die erforderlichen Rettungsmaßnahmen nicht einleiteten, um das Überleben des Fötus nicht zu gefährden. Das hätte im Nachhinein als Schwangerschaftsabbruch gewertet und nach dem neuen Urteil gegen die Ärzt:innen verwendet werden können. Die in der 22. Woche schwangere Patientin musste im Krankenhaus ohne Hilfe ausharren, bis der Fötus in ihr starb. Auf dem anschließenden Weg in den Operationssaal erlag sie ihrer Blutvergiftung. So mussten Iza und das Ungeborene sterben.

JENNIFER RAMME ist wissenschaftliche Mitarbeiterin des Lehrstuhls für Deutsch-Polnische Kultur- und Literaturbeziehungen an der Kulturwissenschaftlichen Fakultät der Europa-Universität Viadrina in Frankfurt (Oder). Ihr Forschungsschwerpunkt sind soziale Bewegungen, NGOs und Proteste sowie Politiken der Ästhetik und Form. Zuletzt ist von ihr erschienen, in gemeinsamer Herausgeberschaft mit Cornelia Möser und Judit Takács: *Paradoxical Right-Wing Sexual Politics in Europe* (Cham 2022).

---

9   Referenz an die größte feministische Bewegung Lateinamerikas, die in Argentinien 2015 ihren Ursprung fand und sich im Netz unter dem Hashtag #Niunamenos auch international verbreitete. Der Protestruf »Ni una menos« (Nicht eine weniger) richtet sich gegen Femizide.

Lech M. Nijakowski

Polen: ein Land – zwei Lager? Zweifel an einer weit verbreiteten Meinung

Polen wird oft als ein zerrissenes Land dargestellt, das in zwei große Lager zerfallen sei, deren Lebenswirklichkeiten sich fundamental unterschieden – von den politischen Präferenzen bis hin zum Lebensstil. Sozialstudien hingegen widerlegen dieses Bild. Wie beispielsweise der Soziologe Paweł Ciacek ausführt, handelt es sich hier nicht um eine Spaltung des Landes in zwei Lager, sondern um fünf verschiedene Gruppen – gemäßigte Traditionalist:innen, religiöse Patriot:innen, männliche Traditionalisten, ökologisch-progressive Bürger:innen sowie weltoffene, tolerante Polinnen und Polen.[1]

Der bekannte polnische Soziologe Henryk Domański schreibt in seinem Forschungsbericht:

> »Es liegt zwangsläufig auf der Hand, dass es in einer Gesellschaft immer auch Ungleichheiten und Unterschiede gibt. Sichtbar werden diese – wenn wir die Biografie des einzelnen Menschen betrachten – im Hinblick auf Alter und Geschlecht, Bildungsgrad, Zugang zum Arbeitsmarkt, materiellen Wohlstand, Hierarchien und den damit verbundenen Zugang zu Machtpositionen, konfessionelle und nationale bzw. ethnische Zugehörigkeit sowie weltanschauliche Fragen.«[2]

Die polnische Gesellschaft bildet hier keine Ausnahme; sie ist gekennzeichnet durch Abgrenzungen im Hinblick auf wirtschaftliche, gesellschaftliche und kulturelle Aspekte. Es gibt sichtbare Unterscheidungsmerkmale und andere, die eher im Verborgenen liegen und die gesellschaftliche Stellung bestimmen. Die bewussten Unterschiede

---

1 Paweł Ciacek: Socjolog: Nie jesteśmy podzieleni na pół. Nie ma dwóch plemion [Soziologe: Wir sind nicht zweigeteilt. Es gibt keine zwei Lager]. In: OKO.PRESS vom 7. Oktober 2019, https://oko.press/socjolog-nie-jestesmy-podzieleni-na-pol-nie-ma-dwoch-plemion (17.12.2021).

2 Henryk Domański: Jaka jest Polska. Raport z badania [Der Zustand Polens. Bericht aus der Forschung], Fundacja im. Stefana Batorego, https://www.batory.org.pl/upload/files/Programy%20operacyjne/Masz%20Glos/OK-2_Final_Domanski.pdf, S. 1 (17.12.2021).

werden häufiger besprochen, da sie leichter fassbar erscheinen. Die jeweilige Theorie entscheidet zumeist, welchem Bereich des gesellschaftlichen Lebens eine entscheidende Rolle zugewiesen wird (bei den neomarxistischen Ansätzen sind dies in der Regel ökonomische Aspekte).

Nach 1989 hat sich die Gesellschaft in Polen stark verändert. Die Veränderungen waren so gewaltig, dass für viele Menschen eine Welt zusammenbrach und einige sich das Leben nahmen. Das soll nicht in Vergessenheit geraten. Der Anteil der Hochschulabsolvent:innen stieg zwischen 1988 und 2016 von 8 auf 21 Prozent, was einen erheblichen Einfluss auf das gesellschaftliche Leben hat. Nun müssen Menschen mit einem höheren Bildungsabschluss nicht zwangsläufig die besseren Analytikerinnen oder Analytiker sein, aber um sich bei ihnen Gehör zu verschaffen, musste die Politik eine andere Sprache sprechen und andere politische Praktiken etablieren. Im Ergebnis hat dieser Wandel auch die Sprache der höheren gesellschaftlichen Schichten beeinflusst.

Im vorliegenden Artikel können und sollen nicht alle Differenzierungen im Detail besprochen werden. Jedoch werden die gesellschaftlichen Unterschiede in Polen sowie ihre Ursachen im Groben skizziert, wobei die bei Publizist:innen so beliebte These der Spaltung des Landes in »zwei Lager« eindeutig zurückgewiesen wird, zumal sie im Übrigen auch in Umfragen keine Bestätigung findet.

KLASSE

Polen ist ein Land, das sich in mehr als zwei Klassen gliedert. Wie alle europäischen Länder. In Abhängigkeit von der theoretischen Verortung kann man mindestens von Oberschicht, Mittelschicht und Unterschicht (Arbeiterschaft) sprechen. Einige Theorien führen erheblich mehr gesellschaftliche Klassen und Schichten an. Klassenunterschiede bestanden auch in der Volksrepublik Polen, und einige Forscher:innen betonen, im Kommunismus seien die Arbeiter und Bauern – entgegen anderslautender Parolen – weiter ausgebeutet worden.

Die meisten Klassentheorien beziehen sich in erster Linie auf ökonomische Faktoren. Für die Neomarxist:innen etwa begründen sich alle Klassenunterschiede aus der Frage nach dem Eigentum an Produktionsmitteln. Doch selbst die Anhänger:innen dieser Theorie sehen sich gezwungen, die Rolle der Mittelschicht näher zu erläutern, die bei einer Aufteilung der Gesellschaft in »Kapitalisten« und »Proletarier« nicht übergangen werden darf. Als Beispiel sei hier der US-Soziologe Erik Olin Wright (1947–2019) angeführt, der diese Frage als bedeutendes Hindernis für die Entwicklung einer modernen marxistischen Theorie bezeichnete.[3] Die Existenz der Mittelschicht ist eine ökonomische Tatsache, nicht nur ein ideologisches Artefakt.

---

3   Vgl. Erik O. Wright: Class counts. Comparative studies in class analysis, Cambridge u. a. 1997.

> **Die Mittelschicht in Polen**
>
> - 11–12 Millionen Menschen im Alter von 24 bis 64 Jahren umfasst die polnische Mittelschicht.
> - 45 Prozent der zur Mittelschicht zählenden Personen bedienen einen oder mehrere Kredite.
> - 16 Prozent der zur Mittelschicht zählenden Personen haben einen (laufenden) Kredit zum Haus- oder Wohnungskauf.
> - 45 Prozent der zur Mittelschicht zählenden Personen besitzen keine Ersparnisse.
> - 26 Prozent der zur Mittelschicht zählenden Personen haben eine Hochschulausbildung.
> - 75 Prozent der zur Mittelschicht zählenden Personen halten das Einkommensniveau zur Befriedigung der Bedürfnisse des eigenen Haushalts für ausreichend.
> - 80 Prozent der zur Mittelschicht zählenden Personen halten das Steuermaß für die Ärmsten für zu hoch.
> - 55 Prozent der zur Mittelschicht zählenden Personen erwarten eine aktive Politik des Staates zur Schaffung neuer Arbeitsplätze.
>
> Paula Kukołowicz: Klasa średnia w Polsce. Czy istnieje polski *self-made man*? [Die Mittelschicht in Polen. Gibt es den polnischen *Self-Made-Man*?], S. 6 – https://pie.net.pl/wp-content/uploads/2019/09/PIE-Raport_Klasa_srednia.pdf (22.12.2021).

Einige Theorien halten neben der Ökonomie auch die Kultur und gesellschaftliche Bindungen für gleichermaßen wichtig. Der französische Soziologe Pierre Bourdieu (1930–2002) verwendet in seinem Werk die Begriffe des ökonomischen, sozialen und kulturellen Kapitals. Die Kombination aller drei Kategorien von Kapital bestimmt die Klassenzugehörigkeit eines Individuums.[4] Der Lebensstil lässt daher Rückschluss auf die verschiedenen Klassen zu. In Polen hat u. a. der Soziologe Maciej Gdula, der gegenwärtig für die Partei Neue Linke (Nowa Lewica) als Abgeordneter im Sejm sitzt, entsprechende Studien zur polnischen Bevölkerung durchgeführt.

Es wird deutlich, dass verschiedene kulturelle Praktiken wie beispielsweise Radfahren oder das Verhältnis zu Tieren in einer bestimmten Klassenzugehörigkeit wurzeln können.[5] Je nach Praktiken sind tiefgreifende Unterschiede erkennbar, die zu unterschiedlichen Lebenssituationen führen können. Bestimmte Lebensstile zahlen sich aus, indem sie den oberen Klassen die Wahrung ihres Status sichern. Obwohl es in der polnischen Gesellschaft – wie auch in anderen Ländern Europas – durchaus große Unterschiede gibt, kann man nicht von einer Spaltung in zwei Lager sprechen. Sichtbar ist allerdings ein allgemeines Bestreben der Mittelklasse, die Oberschicht nachzuahmen,

---

4 Vgl. Pierre Bourdieu: Die feinen Unterschiede. Kritik der gesellschaftlichen Urteilskraft. Aus dem Französischen von Bernd Schwibs und Achim Russer, Suhrkamp 1987.

5 Maciej Gdula, Przemysław Sadura (Hrsg.): Style życia i porządek klasowy w Polsce [Lebensstil und Klassenordnung in Polen], Wydawnictwo Naukowe Scholar, Warszawa 2012. Siehe auch den Beitrag von Maciej Gdula: Die unnachbarschaftlichen Polen. Über eine entzweite Gesellschaft. In: JAHRBUCH POLEN 2019 Nachbarn, S. 9–20.

während letztere peinlich darum bemüht ist, sich deutlich von den unteren Schichten abzugrenzen.

In der Dritten Polnischen Republik ist die Mittelschicht gewissermaßen zum Fetisch geworden. Der Lebensstil der Mittelschicht erscheint – aus ideologischer Sicht – als Quelle des Wohlstands. Die Mittelschicht ist jedoch eine schwache Klasse, die viele der in sie gesetzten Hoffnungen nicht erfüllt. Aber sie existiert. Polen ist gesellschaftlich ähnlich ausdifferenziert wie andere europäische Länder, eine Zweiteilung lässt sich wissenschaftlich nicht stützen.

Nach 1989 kam es in Polen zu revolutionären Veränderungen in fast allen Lebensbereichen, die u. a. den Arbeitsmarkt und die Eigentums- und Besitzverhältnisse stark erfassten – mit zum Teil schweren Schicksalsschlägen. Die Gesellschaftsstruktur veränderte sich massiv. Völlig neue Berufe entstanden. Der Anteil der »Intelligenz« an der Gesellschaft stieg aufgrund dieser neuen Berufsbilder und den Veränderungen am Arbeitsmarkt nur verhältnismäßig langsam. Der Wandel des politischen Systems behinderte jedoch gleichzeitig den allgemeinen, auch in anderen Ländern stattfindenden, strukturellen Umbruch in der Arbeitswelt. In seinem 2007 erschienenen Buch schreibt Henryk Domański, dass die polnische Gesellschaft aus sechs grundlegenden sozialen Kategorien bestehe: »Intelligenz«, Angestellte ohne leitende Funktion, Selbstständige und Freiberufler:innen, Facharbeitskräfte, Hilfskräfte bzw. Geringqualifizierte sowie Landwirte (in der Landwirtschaft Beschäftigte und Bauern mit eigenem Landbesitz).[6] Laut Angaben aus dem Jahr 2019 gehören – ermittelt anhand des Einkommens – in Polen 16 Prozent der Gesellschaft zur Oberschicht, 54 Prozent zur Mittelschicht und 30 Prozent zur Unterschicht (befragt wurden Personen zwischen 24 und 64 Jahren).[7] Von 2004 bis 2017 stieg der Anteil der volljährigen Polinnen und Polen, die sich mit ihrem Leben »zufrieden« zeigten, von 6 auf 24 Prozent. 55 Prozent bewerteten ihre Lebenssituation als »mittelmäßig« – im Unterschied zu 46 Prozent im Jahr 2004.[8]

Polen ist ein normales Industrieland, auf das sich verschiedene Klassentheorien beziehen lassen. Zweifelsohne gehört es jedoch nicht zum Kern Europas und der kapitalistischen Welt. Der US-Soziologe Immanuel Wallerstein (1930–2019) sieht Polen in diesem Zusammenhang als Teil der Semiperipherie, deren Länder – so jedenfalls seine Theorie – von den Staaten des Zentrums dominiert werden.[9] Wallerstein wird

---

6 Henryk Domański: Struktura społeczna. Wydanie nowe [Gesellschaftsstruktur. Neue Ausgabe], Warszawa 2007, S. 295–301.
7 Paula Kukołowicz: Klasa średnia w Polsce. Czy istnieje polski *self-made man*? [Die Mittelschicht in Polen. Gibt es den polnischen *Self-Made-Man*?], Hrsg. von Polski Instytut Ekonomiczny, Warszawa 2019, S. 11.
8 Henryk Domański: Jaka jest Polska, S. 3.
9 Vgl. Immanuel Wallerstein: The Modern Word-System I. Capitalist Agriculture and the Origins of the European Word-Economy in the Sixteenth Century, Academic Press, London u. a. 1974.

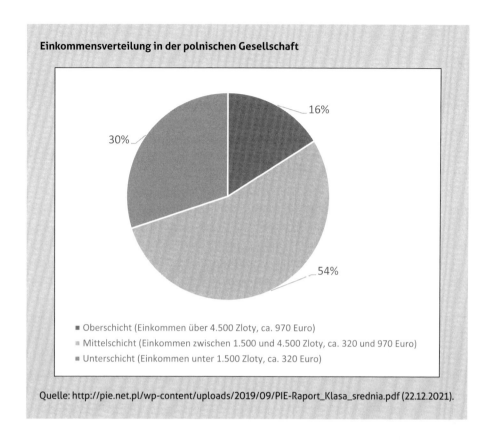

Quelle: http://pie.net.pl/wp-content/uploads/2019/09/PIE-Raport_Klasa_srednia.pdf (22.12.2021).

in Polen breit rezipiert und von vielen Wissenschaftler:innen zitiert. Auch im Lichte seiner Theorien werden Vielfalt und soziale Differenzierung innerhalb der polnischen Gesellschaft deutlich.

GESCHICHTE

Da sich die materiellen Bedingungen in Polen verbessert haben (dies spiegelt sich auch in der Selbstbewertung der Gesellschaft wider), entzünden sich gesellschaftliche Konflikte nun eher an anderen Streitpunkten. Selbst sehr abstrakt anmutende Fragen können hier zu heftigen Auseinandersetzungen führen, wenn sie von den Medien entsprechend dargestellt werden.

Eine radikale Spaltung der polnischen Gesellschaft existiert in Bezug auf die Geschichte des Landes. Wie viele Menschen in anderen Ländern äußern sich die Polinnen und Polen freimütig zu geschichtlichen Fragen, selbst wenn ihr Faktenwissen darüber begrenzt ist. Besonders zur Neuesten Geschichte gibt es in der Bevölkerung sehr unterschiedliche Ansichten, die auch in den verschiedenen politischen Narrativen genutzt werden. Von großer Relevanz ist hier der allgemeine Lehrplan an den Schulen, der einen großen

Einfluss auf das Denken der jungen Menschen ausübt und leider mitunter dazu führt, dass historische Unwahrheiten wieder und wieder repliziert werden.

Sichtbar werden aber vor allem vorhandene Übereinstimmungen im Meinungsbild der Polinnen und Polen, die in Umfragen viele Aussagen ähnlich bewerten. Von zentraler Bedeutung für das polnische Geschichtsbild ist der Zweite Weltkrieg, so ist die überwiegende Mehrheit der erwachsenen Polinnen und Polen (82 Prozent) der Ansicht, dass er ein weiterhin lebendiger Teil der Geschichte Polens sei, an den ständig erinnert werden solle.[10] Auch wenn es zwischen den Ansichten der Menschen durchaus Unterschiede gibt, werden hier doch fundamentale Übereinstimmungen in wichtigen Fragen der polnischen Identität sichtbar. Oft entzünden sich Meinungsverschiedenheiten in geschichtlichen Themenbereichen an Detailfragen, während bei allgemeinen Fragen zumeist Übereinstimmung herrscht. Bestimmte Persönlichkeiten und historische Ereignisse aber werden nicht nur von der Geschichtswissenschaft unterschiedlich bewertet und interpretiert, sondern entzweien auch die Gemüter der Menschen. Unterschiedliche Haltungen innerhalb der polnischen Bevölkerung gibt es bei grundsätzlichen Fragen, darunter auch bei den Beziehungen zu anderen Staaten und Völkern. Dabei geht es nicht nur um einfache Äußerungen, sondern subtile Diskursstrategien, die zum Beispiel den Eindruck einer Kollektivschuld verschleiern sollen. Als Beispiel sei hier die Frage der Täterschaft beim Massaker von Jedwabne im Juli 1941 angeführt, bei dem die polnischen Einwohnerinnen und Einwohner der Kleinstadt ihre jüdischen Nachbarn ermordeten. Über dieses Ereignis, welches der polnisch-amerikanische Historiker Jan Tomasz Gross 2000 in seinem Buch *Sąsiedzi* (Nachbarn)[11] beschrieb, wird im öffentlichen Raum in Polen bis heute heftig gestritten. Die vom Meinungsforschungsinstitut Pentor Befragten wussten zwar in der Regel, dass es sich bei diesem Verbrechen um jüdische Opfer handelte.[12] Die meisten von ihnen hielten aber die Deutschen für die wahren Täter, ihnen seien lediglich einige

---

10 Postrzeganie II wojny światowej i poparcie dla domagania się reparacji od Niemiec [Wahrnehmung des Zweiten Weltkriegs und Unterstützung für Reparationsforderungen gegenüber Deutschland]. Umfragebericht Nr. 113/2019 des CBOS. Bearbeitet von Barbara Badora. Die Umfrage »Aktualne problemy i wydarzenia« [Aktuelle Probleme und Ereignisse] (351) wurde mithilfe computergestützter direkter Interviews (CAPI) vom 22. bis zum 29. August 2019 durchgeführt, insgesamt befragt wurden 974 repräsentativ per Stichprobe ausgewählte erwachsene Personen in Polen.

11 Jan T. Gross: Nachbarn. Der Mord an den Juden von Jedwabne. Aus dem Polnischen von Friedrich Griese, C.H. Beck 2001.

12 Das Projekt »Druga wojna światowa w pamięci współczesnego społeczeństwa polskiego« [Der Zweite Weltkrieg in der Erinnerung der heutigen polnischen Gesellschaft] wurde 2009 für das Museum des Zweiten Weltkriegs (Muzeum II Wojny Światowej) vom Meinungsforschungsinstitut Pentor Research International realisiert. Siehe auch: Piotr T. Kwiatkowski, Lech M. Nijakowski, Barbara Szacka, Andrzej Szpociński: Między codziennością a wielką historią. Druga wojna światowa w pamięci zbiorowej społeczeństwa polskiego [Zwischen Alltäglichkeit und großer Geschichte. Der Zweite Weltkrieg im kollektiven Gedächtnis der polnischen Gesellschaft], Warszawa-Gdańsk 2010.

> [...]
>
> Michał Bilewicz:
>
> Angst vor Flüchtlingen? Vor wem sollte ich mich denn fürchten?
>
> Im Allgemeinen sind dies die am wenigsten fanatischen, die am wenigsten radikalen und alles in allem die am wenigsten religiösen Flüchtlinge. Die weltlichsten. Wir sehen in den Umfragen einen ganz klaren negativen Zusammenhang zwischen Radikalität und der Bereitschaft, nach Europa zu ziehen.
>
> Es stellt sich also zunächst einmal heraus, dass nicht diejenigen, die das eigentliche Problem im Nahen Osten sind, zu uns kommen. Es ist nicht der Islamische Staat, der mit uns leben will. Zweitens handelt es sich bei den Menschen, die aus diesen Ländern fliehen, sehr oft um die intellektuelle Elite oder um Menschen, die mit den demokratischen Strukturen verbunden waren, welche auch Polen, zum Beispiel in Afghanistan, versucht hat aufzubauen. Minister Kamiński zeigt auf der Pressekonferenz das Bild eines Mannes in Uniform, aber es handelt sich um die Uniform der Spezialeinheiten »unseres« Afghanistans. Für jeden, der sich der globalen Situation einigermaßen bewusst ist, ist ein solches Foto der Beweis dafür, dass wir solche Menschen aufnehmen sollten und dass wir es ihnen sogar schuldig sind. [...]
>
> Michał Łuczewski:
>
> Und ich denke, so wie die Konservativen Angst vor Flüchtlingen haben könnten, könnten die liberalen Linken Angst vor dem ungehobelten polnischen Bauern haben, der im Holocaust Juden denunzierte. Ich sehe das ein wenig als Angst vor dem wilden Polentum, vor irgendeiner stärkeren, explosive Identität, die nicht verstanden und von Warschauer Eliten aus nicht geleitet werden kann. [...] Wir können uns über einen einzelnen Flüchtling neigen, haben aber Angst vor der Menschenmenge am 11. November. Wir werden einem Menschen am anderen Ende der Welt helfen, einem Nachbarn aus dem anderen politischen Lager aber nicht die Hand geben.
>
> Ich bleibe dabei: Ja, auf der einen Seite sind diese Ängste übertrieben und jeder einzelne Fall wird benutzt, um ein Narrativ über Terrorismus zu schaffen, aber die andere Seite, die linksliberale, hat auch Angst, nur gibt sie es nicht zu.
>
> »Moja strona boi się tłumu uchodźców« – »A moja tłumu Polaków«. Katolik Łuczewski i liberał Bilewicz próbują się dogadać [»Meine Seite hat Angst vor der Menge an Flüchtlingen« – »Und meine vor der Menge an Polen«. Der Katholik Łuczewski und der Liberale Bilewicz versuchen miteinander zu sprechen]. In: GAZETA WYBORCZA vom 5. November 2021 – https://wyborcza.pl/magazyn/7,124059,27762753,bilewicz-i-luczewski-uchodzcy-chlopi-polexit-smierc-czego.html (23.12.2021).

wenige polnische Verräter:innen zu Hilfe geeilt, ansonsten sei die polnische Seite frei von jeglicher Schuld.

Auch die historische Bewertung der Volksrepublik Polen und des Gewerkschaftsführers und späteren Staatspräsidenten Lech Wałęsa sorgt für eine große Polarisierung: 45 Prozent der Bevölkerung bezeichnen die Periode des Kommunismus in Polen als eine Ära des Wiederaufbaus, 55 Prozent hingegen sprechen von einer »Besatzung«. Diese Beurteilung hängt sehr vom Alter der Befragten ab:[13] Ältere Menschen bewerten das kommunistische Polen eher positiv, die Jüngeren dagegen können dieser Zeit wenig

---

13 Henryk Domański: Jaka jest Polska, S. 3.

abgewinnen, was nicht verwundert. In Polen gibt es einen Generationenkonflikt, der auch auf anderen Feldern sichtbar wird. Aus Umfragen des Meinungsforschungsinstitutes Centrum Badania Opinii Społecznej (CBOS) geht hervor, dass in den letzten Jahren immer mehr Polinnen und Polen die Einführung des Kriegsrechts am 13. Dezember 1981 als unrechtmäßig bezeichnen – hier stieg der Anteil von 23 Prozent im Jahr 1994 auf 35 Prozent 2016, gleichzeitig verringerte sich die nachträgliche Befürwortung der Maßnahme von 54 auf 41 Prozent.[14]

Unterschiedliche Ansichten gibt es auch in Bezug auf den Warschauer Aufstand. Die Gesellschaft ist in dieser Frage wirklich stark gespalten, es überwiegen jedoch kritische Stimmen. Die Mehrheit (59 Prozent) der Polinnen und Polen ist der Ansicht, der Aufstand habe »zu viele Opfer« gekostet.[15] Das ist insofern sehr interessant, als das Gedenken an den Aufstand zu den wichtigsten gesellschaftlichen Ritualen in Polen zählt. Ähnlich spannende Punkte gibt es noch einige. Diese Meinungsbilder sind für das gesellschaftliche Leben von Bedeutung, selbst, wenn die Befragten die historischen Fakten nur oberflächlich kennen.

POLITIK

Oft wird die Spaltung der polnischen Politik in zwei miteinander rivalisierende Parteien thematisiert. In diesem Zusammenhang fällt dann in den Medien meist die Bezeichnung »POPiS« (in Anlehnung an das vermeintliche Duopol der beiden Parteien Bürgerplattform/Platforma Obywatelska, PO und Recht und Gerechtigkeit/Prawo i Sprawiedliwość, PiS), wohingegen andere Parteien schlichtweg vergessen werden, vor allem die politische Linke. Erklärungen hierfür sind nicht nur in der politischen Strategie derjenigen zu finden, die diese Reduktion befördern, sondern auch in verschiedenen soziologischen Theorien, wie zum Beispiel den Erkenntnissen von Pierre Bourdieu zum politischen Feld.

Für die Politik lohnt es sich also, Polinnen und Polen in nur zwei Gruppen zu unterteilen. So können Bürger:innen mobilisiert werden, die sich besser fühlen, wenn ihnen positive kollektive Merkmale zugeschrieben werden. Es ist typisch, dass sich Politiker:innen auf die Kategorie »Wir« berufen, die sie den anderen, von ihnen verachteten, Bürger:innen gegenüberstellen. So funktioniert Politik.

Solche Äußerungen zur polnischen Politik sagen zuweilen etwas Wichtiges über den Grundzustand der polnischen Gesellschaft aus. Die Soziologin Mirosława Grabowska spricht diesbezüglich von einer »postkommunistischen Spaltung«:[16] Das kommunisti-

---

14 Ebenda, S. 4.
15 Ebenda.
16 Mirosława Grabowska: Podział postkomunistyczny. Społeczne podstawy polityki w Polsce po 1989 roku [Postkommunistische Spaltung. Soziale Grundlagen der Politik in Polen nach 1989], Warszawa 2004.

sche System habe eine tiefe gesellschaftliche Kluft hinterlassen, die sich schon in den Wahlen 1989 offenbart habe. Gemeint ist hier nicht nur das Wahlverhalten, sondern auch die Identität der Polinnen und Polen, die sich in den eklatant unterschiedlichen Haltungen zu fundamentalen Fragen zeigte – zur Demokratie, zur Gesellschaftsordnung, zur Regierung des Landes, dem Verhältnis zur Kirche sowie zu allgemeinen moralischen und religiösen Fragestellungen. Diese auf breiter Datensammlung basierende wissenschaftliche Analyse stieß jedoch auf Widerspruch. Viele Kritiker:innen behaupteten, es habe in Polen nie eine postkommunistische Spaltung gegeben.

Zugegebenermaßen äußern die jeweils Befragten zuweilen Standpunkte, von denen sie dann bei schwierigen Wahlentscheidungen doch eher abweichen. Solch ein Verhalten ist aber bei Meinungsumfragen nichts Ungewöhnliches. Als Beispiel sei hier die Haltung zum Thema Patriotismus angeführt, zu welchem sich die Menschen in der Regel schnell und gern bekennen, da ein derartiges bloßes Bekenntnis von ihnen keinerlei aktive gesellschaftliche Handlungen oder gar militärisches Engagement verlangt. Für 59 Prozent der Befragten hat Patriotismus einen »sehr hohen Stellenwert«, für 41 Prozent ist es dagegen eher »ein Begriff aus der Vergangenheit«, wobei dies vor allem auf Hochschulabsolvent:innen zutrifft. Im Allgemeinen hat Patriotismus in Polen nach wie vor eine große Bedeutung, 81 Prozent bezeichnen sich als »Patriot« bzw. »Patriotin«. Jüngere Menschen im Alter von 18 bis 24 Jahren bejahen die Aussage »Ich bin Patriot« deutlich seltener (69 Prozent) als ältere Personen (89 Prozent).[17] Allerdings bedeutet Patriotismus für viele Menschen anscheinend, dass sie eher verächtlich auf andere Nationen herabschauen anstatt sich aktiv für ihr Heimatland zu engagieren.

WARUM ZWEI LAGER?

Woher rührt die Darstellung der polnischen Bevölkerung als zweier sich feindlich gesinnter Lager? Dies ist eine erfolgreiche politische Strategie und gleichzeitig ein Merkmal der Identitätspolitik, die die Wähler:innen mobilisieren soll. Eine grundlegende Aufteilung in die Kategorien »wir« und »die Anderen« soll die Menschen dazu bringen, für die Politik und das Personal aus dem Lager zu stimmen, dem sie sich zugehörig fühlen. Es gibt grundlegende psychologische Mechanismen, die diese Polarisierung unterstützen. Vielen fällt es schwer, sich diesen zu widersetzen und für die Vertreter:innen einer anderen Gruppierung zu stimmen, welche vielleicht die Probleme im Land besser lösen könnten.

Die Spaltung Polens in zwei Lager beherrscht oft auch den Diskurs. Auf der politischen Ebene ist es vorteilhaft, die Gesellschaft in zwei Lager zu teilen. Einige behaupten, Polen werde schon lange durch zwei Särge beherrscht, in denen die Gebeine von Józef Piłsudski (1867–1935) und Roman Dmowski (1864–1939) ruhen. Gemeint sind hier

17 Henryk Domański: Jaka jest Polska, S. 5.

nicht die inhaltlichen Standpunkte dieser beiden Politiker, sondern die Konfrontation zweier politischer Lager, die um die Vorherrschaft in Polen kämpfen.[18]

Wer über zwei miteinander rivalisierende Lager in Polen spricht, redet in Wirklichkeit politischen, rhetorischen oder ideologischen Interessen das Wort. Es ist kein leichtfertiger Fehler, sondern ein rhetorischer Kunstgriff. Wer die Spaltung des Landes öffentlich thematisiert, führt dabei wohl politische Ziele im Schilde.

Ist die polnische Gesellschaft in verschiedene Kategorien und Gruppen unterteilt? Natürlich, so wie jede andere Gesellschaft auch. Das alles ändert nichts an einer allgemeinen Sehnsucht nach Harmonie und Einheit, wobei letztere in der polnischen Geschichte allerdings niemals dauerhaft Bestand hatte. Die Polinnen und Polen sind sehr wohl verschieden, aber sie stellen keine zwei Lager. Sie bilden vielmehr verschiedene Klassen, Schichten und Wählergruppen.

Diese Unterteilungen leiten sich ab von vielen persönlichen Entscheidungen. Es handelt sich hier um Klassenunterschiede, die nicht nur mit ökonomischen Faktoren zusammenhängen, sondern auch mit Politik und Kultur. Dem Anschein nach eher natürliche Phänomene wie Sinneswahrnehmungen erweisen sich als die Klasse reproduzierende Mechanismen (Bourdieu schrieb in diesem Zusammenhang von Geschmack).

Die Menschen in Polen unterscheiden sich voneinander, ebenso wie die Bewohnerinnen und Bewohner anderer europäischer Länder. Eine Schlüsselbedeutung hat die Klassenzugehörigkeit, die (dank des Vermögens, des Bildungsgrades, der sozialen Kontakte usw.) Einfluss auf andere Lebensbereiche hat. Einige tragen vielleicht ihren persönlichen Reichtum nicht offen zur Schau, er entscheidet allerdings maßgeblich über die gesellschaftliche Zugehörigkeit. Eine höhergestellte gesellschaftliche Schicht unterscheidet sich von einer niedrigen Gruppe grundlegend, das gilt nicht nur für den Lebensstil, sondern auch für die Gesundheit und den Zugang zu medizinischer Versorgung. Die Ungleichheiten innerhalb der polnischen Gesellschaft werden wohl in Zukunft größer werden, wie dies auch weltweit der Fall ist. Zwischen den einzelnen Ländern bestehen zwar mitunter gewaltige Differenzen in Bezug auf Kultur, Sitten und Lebensweise, doch dahinter verbergen sich überall ähnliche Klassenunterschiede, die zum Teil in einer brutalen Ausbeutung, unterschiedlichen Lebenserwartungen oder einer mangelhaften Absicherung der Menschen im Alter sichtbar werden.

18 In dieser allgegenwärtigen historischen Projektion steht Józef Piłsudski vereinfachend für ein föderatives Staatsmodell und den Staatsstreich von 1926, genannt *Sanacja*. Roman Dmowski, Führer der Nationaldemokratie (*Endecja*), repräsentiert hier ein ethnisch homogenes Staatskonzept, bei dem die Staatsräson sich der Nation unterordnet. Das geflügelte Wort von den »zwei Särgen« stammt vom Herausgeber der Exilzeitschrift KULTURA Jerzy Giedroyc aus dem Jahr 1989, mit Bezug auf die künftige Staatsform Polens. Zur heutigen Bedeutung des Gegensatzes *Sanacja – Endecja* siehe den Beitrag von Stefan Garszecki in diesem Jahrbuch (Anm. d. Red.).

Viele Meinungsbilder innerhalb der polnischen Bevölkerung mögen überraschend erscheinen, so schließt zum Beispiel eine Bejahung eines traditionellen Familienbilds nicht die Unterstützung von feministischen Bewegungen aus (beinahe zwei Drittel aller Befragten).[19] Wie in anderen Ländern wandelt sich auch in Polen die Gesellschaft, es kommt zu einer schleichenden Säkularisierung, vor allem, was die praktizierenden Gläubigen betrifft – so beten immer weniger Menschen zu Gott oder gehen zur Messe.[20] Außerdem gibt es erhebliche Unterschiede zwischen den Generationen, und so ist eher nicht davon auszugehen, dass das Stimmungsbild der aktuellen Umfragen in Stein gemeißelt ist. Das Meinungsforschungsinstitut CBOS fasst zusammen: »In den letzten zwei Jahren verschieben sich weltanschauliche Standpunkte innerhalb der polnischen Gesellschaft deutlich in Richtung eines stärkeren Liberalismus. [...] Vor allem jüngere Menschen zwischen 18 und 24 Jahren vertreten immer häufiger liberale Standpunkte.«[21]

Fazit: Die polnische Gesellschaft ist und war niemals in zwei Lager gespalten.

Aus dem Polnischen von Christian Prüfer

LECH M. NIJAKOWSKI ist Soziologe am Institut für Soziologie der Universität Warschau. Seine Forschungsschwerpunkte sind nationale und ethnische Minderheiten, Nationalitätenkonflikte, Stereotypen sowie Nationalitätenbeziehungen in Schlesien. Seit 2001 ständiger Berater der Kommission für nationale und ethnische Minderheiten im Sejm.

---

19   Henryk Domański: Jaka jest Polska, S. 8.
20   Ebenda, S. 9.
21   Ważne kwestie społeczno-polityczne w opiniach młodych Polaków [Die Meinung junger Polinnen und Polen zu wichtigen gesellschaftspolitischen Fragen]. Umfragebericht Nr. 93/2021 des CBOS. Bearbeitet von Beata Roguska.

Stefan Garsztecki

Was ist des Polen Vaterland? Zwischen links und rechts

DAS ENDE DES TRANSFORMATIONSKONSENS

Polen galt lange Zeit als Musterknabe der ökonomischen und politischen Transformation. Das Wirtschaftswachstum war seit den 1990er Jahren beeindruckend, die Zustimmung zur Europäischen Union (EU) nachhaltig und die Demokratie schien konsolidiert. Ein demokratisches *backsliding*, wie es von Transformationsforscher:innen als Menetekel an die Wand gemalt wurde,[1] schien für Polen kein Szenario zu sein. Gleichwohl beobachten wir seit einigen Jahren eine zunehmende Polarisierung der Gesellschaft, und zwar nicht erst seit dem Wahlsieg von Recht und Gerechtigkeit (Prawo i Sprawiedliwość, PiS) um ihren Parteichef Jarosław Kaczyński bei den Parlamentswahlen im Jahr 2015 und erneut im Jahr 2019, sondern das politische Klima änderte sich bereits zuvor langsam aber sicher. Es verwundert daher nicht, dass Polen neben Ungarn mittlerweile als Vorreiter des Trends zum Autoritarismus in der Region angesehen wird.[2]

Indikatoren der polnischen Entwicklung hin zum autoritären Staat – von Steven Levitsky und Lucan A. Way im Unterschied zu klassischen autoritären Systemen nach Juan J. Linz als kompetitiver Autoritarismus bezeichnet[3] – sind starke gesellschaftliche und politische Polarisierungen, ein Aufweichen des demokratischen Systems von *Checks and Balances*, ein starker Zugriff auf die staatlichen und nach Möglichkeit auch auf die privaten Medien, eine affirmative Geschichtspolitik und eine paternalistisch

---

1 Ellen Lust, David Waldner: Unwelcome Change: Understanding, Evaluating, and Extending Theories of Democratic Backsliding, Yale University 2015.
2 Siehe jüngst dazu Ireneusz Paweł Karolewski: Towards a Political Theory of Democratic Backsliding? Generalising the East Central European Experience. In: Astrid Lorenz and Lisa H. Anders (Hrsg.): Illiberal Trends and Anti-EU Politics in East Central Europe, Palgrave 2021, S. 301–321.
3 Vgl. Steven Levitsky, Lucan A. Way: The Rise of Competitive Authoritarianism. In: Journal of Democracy 13 (2020) 2, S. 51–65; ferner Juan J. Linz: Totalitarian and Authoritarian Regimes, Colorado 2000. Der von Levitsky und Way umrissene kompetitive Autoritarismus ist zwischen Demokratie und autoritärem System angesiedelt, das heißt er ist kein völlig autoritäres System, hat mit der Demokratie aber zunehmend weniger gemein.

anmutende Sozialpolitik. Ob diese Entwicklung angemessen als kompetitiver Autoritarismus oder als defekte Demokratie bezeichnet werden soll,[4] ist einerseits eine akademische Frage, andererseits sind Wahlen, das formale Kriterium, um noch von Demokratie zu sprechen, kaum als fair zu bezeichnen, wenn grundlegende Elemente der Gewaltenteilung ausgehebelt werden. Unabhängig von der Charakterisierung der aktuellen Veränderungen in Polen, die von PiS seit 2015 unter dem Schlagwort des »guten Wandels« (*dobra zmiana*) umgesetzt werden, postuliert PiS sowohl im Parteiprogramm als auch in der politischen Praxis den Willen, eine andere, sehr viel stärker auf die nationale Gemeinschaft abstellende Demokratie zu errichten, die dem vermeintlichen Mehrheitswillen, nicht aber prozeduralen Erfordernissen der liberalen Demokratie westlichen Zuschnitts entspricht. Damit wird von PiS der lange Zeit gültige Transformationskonsens aller politischen Akteur:innen, und zwar die Zugehörigkeit zum Westen durch die Konsolidierung der repräsentativen Demokratie zu stärken, aufgekündigt.

PiS verschärft so die innenpolitischen Auseinandersetzungen und Polarisierungen und öffnet damit weiteren demokratieskeptischen Organisationen Tür und Tor. Aber PiS steht nicht allein für diese Entwicklung, und die gesellschaftlichen und politischen Kontraste im Parlament und in der Zivilgesellschaft sind erheblich umfangreicher. Im Kern geht es um das Polen von morgen: um die Konturen der zukünftigen polnischen Gesellschaft zwischen Tradition und Moderne. Besonders plakativ treffen diese beiden Pole in den letzten Jahren beim Unabhängigkeitsmarsch am 11. November aufeinander.

DER UNABHÄNGIGKEITSMARSCH

Lange Jahre war der 11. November, der polnische Staatsfeiertag anlässlich der Wiedergewinnung der eigenen Staatlichkeit im Jahr 1918, ein öffentlich nur wenig wahrgenommenes Ereignis. Der Staatspräsident legte am Grabmal des unbekannten Soldaten einen Kranz nieder und hielt eine kurze Ansprache in Anwesenheit weiterer Repräsentant:innen von Sejm und Senat. Parallel dazu bekundeten einige Hundert Vertreter:innen nationalistischer Gruppen ihre Verbundenheit mit dem Vaterland durch Nationalflaggen, patriotische Lieder und nationale und nationalistische Slogans. Dies hat sich in der Zwischenzeit grundlegend geändert und der sogenannte Unabhängigkeitsmarsch, der stets an dem nach Roman Dmowski, dem Führer der Nationaldemokratie der Zwischenkriegszeit, benannten Kreisverkehr im Herzen Warschaus startet, ist ein politisches Ereignis mit mehreren Zehntausend Teilnehmer:innen, das polarisiert, den verschiedenen Milieus von rechts wie links eine Bühne bietet und zugleich für deren Konstituierung wichtig ist.

---

4   Siehe zu diesem Konzept Wolfgang Merkel, Hans-Jürgen Puhle, Aurel Croissant, Claudia Eicher, Peter Thiery: Defekte Demokratien. Bd. 1: Theorien, Opladen 2003.

Ein medienwirksames Ereignis ist der Unabhängigkeitsmarsch am 11. November aber erst seit dem Jahr 2010. Seitdem versuchen unterschiedliche nationale und nationalistische Gruppierungen wie die Allpolnische Jugend (Młodzież Wszechpolska, MW) oder das National-Radikale Lager (Obóz Narodowo-Radykalny, ONR) dem Marsch einen gesamtpolnischen Charakter zu geben. Beide genannten Organisationen existierten bereits in der Zwischenkriegszeit, die Allpolnische Jugend als Studentenverbindung aus dem Milieu der polnischen Nationaldemokratie,[5] das 1934 gegründete und nach wenigen Monaten bereits wieder verbotene National-Radikale Lager als rechte und faschistische Abspaltung der Nationaldemokratie.[6] Beide Gruppierungen wurden mit dem Ende des Kommunismus in Polen wieder gegründet, die Allpolnische Jugend 1989, das ONR 1993, und beide knüpfen an die Zwischenkriegszeit an, betonen die Traditionen der Nationaldemokratie und stehen für einen offensiv auftretenden Patriotismus. Ein souveränes, betont katholisches und nationales Polen ist ihr Ziel und die Mitgliedschaft in der Europäischen Union (EU) wird daher strikt abgelehnt.[7] Die Unterschiede zwischen beiden Gruppierungen lassen sich an ihren Programmerklärungen festmachen. Während die MW vor allem den nationalen und katholischen Charakter des Landes stärken will,[8] geht das ONR noch einen Schritt weiter und pocht auch auf die ethnische Homogenität des Landes.[9] Während die MW damit noch am Rande des demokratischen Spektrums laviert, muss das ONR wohl als neofaschistisch bezeichnet werden. Eine kritische Auseinandersetzung mit der Geschichte der Vorläuferorganisationen der Zwischenkriegszeit findet jedoch in beiden Fällen nicht statt.

Organisiert wird der Unabhängigkeitsmarsch seit 2011 von einem eigens gegründeten Verein Unabhängigkeitsmarsch (Stowarzyszenie Marsz Niepodległości), der einen Versuch darstellt, die unterschiedlichen Gruppierungen des nun als Nationalbewegung (Ruch Narodowy) bezeichneten Milieus zu einen.[10] Wichtigster Akteur des Vereins ist ihr Gründer Robert Bąkiewicz, der bis 2018 dem ONR angehörte, nun aber auf seine

---

5   Siehe dazu die Studie von Tomasz Wrzosek: Nacjonalizm i hegemonia. Przypadek Młodzieży Wszechpolskiej [Nationalismus und Hegemonie. Der Fall der Allpolnischen Jugend], Łódź 2010. Ferner Agnieszka Deja: Polski faszyzm przedwojenny [Polnischer Faschismus der Zwischenkriegszeit]. In: NIGDY WIĘCEJ 6, Winter 1998, S. 24–28.
6   Vgl. Szymon Rudnicki: Obóz Narodowo-Radykalny. Geneza i działalność [Das National-Radikale Lager. Genese und Tätigkeit], Warszawa 1985.
7   Vgl. Młodzież Wszechpolska nie ukrywa, jaki jest jej cel. Wydali jednoznaczny komunikat [Die Allpolnische Jugend verbirgt ihr Ziel nicht. Sie haben eine eindeutige Erklärung veröffentlicht]. In: NA:TEMAT vom 11. November 2021 – https://natemat.pl/383585,jednoznaczny-wpis-mlodziezy-wszechpolskiej-z-okazji-swieta-niepodleglosci (21.11.2021). Das ONR hat beispielsweise im Jahr 2016 eine Kampagne zum *Polexit* organisiert.
8   Vgl. die Statuten der Organisation – https://mw.org.pl/idea-i-statut/ (21.11.2021).
9   Vgl. die Selbstdarstellung der Ideologie – https://www.onr.com.pl/deklaracja-ideowa/ (21.11.2021). Die ethnische Homogenität wird unter Punkt 2 der Erklärung betont.
10 Vgl. Paweł Malendowicz: Marsz Niepodległości, czyli inna Europa jest możliwa [Der Unabhängigkeitsmarsch – oder: Ein anderes Europa ist möglich]. In: ANNALES UNIVERSITATIS MARIAE CURIE-SKŁODOWSKA. LUBLIN-POLONIA [SECTIO K] 23 (2016), Nr. 2, S. 195–206, hier S. 196.

eigene Organisation baut. Neben seinen deutlichen politischen Ambitionen fällt auch seine polarisierende Sprache auf. Passend zum äußersten rechten Milieu spricht er von Krieg und trägt sich mit der Absicht, eine paramilitärische Formation – eine Art Nationalgarde (Straż Narodowa) – zu gründen.[11] Immer wieder kommt es während des Marsches zu Gewaltakten von Teilnehmenden, etwa gegenüber Journalist:innen oder Ordnungskräften.

Der Erfolg des Unabhängigkeitsmarsches als Kristallisationspunkt für das rechte Milieu ist in den letzten Jahren – trotz der Zweifel am demokratischen Profil der Organisator:innen – durchschlagend gewesen. Ab dem Jahr 2011 haben stets Zehntausende Menschen daran teilgenommen, was offensichtlich Ausdruck eines Bedarfs an Orientierung ist. Der Wertewandel westlicher Gesellschaften hin zu stärkerer Individualisierung[12] und seit einigen Jahren auch zu teils affirmativer Identitätspolitik[13] schwappt auch nach Polen über und erschüttert das traditionell konservative polnische Wertesystem.[14] Die massenhafte Teilnahme an diesem Marsch – im Jahr 2018 geschätzt 250.000 Menschen – ist denn auch weniger Ausdruck eines starken nationalistischen und neofaschistischen Trends, den man wohl an den Organisator:innen festmachen kann, als wohl eher Reaktion auf die Beschleunigung des Wertewandels in Polen.[15]

Während die genannten Organisator:innen und rechten Gruppierungen klassisch-konservative Werte wie Patriotismus, Familie oder den Katholizismus betonen, steht das sehr heterogene Milieu der Gegendemonstrant:innen, die seit 2010 in jedem Jahr Protestmärsche organisieren, für gesellschaftliche Vielfalt, demokratische Toleranz und eine deutlich andere Traditionslinie der polnischen Geschichte.

11   Vgl. Organizator marszów niepodległości, ważny członek ONR. Kim jest Robert Bąkiewicz? [Der Organisator des Unabhängigkeitsmarsches ein wichtiges Mitglied des ONR. Wer ist Robert Bąkiewicz?]. In: ONET.PL vom 28. Oktober 2020 – https://wiadomosci.onet.pl/kraj/robert-bakiewicz-kim-jest-organizator-marszu-niepodleglosci-i-czlonek-onr/yt6y3ly (21.11.2021).
12   Vgl. Hans-Peter Müller: Wertewandel (31.5.2012). In: Bundeszentrale für politische Bildung (Hrsg.): Deutsche Verhältnisse. Eine Sozialkunde [Online-Dossier], 2012 – https://www.bpb.de/politik/grundfragen/deutsche-verhaeltnisse-eine-sozialkunde/138454/werte-milieus-und-lebensstile-wertewandel (21.11.2021); ferner prominent dazu Andreas Reckwitz: Die Gesellschaft der Singularitäten. Zum Strukturwandel der Moderne, Berlin 2017.
13   Vgl. Thomas Meyer: Identitätspolitik – worum es geht. In: Neue Gesellschaft/Frankfurter Hefte, Ausgabe 10/2018, https://www.frankfurter-hefte.de/artikel/identitaetspolitik-worum-es-geht-2572/ (22.11.2021).
14   Vgl. Mirosław J. Szymański: Przemiany wartości w zmieniającym się społeczeństwie [Wertewandel in einer sich verändernden Gesellschaft]. In: DEBATA EDUKACYJNA 5 (2012), S. 5–14.
15   Zumindest widersprechen die teilnehmende Beobachtung des Verfassers und auch Interviews mit Teilnehmenden im Rahmen eines Forschungsprojekts im Jahr 2019 der in der westlichen Presse verbreiteten Auffassung, wonach zehntausende Neofaschist:innen durch Warschau gezogen seien. Es waren in der Mehrheit eher konservativ-patriotische Teilnehmende und kleinere Gruppen von Rechtsextremen und die genannten problematischen Organisator:innen.

Dabei haben sich in den letzten Jahren sehr unterschiedliche Gruppen zum Protest gegen den Unabhängigkeitsmarsch zusammengetan, darunter auch einige, die der informellen polnischen Antifa[16] zuzurechnen sind.[17] Eine gemeinsame Klammer ist demnach die Ablehnung jeglichen Faschismus und Rassismus, der den Organisator:innen des Unabhängigkeitsmarsches vorgeworfen wird. Als Akteure sind in den vergangenen Jahren unter anderem aufgetreten: die im Jahr 2009 entstandene Koalition 11. November[18], die Demokratische Aktion (Akcja Demokratyczna)[19], hinter der sich eine 2015 entstandene gleichnamige Stiftung verbirgt, die 2016 als Bewegung gründete und ebenfalls durch eine Stiftung unterstützten Bürger der Republik (Obywatele RP), das 2015 entstandene Komitee zur Verteidigung der Demokratie (Komitet Obrony Demokracji, KOD), der Gesamtpolnische Frauenstreik (Ogólnopolski Strajk Kobiet, OSK), die 2000 entstandene informelle Bewegung Verständigung der Frauen vom 8. März (Porozumienie Kobiet 8 Marca) sowie die bereits 1990 gegründete Arbeiterdemokratie (Pracownicza Demokracja), eine marxistische Gruppierung. Bisweilen schlossen sich diese teils formellen Vereine, teils lockeren informellen Vereinigungen zu Koalitionen zusammen wie beispielsweise in den letzten Jahren unter der Bezeichnung »Antifaschistische Koalition« (Koalicja Antyfaszystowska) oder wie in den Jahren 2013 und 2014 am 9. November, initiiert von der »Koalition gemeinsam gegen den Nationalismus«, anlässlich des Jahrestages der sog. Reichspogromnacht 1938.

Ähnlich wie die rechten Gruppierungen ihren Unabhängigkeitsmarsch unter wechselnden Losungen stellen, so zum Beispiel im Jahr 2021 unter das Motto »Unabhängigkeit ist unverkäuflich« (»Niepodległość nie na sprzedaż«), wählen auch die linken, antifaschistischen und anarchistischen Gruppen für ihren Protest einen Slogan, im Jahr 2021 »Für eure und unsere Freiheit« (»Za Wolność Waszą i Naszą«). Interessant ist auch, dass aus dem linken Milieu seit einigen Jahren Anstrengungen unternommen werden, den Nationalist:innen den symbolträchtigen 11. November nicht zu überlassen. Die einflussreiche und meinungsstarke Zeitschrift KRYTYKA POLITYCZNA hat bereits 2016 einen Text von Tomasz Borkowski, einem ehemaligen Offizier der polnischen Nachrichtendienste, veröffentlicht (am 11.11.2021 erneut auf die Internetseite gestellt), der den 11. November für die Linke beansprucht, da sie sich nachweislich im Jahr 1918 für die Unabhängigkeit und für soziale Reformen eingesetzt habe.[20]

---

16   Zu den erheblichen Unterschieden in der Charakterisierung und der Begrifflichkeit von »Antifa« im deutschen und polnischen Kontext s. u. (Anm. d. Red.).
17   Die Ansicht von Paweł Malendowicz, dass der Marsch kaum gesellschaftliche Reaktion hervorruft, teile ich ausdrücklich nicht. Siehe Malendowicz: Marsz Niepodległości, S. 203f.
18   Vgl. Martyna Bunda: Kim są członkowie koalicji 11 listopada? [Wer gehört zur Koalition vom 11. November?]. In: POLITYKA Nr. 50 vom 7. Dezember 2011.
19   Vgl. Dorzucisz się? [Machst Du mit?]. In: https://dzialaj.akcjademokracja.pl/campaigns/11-listopada--01--marsz-koalicji-antyfaszystowskiej-donate (22.11.2021).
20   Vgl. Tomasz Borkowski: 11 listopada: Święto lewicy [11. November: Feiertag der Linken]. In: KRYTYKA POLITYCZNA, 2016, https://krytykapolityczna.pl/kultura/historia/11-listopada-swieto-lewicy/ (22.11.2021).

[...]

Die November-Jahrestage wurden während eines großen Teils der Zwischenkriegszeit als rein militärische Feierlichkeiten abgehalten. Dadurch, dass es nicht den einen Tag gab, der sich unwidersprochen als der Moment der Wiedererlangung der Unabhängigkeit festlegen ließ, wurde, wie auch in vielen Staaten Europas, der 11. November angenommen, der Tag, an dem die Mittelmächte kapitulierten und der Krieg zu Ende war. Erst im Jahr 1937 wurde der 11. November zum staatlichen Feiertag erklärt. Zum 20. Jubiläum der Wiedererlangung der Unabhängigkeit organisierte die Polnische Sozialistische Partei (Polska Partia Socjalistyczna, PPS) 1938 eigene Feierlichkeiten, ihre Vorsitzenden nahmen aber auch an den staatlichen Veranstaltungen teil. Dies könnte der Atmosphäre des nahenden Krieges geschuldet sein, könnte aber auch ein Signal an den liberalen Flügel des *Sanacja*-Regimes gewesen sein, da die PPS immer noch die Hoffnung auf eine Demokratisierung des politischen Systems hatte. Der wichtigste Feind waren für die PPS wie auch für den liberalen Flügel der *Sanacja* die sich radikalisierenden Jugendgruppen der Nationaldemokratie, darunter jene unter dem Banner des Nationalradikalen Lagers (Obóz Narodowo-Radykalny, ONR), welche sich das faschistische Italien und NS-Deutschland zum Vorbild genommen hatten.

Nach dem Zweiten Weltkrieg schafften die Kommunist:innen den Feiertag am 11. November ab und ersetzten ihn durch einen eigenen, den 22. Juli. Dazu kamen die Feierlichkeiten zum Jubiläum der Oktoberrevolution am 7. November. Dies war die logische Konsequenz daraus, dass die Polnische Arbeiterpartei bzw. die Polnische Vereinigte Arbeiterpartei Nachfolgerin der Kommunist:innen aus der Vorkriegszeit war, welche sich einer Unabhängigkeit Polens widersetzten. In der Zeit der Volksrepublik organisierte die demokratische Opposition eigene Gedenkstunden zum 11. November. Nach 1989 kehrte man zu diesem Tag als nationalem Feiertag zurück und veranstaltete, wenn auch eher träge, offizielle Feierlichkeiten.

Die Versammlung zu Unabhängigkeitsmärschen, die seit einigen Jahren von den mit dem Faschismus sympathisierenden Gruppen unter dem Banner des ONR sowie der Allpolnischen Jugend (Młodzież Wszechpolska, MW) organisiert werden, wirkt wie ein historischer Widerspruch. Die Vereinnahmung des 11. November durch den rechten Rand ist der krönende Beweis für die Katastrophe des Geschichtsunterrichts in der Dritten Republik. Im November 1918 spielte das nationalistische Milieu keine große Rolle, wobei zu beachten ist, dass dies weit weniger radikale Kreise waren als die Mitglieder des ONR in den 1930er Jahren, die Mussolini und Hitler nacheiferten.

Im Lauf der letzten 25 Jahre zeigte niemand Interesse, den linken Charakter im Erbe des Novembers 1918 in Erinnerung zu rufen. Die postkommunistische Linke, mit ihrer weit in die Machtstrukturen der Polnischer Vereinigten Arbeiterpartei reichenden Geschichte war mehr daran interessiert, das Erbe Jaruzelskis und Gomułkas zu schützen. Vielleicht ist nun die Zeit gekommen, dass die junge Linke auf den Straßen polnischer Städte daran erinnert, dass der 11. November ihre Tradition ist, ihre Geschichte und ihr Feiertag.

Tomasz Borkowski: 11 listopada: Święto lewicy [11. November: Feiertag der Linken]. In: KRYTYKA POLITYCZNA, 2016, https://krytykapolityczna.pl/kultura/historia/11-listopada-swieto-lewicy/ (22.11.2021).

Eine eher wechselhafte Einstellung zum Unabhängigkeitsmarsch vertritt PiS. Im Jahr 2018 stellte sich die Partei anlässlich des 100. Jahrestages der »Wiedergewinnung der Unabhängigkeit« an die Spitze des Marsches und auch im Jahr 2021 ermöglichte letztlich erst die Entscheidung des Staatspräsidenten Andrzej Duda, dem Marsch einen staatlichen Charakter zuzugestehen, seine Durchführung. Der Warschauer Stadtpräsident

Rafał Trzaskowski von der Bürgerplattform (Platforma Obywatelska, PO) hatte bis zuletzt auf ein Verbot hingewirkt. Überhaupt wird bei den Gegenprotesten deutlich, dass die PiS-geführte Regierung auf die Gegenproteste wie ein Katalysator wirkt. Es ist nicht nur der Protest gegen ONR und MW, sondern auch das Eintreten für ein anderes Polen, ein tolerantes, rechtsstaatliches Land. Die stets mitgeführten Regenbogenflaggen und das Anknüpfen an linke Traditionen verdeutlichen eine generelle Kritik an der PiS-Regierung, wofür auch das Komitee zur Verteidigung der Demokratie, immer wieder auftretende Oppositionsparteien oder diverse Frauenorganisationen stehen, die alle kaum dem Milieu der Antifa zuzurechnen sind.

LINKS UND RECHTS IM SEJM

Nicht alle Gruppierungen des Unabhängigkeitsmarsches und der Gegenproteste haben eine Repräsentanz im Sejm, aber auch hier sind die Auseinandersetzungen scharf. Auch im Parlament hält PiS eine klare Abgrenzung nach rechts nicht durch. Während sich die Ende 2018 gegründete Konföderation Freiheit und Unabhängigkeit (Konfederacja Wolność i Niepodległość) offen zur Tradition der Nationaldemokratie der Zwischenkriegszeit bekennt und damit enge Verbindungen zu den Organisator:innen des Unabhängigkeitsmarsches pflegt – was nicht zuletzt der Auftritt des führenden Konföderationsmitglieds und Sejm-Abgeordneten Robert Winnicki auf der Abschlusskundgebung am 11. November 2021 in Warschau belegt – schwankt PiS zwischen den Traditionen der *Endecja*[21] und der *Sanacja* (Sanierung), wie das Lager um den Gründer der II. Polnischen Republik Marschall Józef Piłsudski nach dessen Staatsstreich 1926 genannt wurde. Roman Dmowski – einer der Hauptakteure der Nationaldemokratischen Partei – und vor allem sein Patriotismus passen eben gut zum autoritären Staatsverständnis, dem betont patriotischen Agieren von PiS in der Geschichts- oder auch in der Migrationspolitik oder dem konservativen und affirmativen Katholizismus.[22] In das gleiche Muster fügt sich die seitens der Regierung 2020 vorgenommene Gründung des Roman Dmowski- und Ignacy Jan Paderewski-Instituts des Erbes des Nationalgedankens (Instytut Dziedzictwa Myśli Narodowej im. Romana Dmowskiego i Ignacego Jana Paderewskiego) ein. Eine Abgrenzung nach rechts sieht anders aus. Unabhängig von den Verdiensten Dmowskis für die polnische Unabhängigkeit wird hier doch bewusst eine undemokratische Traditionslinie wiederbelebt und salonfähig gemacht, die wohl besser im Giftschrank der Historiker:innen verblieben wäre.

Während die Teilnehmer:innen des Unabhängigkeitsmarsches im Parlament in PiS und der Konföderation durchaus Anknüpfungspunkte sehen können, sieht es für die Gegendemonstrant:innen, vor allem des Antifa-Milieus, schlechter aus. Natürlich sind sowohl das KOD wie auch die Frauenorganisationen durchaus in der Bürgerkoalition (Koalicja Obywatelska, KO), einem seit 2018 existierenden Bündnis der

---

21   Eine alternative Bezeichnung für die Nationaldemokratie, die aus den Anfangsbuchstaben der polnischen Bezeichnung *Narodowa Demokracja* (ND – »en-de«) gebildet wird.
22   Vgl. Krzysztof Ruchniewicz: Droht der *Polexit*? In: Aus Politik und Zeitgeschichte 70 (2020), Nr. 23–25, S. 25–31.

Parteien Bürgerplattform (Platforma Obywatelska, PO), Moderne (Nowoczesna), den Grünen (Zieloni) und der Polnische Initiative (Inicjatywa Polska), vertreten, aber das lockere Antifa-Bündnis dürfte in der doch eher konservativen KO kaum einen passenden Ansprechpartner sehen. Etwas anders dürfte das Verhältnis zur Sejm-Fraktion Die Linke (Lewica) sein, ein Zusammenschluss von Neuer Linker (Nowa Lewica), der sozialdemokratischen 2015 gegründeten Partei Razem (Gemeinsam) und der 1987 neu gegründeten Polnischen Sozialistischen Partei (Polska Partia Socjalistyczna, PPS), die erstmals 1892 in Paris gegründet worden war und 1948 mit den polnischen Kommunist:innen zur Polnischen Vereinigten Arbeiterpartei (Polska Zjednoczona Partia Robotnicza, PZPR) zwangsvereinigt wurde. Die Neue Linke ist wiederum ein 2021 erfolgter Zusammenschluss der gleichfalls sozialdemokratischen und 2019 ins Leben gerufenen Partei Frühling (Wiosna) und des Demokratischen Linksbündnisses (Sojusz Lewicy Demokratycznej, SLD, eine Nachfolgepartei der PZPR).

Den genannten parlamentarischen Oppositionsparteien gemeinsam sind sicherlich ihre pro-europäische Haltung, die Ablehnung von Nationalismus und Rassismus und auch ihre strikte Gegnerschaft zu den Organisator:innen des Unabhängigkeitsmarsches und deren parlamentarischen Unterstützer:innen. Gleichwohl wird damit das Antifa-Milieu kaum abgebildet. Dieser neben den Frauenorganisationen aktivste Teil der Gegenproteste ist heterogen, strikt gegen Kooperationen mit Parteien und in den vage formulierten gesellschaftlichen Ansichten deutlich radikaler als die liberalen und linken Parteien im Sejm.[23] Zudem kam es in den letzten Jahren zwar immer wieder auch zu Zusammenstößen mit Vertreter:innen der äußersten Rechten während des Marsches, aber die der Antifa sowohl von Regierungsseite wie auch MW, ONR und den Organisator:innen des Marsches zugeschriebene Gewaltbereitschaft entspricht bisher kaum der Realität. Dazu ist die polnische Antifa zu heterogen und sie hält eben kaum einem Vergleich beispielsweise mit dem deutschen Antifa-Milieu stand.[24]

Der breite Gegenprotest steht aber für ein anderes Polen, ein toleranteres, gesellschaftlich progressiveres und dezidiert pro-europäisches, wobei die polnische Antifa mit ihren auch anarchistischen Wurzeln beim letzten Punkt wohl ausgenommen werden muss.

POLITISCHE UND GESELLSCHAFTLICHE POLARISIERUNG

Die auf den Straßen von Warschau und im Parlament zutage tretenden Polarisierungen zeigen eine zerrissene und verunsicherte Gesellschaft. Wie tief die Gräben mittlerweile sind, verdeutlichen auch Umfragen und Analysen zu unterschiedlichen

---

23 Vgl. Eliasz Nachabe: Przed Świętem Niepodległości: Kim są polscy antyfaszyści [Vor dem Unabhängigkeitstag: Wer sind die polnischen Antifaschist:innen?]. In: POLITYKA vom 10. November 2012.

24 Vgl. Jakub Woroncow: Antifa: jak nieistniejąca organizacja zawładnęła umysłami prawicy [Antifa: Wie eine nicht-existierende Organisation die Köpfe der Rechten beherrscht]. In: OKO.PRESS vom 23. November 2020 – https://oko.press/antifa-jak-nieistniejaca-organizacja-zawladnela-umyslami-prawicy-analiza/ (23.11.2021).

> Die Figur des Marschalls verfügte in der Zweiten Republik über eine hohe Integrationskraft, weil er mit seiner Agenda das gesamte politische Spektrum bedienen konnte. Als ehemaliger sozialistischer Terrorist hatte er die Sympathien der Linken auf seiner Seite, als autoritäre Führergestalt kam er dem rechtskonservativen Zeitgeist entgegen. Adolf Nowaczyński schrieb 1919 treffend, Piłsudski sei an der Haltestelle »Unabhängigkeit« aus der roten Straßenbahn ausgestiegen. Im Jahr 1930 sprach die polnische Presse von Piłsudskis »napoleonischem Manöver«, das ihn von einer radikalen Linksorientierung zu einer radikalen Rechtsorientierung gebracht habe. Auch bei Vertretern der nationalistischen Rechten stieß Piłsudskis Führungskraft auf Bewunderung. So hob der Dmowski-Anhänger Zdzisław Stahl kurz nach dem Tod des Marschalls anerkennend hervor, dass Piłsudski lange vor Mussolini, Lenin und Hitler sein politisches Handeln nach dem Führerprinzip ausgerichtet habe.
>
> Ulrich Schmid: Ausprägungen des Piłsudski-Mythos in der patriotischen Kultur Polens. In: Jahrbuch POLEN 2018 Mythen, S. 153–163, hier S. 153f.

Politikfeldern. In Fragen der Zuwanderung, der Einstellung zum Rechtsstaatsverfahren der EU gegenüber Polen oder in der Einschätzung von Homosexualität sind die Unterschiede zwischen PiS und der Konföderation auf der einen Seite und der KO sowie den in der Fraktion Die Linke zusammengeschlossen Parteien gravierend. Während die genannten Oppositionsparteien sich für eine Aufnahme der Flüchtlinge an der polnisch-belarusischen Grenze aussprechen, ein entschiedenes Vorgehen der EU gegenüber Polen unterstützen und Homosexualität (trotz formulierter »Abweichung von der Norm«) akzeptieren (KO) bzw. als normal ansehen (Die Linke), lehnen PiS und die Konföderation mit großer Mehrheit die Aufnahme der Flüchtlinge ab, verwerfen mehrheitlich ein Eingehen auf die Forderungen der EU, sind aber mehrheitlich dafür, Homosexualität trotz des »Abweichens von der Norm« zu akzeptieren.[25]

Deutlich wird hier eine Unterscheidung zwischen konservativen und liberalen Milieus. Konservative Werte im polnischen Kontext betonen den Gemeinschaftsgedanken, sehen in Patriotismus und Katholizismus die wichtigsten Grundlagen dieser Gemeinschaft und unterstreichen ein starkes und souveränes Polen. Die traditionelle Familie wird zudem als Keimzelle dieser Gemeinschaft angesehen. Liberale Werte akzentuieren dem gegenüber stärker die individuelle Freiheit, Rechtsstaatlichkeit und die Ablehnung jeglicher Diskriminierung.[26]

---

25 Vgl. die Umfragen von CBOS: Opinia publiczna wobec uchodźców i sytuacji migrantów na granicy z Białorusią [Öffentliche Meinung gegenüber Geflüchteten und der Situation der Migrant:innen an der Grenze mit Belarus], Nr. 111/2021; Stosunek Polaków do osób homoseksualnych [Einstellung der Polinnen und Polen gegenüber homosexuellen Personen], Nr. 121/2021; Polacy o sporze z UE i członkostwie w tej organizacji [Polinnen und Polen zum Streit mit der EU und zur EU-Mitgliedschaft], Nr. 127/2021.

26 Vgl. ausführlicher zum Wertewandel und den gesellschaftlichen Gräben Paweł Ruszkowski, Andrzej Przestalski, Paweł Maranowski: Polaryzacja światopoglądowa społeczeństwa polskiego a klasy i warstwy społeczne [Weltanschauliche Polarisierung der polnischen Gesellschaft und gesellschaftliche Klassen und Schichten], Warszawa 2020, insbesondere S. 61 und S. 101–109.

EIN NEUER GESELLSCHAFTSVERTRAG?

Wie aber könnte die Überwindung der politischen und gesellschaftlichen Gräben aussehen?

Die implizite Annahme von PiS, über den ökonomischen Erfolg und eine erfolgreiche Sozialpolitik die Weichen für den nächsten Wahlerfolg im Jahr 2023 stellen zu können, mag zwar politisch aufgehen, aber die gesellschaftlichen Spaltungen dürften damit kaum überwunden werden. Was Not tut, ist ein neuer Gesellschaftsvertrag,
- der erstens Polen zurückführt auf den Weg der Rechtsstaatlichkeit, zweifellos notwendige Reformen des Justizwesens im Einklang mit der polnischen Verfassung anstößt und parlamentarische Verfahren wieder mit Respekt behandelt;
- der zweitens gesellschaftliche Gerechtigkeit durchaus als gemeinschaftliche Solidarität versteht (wie von PiS postuliert), aber den paternalistischen zugunsten eines subsidiären Ansatzes zurückfährt;
- der drittens Patriotismus auf moderne Traditionen stellt, das heißt sich deutlich von den Traditionen der *Endecja* abgrenzt und Patriotismus als Streben nach Freiheit und Demokratie versteht;
- und viertens die Herausforderung der europäischen Integration endlich annimmt und den Fetisch nationaler Souveränität gegen europäische Zusammenarbeit austauscht.

Ob dieses Szenario realistisch ist, scheint mehr als fraglich. Aber insbesondere die Abgrenzung nach rechts zur Allpolnischen Jugend und dem National-Radikalen Lager ist mehr als überfällig, sollen nicht dauerhaft undemokratische Traditionen verankert werden. Erst dann ist ein Diskurs über Tradition und Moderne in Polen wieder erfolgversprechend.

STEFAN GARSZTECKI ist Politologe und Historiker an der Technischen Universität Chemnitz. Seine Forschungsschwerpunkte sind Zeitgeschichte und die politische Analyse Ostmitteleuropas mit besonderer Konzentration auf Polen. Er ist u. a. Mitglied im Herder-Forschungsrat sowie der deutsch-polnischen Kopernikus-Gruppe.

Piotr Marecki

Am Wegesrand

JAŚLISKA, 17. JUNI 2019

293 Kilometer auf dem Zähler

Am Morgen schreibt Shuty: »Warum hast Du nicht angerufen? Es war geöffnet, aber Iwona hat zugemacht, weil niemand zum Quatschen da war. Wenn Du angerufen hättest, hätte sie aufgemacht.« Es ist kühl, ich ziehe Jeans und einen Kapuzenpulli an, in der Thermosflasche mache ich mir einen Tee für unterwegs. Beim Ausgang treffe ich die Besitzerin, die sich beklagt, dass das Gebäude renoviert werden müsse. In der Küche sei der Boden eingesunken. Nach einer Weile fügt sie hinzu: »Und dann hatten wir zwischendurch noch zwei Hochzeiten.«

Bei der Hitze, sagt sie, könne sie nicht mit dem Auto fahren, wenn es keine Klimaanlage habe.

»An solchen Tagen leihe ich mir extra eins von der Familie.«

In der »Chata Wędrowca« [Hütte des Wanderers] in Wetlina empfiehlt sie mir den Pfannkuchen »Gigant«.

»Meine Töchter arbeiten da in den Ferien, wir fahren manchmal von hier aus hin, um was zu essen.«

Die Czeremcha-Bar hat geschlossen, die Bar »U Stacha« auch. Ich fahre zu Shuty, aber er ist nicht da. Sein Vater schon, er arbeitet am Dachgeschoss.

»Der ist nach Krosno gefahren, um was zu erledigen«, informiert er mich.

Ich lege Shuty ein Buch auf den Küchentisch. Dem Vater sage ich, dass wir eine große Party vorbereiten, die Hochzeit im September. Er antwortet: »Wenn gearbeitet wird, ist niemand da. Sławek hat viele Kumpel, Party machen können sie, aber helfen tut keiner.«

Ich fahre in Richtung Bieszczady. Unterwegs halte ich an, fotografiere Störche, Ziegen, die Straße.

Wola Niżna, Moszczaniec, Wisłok Wielki, Czystogarb, Komańcza, Radoszyce, Osławica, Nowy Łupków, Wola Michowa, Maniów, Żubracze. Ich komme in Cisna an und fahre zur Bar »Siekierezada«. Als ich das Auto geparkt habe, sehe ich einen hageren älteren Mann. Seine Haare sind schulterlang und er trägt ein rotes T-Shirt mit dem polnischen Wappen. Er verkauft Souvenirs, hauptsächlich Bieszczady-Engel, aber auch Figuren aus dem Computerspiel »Fortnite«. Überall drängen sich Touristinnen und Touristen, die mit Bussen hierher gebracht worden sind. Eine Gruppe geht gerade. »Die sagen, wir müssen eine ganze Stunde warten, hat keinen Zweck, wir gehen woanders hin.« Ich schreibe Dżusty: »Das ›Siekierezada‹ ist schlimm, wirklich schlimm, nichts mehr wie damals, als wir hier waren.«

Ich mache einen langsamen Rundgang durch Cisna, im Laden »ABC« steht eine ganze Reihe von Craft-Beer aus den Bieszczady. Ich kehre zum Parkplatz zurück. Vor dem

»Siekierezada« hält ein Rettungswagen. Der Typ mit den Bieszczady-Engeln und »Fortnite«-Figuren bemerkt erklärend in meine Richtung: »Die sind zum Mittagessen hier.«

Fasziniert von einem Plakat, das neben den Souvenirs hängt, kommt eine Touristin näher. Es zeigt das Foto eines Mannes mit Bart, darunter steht »Ein gutes Wort von Ryszard Szociński« und der Auszug aus einem Gedicht: »In die Ferne meine Poesie nicht schweift, nichts als Scholle, dem Brachland entrissen.« Die Frau sagt, das sei zeitlos und schön. Und sofort wendet sie sich an einen beleibten Mann, der gerade aus dem »Siekierezada« kommt und zu ihr läuft: »Na komm schon, Berti, der Bus wartet auf uns.«

Sie steigen ein und der Bus fährt ab.

Der Typ mit »Fortnite« und den Bieszczady-Engeln wendet sich einer anderen Frau zu, die in einer Tür neben diesem Plakat steht. Das gute Wort gefalle den Leuten, erklärt er und meckert, dass er unter freiem Himmel gestern vom Hagel vertrieben worden sei, nichts mehr zu retten, alles nass. Sie solle bloß froh sein, dass sie mit ihrer Galerie und dem, was dem Brachland entrissen, unter einem Dach stehe und nicht zusammenpacken müsse wenn es regne.

Ich fahre weiter in Richtung Wetlina. Dołżyca, Krzywe, Strzebowiska, Kalnica, Smerek. An der Ortseinfahrt von Wetlina erstelle ich eine Insta-Story. Im Kommentar schreibe ich, dass ich seit ungefähr 15 Jahren nicht mehr hier war. Ich biege ab zur »Baza Ludzi z Mgły« [Stützpunkt der Leute aus dem Nebel]. Ich gehe hinein, bestelle einen Kaffee, sehe mir die Bilder an, dieselben wie in den 1990er Jahren, und frage, ob man eine Übernachtung buchen könne.

»Ich gehe Mama fragen«, sagt der Junge hinter der Bar. Agnieszka kommt und erkennt mich. Sie sagt, ich könne übernachten, und fragt, ob ich ihren Sohn wiedererkenne, Tomek. Er war noch klein, als ich hier das letzte Mal geschlafen habe.

»Ihr habt mit ihm Fahrrad fahren geübt«, erinnert sie sich. Er erkennt mich nicht. Agnieszka steht in der Tür und erzählt, was es Neues gibt. Dass sie die »Baza« zwölf Jahre lang nicht geführt, sondern nur Unterkünfte gehabt hätten, aber jetzt habe Tomek alles übernommen, sie und Lutek würden ihm nur noch helfen. Das sei alles noch ganz frisch, erst dieses Jahr im Mai hätten sie die Küche gemacht, und jetzt gäbe es Mittagessen und Frühstück. Aber es sei nicht das Gleiche wie früher.

»Damals war es fröhlich. Jetzt kommen sie rein und sehen sich die Bilder an wie in einer Galerie. Bitten, dass wir die Musik leise stellen. So leise wie möglich. Früher, als Ihr kamt, da wart Ihr doch wie die Teufel … Habt Euch nackt an die Decke gehängt. Ich weiß noch, wie Ihr auf den Bänken geschlafen habt. Wie Ihr aufgeräumt habt, und wir hatten ein Stückchen Wurst aus der Mikrowelle für Euch. Ich erinnere mich gut daran. Jetzt schaut von Zeit zu Zeit der eine oder andere rein, ich erkenne die Gesichter, aber sie sagen nichts, da halte auch ich den Mund.«

Ich erwähne, wie wir einmal abends aus Cisna kamen, aus dem »Siekierezada«. Irgendein betrunkener Holzfäller nahm uns mit, einer von hier aus den Bieszczady. Er fuhr den ganzen Weg stromaufwärts.

»Aber damals ist fast niemand hierhergefahren. Bei Euch haben wir ihm noch zwei Gläser vom Hauswein ausgegeben, dann ist er zurückgefahren«, erinnere ich mich.

Tomek frage ich, wie er mit der Kneipe zurechtkomme.

»Das schmeiße ich alles allein. Drei Schichten. Bis zum letzten Kunden bin ich da, und ab 8.00 Uhr gibts schon Frühstück. Ich mag das. In der Saison haben wir mehr Leute, die helfen, aber jetzt läuft das so. Neulich haben Kunden bis zum Morgen hier gesessen, und ich habe drei Stunden geschlafen.«

Sie erzählen mir, wie sich Wetlina verändert habe:

»Die Försterei gibt es nicht mehr, die Grundschule ist weg, die Post auch, all das gibt es jetzt erst wieder in Cisna. In den Geschäften ist alles teuer, am besten fährt man zum Einkaufen nach Lesko oder Baligród. Die alten Leute legen zusammen für einen Bus und fahren dorthin, um Rechnungen zu bezahlen und einzukaufen.«

Eine junge Frau kommt rein und spricht mit Tomek, heute macht sie die Bieszczady-Tour. Sie will ihm irgendwelche Reinigungsmittel aufschwatzen.

»Ich bin heute um 6.00 Uhr raus und die ganze Zeit unterwegs. Um 22.00 Uhr werd ich in Rzeszów sein. Wenn man sich nach so einer Arbeitswoche mit einem kühlen Bier hinsetzt, dann schläft man sofort ein.«

»Ich hab heute auch nur drei Stunden geschlafen«, antwortet Tomek.

Die Frau geht, draußen raucht sie noch eine Zigarette und fährt weiter.

In der Kneipe beschweren sie sich, sie müssten alles neu auf die Beine stellen nach den letzten Besitzern.

»Die haben den Leuten von hier verboten, in die ›Baza‹ zu kommen! Haben einfach so einen Zettel aufgehängt, und jetzt kommt niemand mehr! Außerdem hieß es überall im Internet, dass ab 16.00 Uhr geöffnet sei, dabei machen wir doch ab 8.00 Uhr auf. Und die Leute kommen erst nach 16.00 Uhr zu uns.«

Ich nehme den Schlüssel und gehe ins Zimmer. Ein kurzer Schlummer. Aus dem Auto hole ich den Fotoapparat und gehe zum Laden »U Zdzicha«. Dort mache ich ein Foto, dann gehe ich hinter die Bude. Und da steht einer von hier, ein Bieszczadnik.

»Was suchst Du hier?«, raunzt er mich an.

»In den 1990er Jahren waren wir oft hier und haben einen getrunken. Ich will wissen, obs das hier noch gibt und ob es noch genauso aussieht. Und ich muss sagen, ist fast noch so wie damals.«

»Ich bin seit den 1970ern hier, komm aus der Gegend von Zakopane. Gibst Du mir ein Bier aus?«

Geht klar, sage ich.

»Tatra«, ruft er mir nach, als ich hineingehe. Ich bestelle ein Lokales aus den Bieszczady und das »Tatra« für den Bieszczadnik – in der Dose und aus dem Kühlschrank. Als ich es an den Tisch bringe, sagt er: »Kannste gleich wieder zurückgeben, so was trink ich nich.«

»Was passt Dir nicht – dass es aus der Büchse ist?«

»So was Kaltes aus dem Kühlschrank trink ich nich, aus der Büchse auch nich, los, gibs zurück! Solln Dir eins in der Flasche geben und warm.«

Ich geh zurück und bestelle noch ein warmes »Tatra«. Die Büchse behalte ich selbst.

Er fragt mich, wie ich heiße.

»Ach, von diesen Piotreks und Pawełs kenn ich so viele! An Deinem Namenstag geh ich Pilze sammeln. In ein paar Tagen sollte es welche geben. Pilze mag ich nich, aber dafür gibts Alkohol.« Dann beginnt er von seinem Telefon zu erzählen, diesem »Arsch«. »Als sie noch nich registriert waren, da hab ich die Ärsche rumgeschleudert. Wenn ich scheiße drauf war, ist immer einer geflogen. Ich hab den Arsch auf den Boden gepfeffert oder hinter mich und hab mir nen neuen gekauft. Jetz is das anders, weil da die Karte is. Ich hab ein paar Nummern, die behalt ich. Aber manchmal, wenn ich betrunken bin, lass ich den Arsch zwei Tage auf der Bank vor dem Laden liegen. Ich komm wieder, und da is er.«

Er stellt das Glas vor mich hin, aus dem er einen Moment zuvor den letzten Schluck Bieszczady-Wein getrunken hat.

Ich frage ihn nach anderen Bieszczadniks.

»Is kaum noch einer da. Flugzeug is noch da und trinkt immer noch. Er kommt hierher zu Zdzich. Die vom Fernsehen waren mal da, mit Saleta. Da, solche Arme!« Und er deutet auf seinen Arm, macht eine Geste, als würde er einen Hammer hochheben. »Flugzeug hat den Hammer hochgekriegt, Saleta nich. So hat er ihn gepackt und angehoben. Alle haben sich gewundert.«

Von Saleta kommt er auf seinen Sohn zu sprechen. Er zeigt auf ein Fahrrad, dieses mechanische Fahrzeug wird er nehmen für die Fahrt zu seinem Sohn, denn der trinkt irgendwo in Smerek.

»Der is mir nich gelungen, haben ihn anderthalb Jahre eingebuchtet, als er rauskam, war er ein anderer Mensch. Arbeitet nich, trinkt. Ich fahr und hol ihn, der steht vorm Laden und macht Ärger. Sie haben schon angerufen. Früher hab ich bei dem geschlafen. Ich bin über Nacht gekommen und hab gesagt: ›Schalt mir den Computer an, so dass ein Film läuft, einer nach dem andern, weil ich das selbst nich kann.‹ Er hat ihn angemacht. Ich hab mich zwei Stunden aufs Ohr gehauen, dann bin ich aufgestanden, der Film lief, ich hab den Bieszczady-Wein aus dem Rucksack geholt und was getrunken, und der Film lief. Dann eine Zigarette auf der Toilette, die Kippe ins Klo. So hab ich die ganze Nacht überstanden.«

Ich sage, dass ich mich an Bieszczadniks erinnerte. Früher seien sie mit ihren Sägen aus dem Wald ins »Ranczo« gekommen. Ich hätte gesehen, wie einer einen Tisch durchgesägt habe. Und ein anderer habe zwei Bier bestellt, sich eins über den Kopf gegossen, das andere getrunken.

Wir trinken, er sein warmes Tatra, ich mein kaltes Hipster-Bieszczady-Bier.

»Auf dem Telefon kann ich tippen, aber auf dem Laptot nich. Bin zu alt. Einmal schlaf ich bei meinem Sohn, da kommt der Enkel. Und: ›Opa, mach mir Micky Maus an.‹ Ich sag ihm, dass ichs nich kann. Da wird der wütend. Und als er auf die Tasten haut, da geht doch echt Micky an und andere Filme. Und die hat er geguckt. War zufrieden.«

Der Bieszczadnik bittet ein paar Mal, ich solle die Serie *Przystanek Bieszczady* [Haltestelle Bieszczady] einschalten, aber ich antworte, ich hätte das Telefon in der Unterkunft gelassen. Ich schlag vor, dass wir zur »Baza« gehen, da könne ich ihm was zu essen kaufen. Nur müssten wir jetzt losgehen, weil dort gleich die Küche schließe. Er trinkt also sein »Tatra« aus und lässt mich sein Fahrrad holen. Wir gehen.

In der »Baza« bestelle ich jedem ein Bier und Pierogi. Die Küche hat schon zu, weil es nach 21.00 Uhr ist. Lutek steht hinter der Bar, ich frage ihn, wie das Leben so sei. Er klagt, er habe einen Herzschrittmacher und könne nicht laufen gehen. Seit vielen Jahren sei er nicht aus Wetlina rausgekommen. Er verspricht, Pierogi zu machen, und ich kehre zu dem Bieszczadnik zurück. Auf dem Telefon lasse ich ihm *Przystanek Bieszczady* laufen. Er sagt, dass er da auftauche, als er beim Brennen gewesen sei.

»Ich hab nen Camper im Weiler, und wenn nich, dann schlafe ich im Zelt. Bin meist hier, hier komm ich zurecht. Im Winter heiz ich in dem Camper so, dass ich sogar die Tür aufmachen muss, so warm is das. Wenn ich heize, dann kann ich nich stillsitzen. Hab meine Unterkunft, ich heize und heize, dann is mir heiß. Also mach ich die Tür auf, und da sind 20 Grad Kälte. Im Camper bin ich selten, schlaf bei nem Kumpel. Da geh ich baden, das hab ich nich im Anhänger. Ich hab so nen Kumpel. Zu dem hätt ich heute gehn können, statt mit Dir zu kommen. Aber heute wollt ich doch zu meinem Sohn. Ich geh zu meinem Sohn. Ich mags nich, wenn mein Sohn besoffen is. Ich mags nich, wenn er besoffen is. Ich darf das, weil ich höflich bin. Aber wenn er besoffen is, dann is Schluss. Das Fahrrad lass ich stehn, aber wenn es wer stiehlt, würd ich den umbringen. Wenn es wer braucht, soll er sichs doch nehmen. Aber er solls zurückgeben. Verdammte Scheiße noch mal. Weißt Du, jetzt bin ich so ein Wanders... Wandersmann. So is mein Leben. Ich mags zu sehr dieses Leben. Leider. Und warum bin ich jetzt nicht in der Köhlerei? Na ich will mich einfach nicht dreckig machen.« Er zeigt auf mein Telefon. »Hast Du in dem Film gesehen, wie dreckig die alle sind? Da geh ich doch lieber auf den Bau, da verdien ich mir einen Hunderter. Oder mehr, manchmal krieg ich mehr. Wenn ich zehn Stunden mach, dann verdien ich auch hundertfünfzig.«

Er beginnt zu lallen:

»Und wenn ich schmutzig bin, dann geh ich dezent, wenn ich fertig bin, dusche mich, wasche mich. Weil auf der Baustelle, da kannste Dich nich waschen. Das is was anderes, wenn ich so dreckig rumlaufen müsste. Beim Brennen muss man nach dem Meiler sehen, nachlegen, ringsherum gehen, ich werd nich mehr, da geh ich doch lieber, verdammt ... hol mir einen Tageslohn und niemand überwacht mich nach der Arbeit. Ich mach so und so viel, und gut is, und auf Wiedersehen. Und beim Brennen muss ich auch nachts auf den Beinen sein, muss raus. Aber auf dem Bau, wenn meine Mauer steht, dann fällt sie mir nich um, ich muss sie nachts nich festhalten, damit sie steht. Deshalb is es auf dem Bau besser. Und den Meiler löschst Du nich für die Nacht, Du musst ihn regulieren, abdecken. Musst Dich um ihn kümmern wie um ein Kind. Er is die ganze Zeit aktiv, bis Du ihn gelöscht hast. Und dann muss man ihn aufschichten. Eine präzise Arbeit. Wie ein Ofensetzer. Na dann mach mal so ne Scheißarbeit, das is fürn Arsch. Schönen Dank. Das will ich nich mehr.«

Wir bekommen die Pierogi und beginnen zu essen. Ich frage, ob die Leute pausenlos auf dem Meilerplatz seien. Ob sie da sein müssten. Der Bieszczadnik erzählt weiter: »Du bist die ganze Zeit da. Um Mitternacht musst Du raus. Wenn Du Dich um acht hinlegst, musst Du um elf aufstehen.«

Ich frage, was passiere, wenn sie sich betrinken würden, weil ich annehme, dass sie dort viel trinken.

»Wenn die sich vollknallen, dann kann das Folgen haben. Dann brennst Du den Meiler ab und 12.000 sind fürn Arsch. In einen Meiler gehn 12.000 rein. Wenn Du den nich löschst, sind die weg. Manche machen das. Dafür fliegen die raus. Aber Verlust machen sie nich, weil sie sooo viel mit uns verdienen! Denen sind 12.000 scheißegal. Und es gibt auch niemanden für die Arbeit. Sie rufen die ganze Zeit an. Weil sie wissen, wer wie brennt. Sie wissen, wer was wie macht. Es gibt keine Leute, weil es auch keine Schulen gibt. Aber das unterrichten die eh nich in der Schule. Das musst Du selbst lernen. Es gibt nicht viele, die das können.«

Und wieder soll ich mir *Przystanek Bieszczady* ansehen.

»Oh, da is auch eine Frau! Scheiße! Da is was los!«

Wir essen Pierogi. Ich schneller, er eine alle paar Minuten. Aber er spricht auch viel. Ich frage, wie lange er am Meiler gearbeitet habe.

»Acht Jahre. So viele scheiß Jahre. Jetzt is kaum mehr wer da. Sind wohl nur noch drei.«

Er lacht immer mal wieder.

»Du hast 14 Meiler. Vier kannst Du machen, dann is Schluss. Drei Leute müssen non stop da sein. Du musst nachts aufstehen. Weil einer is … da brauch ich ja drei Tage, um Dir das zu erklären. Das geht nich. Wenn ich hier so sitze, dann sitz ich. Aber wenn ich für zwei, drei Stunden einnicke, und mir der Meiler brennt … Und es gab Faulpelze. Die haben getrunken. Sich volllaufen lassen. Und sind schlafen gegangen. Da is non stop Besäufnis. Da fließt es nur so. Ich bin in der Nacht aufgestanden, scheiße, um eins, um zwei, um drei. Ich musste ganze Schlote abwerfen. So viel Rauch gab es, der Schlot brennt wie ein Kruzifix. Und von denen steht niemand auf, verdammt. Ich war da 24 Stunden lang.«

Ich frage ihn, ob alles okay sei, weil er von den Pierogi nichts mehr esse. Er sagt, alles okay.

»Ich war so anständig, dass ich mich jeden Tag gewaschen hab. Gebadet. Ich hab einen Meiler ausgeräumt, und gleich ins Bad. Wir hatten solche Anhänger. Als sie die abgestoßen haben, habe ich zwei gekauft.«

»Ich muss mal durchatmen«, sagt er am Schluss und deutet mit seinem Kopf auf die Pierogi. Sein Telefon klingelt. »Ach, Scheiße mit den verfickten Telefonen. Kühl ist es, ich bin alt. Ich bin und bleib ein Säufer, wenn ich Geld hab.«

Meine Pierogi habe ich aufgegessen und mein Bier ausgetrunken, der Bieszczadnik kaut immer noch. Ich sage, dass ich pinkeln müsse, das war schon das x-te Bier. Ich gehe, einen Moment später komme ich wieder. Und der Bieszczadnik kotzt die Pierogi aus. Immer wieder sagt er, wie schlecht es ihm gehe, weil er sie gegessen habe, dass er höchstens ein Süppchen vertrage, aber solche Pierogi schadeten ihm bloß. Er trinkt also sein Bier und übergibt sich ab und zu. Er hat nicht aufgegessen und dabei wird es bleiben. Er hat Schmerzen und muss warten, bis sie vorüber sind.

»Das geht vorbei«, versichert er mir.

Wieder sagt er, dass ihm kalt sei. Ich also, dass ich ihm eine Decke gebe. Aus dem Kofferraum hole ich die blaue Decke von meiner Mutter. Er legt sie sich um und sagt, dass wir weitergehen, wenn es vorbei sei.

»In den ›Cień PRL-u‹ [Schatten der Volksrepublik]. Da sitzen sie bestimmt noch und trinken, auf der Terrasse sitzen sie bis zum Morgen. Aber eine Stunde müssen wir hier wohl noch bleiben. Da kann ich in einer Kammer schlafen.«

Schließlich hat er keine Bauchschmerzen mehr und wir gehen in den »Cień PRL-u«. In die Decke gewickelt, schleppt sich der Bieszczadnik hinter mir her.

Im »Cień PRL-u« sitzen Sportler an einem Tisch auf der Terrasse, alle in eng anliegender Sportkleidung. Auf dem Tisch steht Wodka. Sie trinken ab und zu ein Gläschen. Vermutlich sind sie aus Lodz. Einer erzählt immer wieder, dass er irgendein Direktor sei und wie viele Kilometer, wie viele Touren er heute auf dem Fahrrad zurückgelegt habe. Und wie viele der Bieszczady-Touren er morgen machen werde. Und wann der Marathon sei. Und wie viele Schritte er bei dem Marathon mache. Manchmal bieten sie dem Bieszczadnik Wodka an. Ich lehne ab. Sie fragen, warum. Ich sage, dass ich früh losfahren müsse.

Schließlich gehen der Bieszczadnik und ich zur »Baza« zurück. Die Straßenlaternen in Wetlina sind schon aus. Der Bieszczadnik fragt, wie viel ich getrunken hätte und ob ich ihn in den Weiler fahren würde. Ich sage, das komme nicht in Frage. Ich hätte ein paar Bier getrunken, keine Chance. Er bietet mir an, den Bieszczady-Wein aufzumachen, den er im Rucksack hat, aber ich sage, ich müsse am Nachmittag weiterfahren, ich würde also nichts mehr trinken. Die Decke lasse ich ihm, damit ihm wärmer ist. Ich frage, ob er zurückfinde oder ich ihn bringen solle. Er antwortet, es habe ihn noch nie jemand nach Hause gebracht, ich solle mir mal keine Sorgen machen. Ich gehe in die Unterkunft und gieße mir, schon im Zimmer, einen Tee aus der Thermoskanne ein. Auch ich friere.

WETLINA, 18. JUNI 2019

366 Kilometer auf dem Zähler

Am Morgen gehe ich zum Frühstück zur »Baza«. Für unterwegs bestelle ich Kaffee in meine Themoskanne. Ich verabschiede mich von Lutek, Tomek und Agnieszka und lasse die »Baza Ludzi z Mgły« hinter mir. Bei der »Hütte des Wanderers« schaue ich noch hinein, um mir den berühmten Pfannkuchen »Gigant« anzusehen. Es riecht nach Räucherstäbchen, gut gekleidete Senioren sitzen dort. In der Speisekarte sehe ich, dass der Pfannkuchen 48 Zloty (ca. 10 Euro) kostet und gehe wieder. Ich fahre nach Dwernik und Dwerniczek und höre abwechselnd Yerzmeyeys Chiptunes vom ZX Spectrum und C. C. Catch, manchmal mache ich das Lied über den Regen an. In Chmiel angekommen, möchte ich weiter nach Polana, über Zatwarnica, auf Waldwegen, aber überall Einfahrt verboten für Autos. Also kehre ich um und fahre über Smolnik, Lutowiska, Czarna Górna, Rabe, Zadwórze. Erst in Hoszów biege ich auf eine Landstraße nach Jałowe ab. Der Karte zufolge gelange ich auf Landstraßen über Bandrów Narodowy nach Krościenko. Hier ist kein Empfang.

In Bandrów Narodowy spielen Kinder auf der Straße, ein Junge fährt auf etwas wie einem Brett, das nur zwei Räder hat. Er sitzt darauf, und wie durch ein Wunder fährt das Ding, und zwar schnell. Überall sind Störche, Brunnen am Wegesrand, alte Kapellen und Kühe. Die Kühe sind überall. Ich fahre in Richtung von Feldwegen und sehe, dass mir eine ganze Herde entgegenkommt. Ich steige aus, um ein Foto zu schießen. Danach steige ich ein und fahre weiter. Die Kühe nähern sich mir und ich mich ihnen. Eine geht vorneweg, ihr folgen etwa vierzig weitere. Ich fahre zwischen sie. Sie machen Platz, peitschen mit ihren

AM WEGESRAND

Schwänzen gegen das Auto. Ein paar scheißen neben das Auto ohne stehen zu bleiben. Die Herde zieht vorüber, dahinter läuft ein Mann, der stehen bleibt.

»Komme ich hier nach Krościenko?«

»Unbefahrbar, in fünf Kilometern ist Schluss, hier fahren nur die Holzlaster.«

»Und wohin komme ich auf dem Weg dort?«

»Wenn Du zum Müllplatz nach Brzegi willst, da kommt man durch, fahr. Eine Brücke, die zweite Brücke und dann nach links und immer durch den Wald.«

Ich fahre, und tatsächlich passe ich gerade so auf die Brücke. Ich biege ab und fahre ein gutes Dutzend Kilometer auf einem Waldweg, erstelle eine Insta-Story. Kein Empfang.

In Brzegi Dolne biege ich ab nach Łodyna, Dźwiniacz Dolny, Wola Romanowa. Vor dem letzten Dorf mache ich Halt und fotografiere das Ortsschild, auf dem der Name mit einem großen statt einem kleinen L geschrieben ist. Weiter geht es nach Serednica, Wańkowa, Ropienka.

Ich passiere mehrere Dörfer, ohne dass mir ein Auto begegnet. Ich halte in Ropienka, um im Laden Obst zu kaufen. Ich fotografiere auch die Kreuzung: Das große Kreuz nimmt den ganzen Fußweg ein. Neben dem Kreuz die Aufschrift »Kiosk«. Ich lade das Foto bei Instagram hoch und gehe mir Äpfel, Bananen und Wasser in einer Glasflasche kaufen. Den Mann hinter dem Ladentisch frage ich, ob es die Möglichkeit gäbe, Kaffee für die Thermoskanne zu bekommen. Er ist sehr hilfsbereit. Außer mir ist niemand im Laden. Er macht Wasser heiß und gießt mir einen Kaffee auf. Dabei erzählt er vom Erdöl-Bergwerk, das noch betrieben werde. Er empfiehlt mir hinzufahren und es mir anzusehen. Auf Instagram ein Kommentar zu dem Foto vom Kreuz: »Was ist mit den Behinderten? Wie sollen die durchkommen?«

Ich fahre Richtung Wojtówka, aber es sind Straßenarbeiten, also muss ich außenrum über Zawadka und Rozpucie. Den Weg erklärt mir eine Frau mit östlichem Einschlag, die sich sehr dafür interessiert, warum ich Gebäude fotografiere.

»Die sind interessant, so groß, untypisch. Und sie stehen oft leer«, sage ich und fahre los.

In Roztoka biege ich auf die Landstraße Richtung Trójca und fahre zehn Kilometer auf einem Waldweg. Trójca selbst sind drei Gebäude, und man kann sie in 15 Sekunden hinter sich lassen. Nach Trójca biege ich ab nach Posada Rybotycka. Ich fahre langsam. Vor mir auf der Straße landet ein Storch. Ich komme dicht an ihn heran und er lässt sich fotografieren. Der Storch läuft direkt vor dem Auto vorbei, erhebt sich in die Luft und fliegt davon. Erst dann fahre ich weiter. Rybotycze, Gruszowa, Koniusza,

AM WEGESRAND

Aksmanice, Kłokowice, Kupiatycze, Darowice, Kniażyce, Pikulice. Am Stadtrand von Przemyśl gelange ich nach Torki, Leszno, Nakło, Stubno. Ich biege ab nach Kalinków und halte an einem Geschäft, um die Reklame »Unser Angebot« zu fotografieren, darauf ist zu lesen: »Wedel-Schokolade 280 g, Heringsfilet 500 g«.

Korczowa, Budzyń, Kobylnica Wołoska und schließlich Wielkie Oczy. Ich gehe in das Geschäft »Sam« und sage der Verkäuferin, dass ich hier den Schlüssel für Zimmer Nr. 4 abholen solle. Sie bittet mich, eine Weile zu warten, gleich werde mir jemand den Schlüssel bringen. Ich sehe mich auf dem Marktplatz um, Handeln verboten, weiter hinten sehe ich die Pizzeria »Euforia«.

Der Sohn des Besitzers gibt mir die Schlüssel. Er führt mich zum »Hochzeitshaus«, sagt mir, wo ich parken könne. Im Garten zeigt er mir den Teich, den ich zuvor schon in der Reklame gesehen habe. Neben dem Teich sitzen ukrainische Arbeiter, sie essen Wurst und trinken Wodka. Er zeigt mir die Küche und den Billardtisch. Am Morgen, bittet er mich, solle ich die Unterkunft früh verlassen, weil sie einen Leichenschmaus hätten.

»Ein Leichenschmaus im ›Hochzeitshaus‹?«

»Ja, das haben wir oft ...«

Ich frage, was es in Wielkie Oczy [Große Augen] zu sehen gebe. Er antwortet, dass man die ukrainische Grenze aus der Ferne sehe, und deutet darauf.

»Du fährst bis zum Ende, da endet der Weg und von da kann man schon die Grenze sehen, sie wird oft gepflügt.«

Ich parke das Auto, trage meine Sachen rein und gehe zu der Pizzeria. Unterwegs fotografiere ich das Geschäft »Ramzes«.

Ich trete ein. Die Frau hinter der Bar will wissen, ob ich das erste Mal in Wielkie Oczy sei. Ich bejahe und frage, ob hier irgendwelche Touristen auftauchten.

»Wo sollen sie denn hin? Morgen ist letzter Schultag, da werden sie bald kommen.«

Ich frage noch, was in dem Geschäft »Ramzes« war.

»Ach, einfach eine Spelunke, da haben alle Alkohol gekauft und davor gesessen.«

Und woher sind die ägyptischen Symbole? Die Frau weiß es nicht.

Ich bestelle ein »Perła«-Bier für vier Zloty und frage, was die Spezialität der Pizzeria sei.

»Kotelett nach Art des Chefs, mit 'nem Ei drauf.«

Ich bestelle trotzdem die vegetarische Pizza und setze mich nach draußen. Auf Instagram lade ich die Insta-Story vom Weg und die Fotos hoch. Jeder, der in die Pizzeria kommt, begrüßt mich wie einen von hier.

Neben mich setzen sich zwei junge Frauen, beide beleibt. Sie wetten um etwas. Die, die verliert, muss einen Wodka ausgeben. Sie klagen, dass es unmöglich sei, einen richtigen Freund in Wielkie Oczy zu finden. Alle wollten nur ein einziges Date.

»Nach dem ersten Satz beim Messenger weiß ich, worum es dem geht. Denen antworte ich dann gar nicht erst.«

Der Sohn vom Besitzer des »Hochzeitshauses« und ein Kumpel setzen sich zu mir. Der Kumpel ist aus Oberschlesien nach Żmijowisko gezogen, er arbeitet in der Gemeindeverwaltung. Er möchte nie wieder zurück in die Stadt ziehen. Wir sitzen und trinken. Verscheuchen die Mücken. Witzeln, dass sie aus Wielkie Oczy seien. Mirek setzt sich zu uns, schon betrunken. Er hatte fünf volle Gläser Wodka. Er nennt mich »Pietrek«.

Um 5.00 Uhr sei er aufgestanden und habe um sein Haus herum gemäht. Ich antworte ihm bekümmert: »Aber Du weißt, dass Du den Planeten zerstörst, wenn Du mähst, zerstörst Du das Gleichgewicht in der Natur.«

Er trinkt Wodka, und langsam dringt zu ihm durch, was ich gesagt habe.

»Pietrek, das is mir scheißegal. Wie soll ich da durchkommen? Auf Pfaden? Soll ich Pfadfinder spielen?«

Wir quatschen und trinken. Mirek gibt Wodka aus.

In der Bar sind etwa 18 Personen. Ziemlich erfolgreich für einen Dienstag und eine so kleine Ortschaft mit rund 1.000 Einwohnern, erkläre ich anerkennend. Alle Anwesenden stammen von hier, jeder hat mich gegrüßt.

AM WEGESRAND

Nach 22.00 Uhr informiert die Barfrau, dass sie schließe, und bittet, dass wir, wenn wir fertig seien, die Bierkrüge ans Fenster stellen und das Licht ausschalten. Der Sohn des Besitzers und sein Kumpel gehen hinaus, Mirek und ich bestellen noch jeder ein Bier. Als ich das letzte kaufe, erzählt mir die Besitzerin, dass die Kneipe etwas mehr als ein Jahr alt sei, vorher sei hier eine Molkerei gewesen, die hätten sie umgebaut.

»Hier, wo die Regenschirme sind, unter denen Ihr sitzt, führte die Straße lang. Die Wagen haben die Milch dort angeliefert.«

Mirek lädt mich ein, Anfang August wiederzukommen, wenn seine Schwester aus London da sein wird.

»Dann grillen wir so richtig, Pietrek! Meine Schwester hat ein zweites Haus, es steht am Hof, leer. Na, weil sie nich in Polen lebt.«

Er bekenne sich zu der Philosophie, sagt er, dass man immer als erster zuschlagen müsse. Nicht warten, bis jemand anders anfange. Als er klein war, habe ihm jemand eine schiefe Nase verpasst, und damals habe er gelernt, dass es ein Fehler sei zu warten. Wäre er schneller gewesen, hätte er gewonnen, dann hätte der andere die schiefe Nase gehabt.

Ich frage, was er im Leben mache. Er ist 30 Jahre alt, hat einen Sohn.

»Ganz der Papa, er kommt nach mir, ich bin geschieden. Die Hure is fremdgegangen, ihr gings nich gut mit mir, aber jetzt muss sie mich fragen, wenn sie mit dem Sohn zum Arzt will, ins Ausland. Ich bin Landwirt, für die Rente zahle ich ein, aber ich bin nicht aufm Feld, hab alles verpachtet. Mama hat Enten und Hühner, ich Tauben. Einmal war ich im Ausland, in Deutschland, um die Tauben fliegen zu lassen. Fünf Stunden später waren sie wieder da. Mama ruft an und fragt, ob sie ihnen die Klappe aufmachen soll. Tauben sind teuer, aber da lass ich niemand ran. 25 Kilo Futter für 50 Zloty kauf ich einmal die Woche.«

Ich schlürfe mein Bier, und er kommt mit diesen Tauben. Wo immer er in Polen war, nur deshalb, um die Tauben fliegen zu lassen.

»Klug sind die Biester, kommen immer zurück«, erklärt er.

Ich biete an, dass ich seine Tauben im Auto mitnehme. Schließlich fahre ich nach Norden ... Obwohl ich schon mal Katzen transportiert habe, und die haben fürchterlich geschrien, also habe ich doch nicht so richtig Lust.

»Aber Pietrek, eine Taube kreischt nich so wie ne Katze. Die sitzt still, nur Wasser musste ihr geben.«

Ich frage nach der Ukraine, ob er mal geschmuggelt habe.

»Pietrek, das lockt mich gar nich, kein Stück. Die Leute fahren da hin, Alkohol, Bier, Zigaretten, Ketchup, ich mag das ukrainische Ketchup in Beutelchen sogar. Aber das lockt mich nich. Schnee schon eher, manchmal nehm ich was, verkaufs und lebe davon.«

Er lädt mich noch mal zum Grillen ein, wir trinken unser Bier aus – ich mein sechstes – und gehen. Unterwegs zeigt er mir noch, wo die ukrainischen Prostituierten wohnen.

»Die werden wohl mit den Brummis gebracht, Pietrek. Ich steig dann mal aufs Fahrrad und bin gleich bei meinen Tauben.«

Ich kehre zum »Hochzeitshaus« zurück, gieße mir Tee in den Becher der Thermoskanne und stelle ihn neben das Bett. Bestimmt werde ich Durst haben nach so viel Bier.

WIELKIE OCZY, 19. JUNI 2019

620 Kilometer auf dem Zähler

Morgens gehe ich mir in der Küche einen Tee machen. Unordnung, dreckiger Boden, überall Packungen von ukrainischem Ketchup und Mayonnaise. Ich öffne den Kühlschrank, in allen Fächern und Schubladen Erzeugnisse aus der Ukraine: Mayonnaise, Ketchup, Tütensuppen zum Aufgießen. Ich mache mir in der Thermoskanne einen Tee für unterwegs. Die Kirchenglocken läuten, sicherlich beginnt die Beerdigung. Ich packe also zusammen und trage die Sachen ins Auto. Den Schlüssel gebe ich im Geschäft »Sam« ab. Dort kaufe ich ein Brötchen, Käse, zwei Tomaten und eine Cola Zero. Ich setze mich auf eine Bank und schicke Ola ein Foto von der Cola, dazu schreibe ich: »Wie immer gegen den Kater.« Mit dem amerikanischen Messer schneide ich das Brötchen auf, lege Käse dazwischen und esse. Ich rufe Ola an und erzähle ihr von Mirek.

»Na siehst Du, wenn in diesem Dorf Polyamorie verbreiteter wäre, dann wäre Dein Kumpel jetzt vielleicht glücklich. Seine Frau hätte mit jemandem geschlafen und wäre dann einfach wieder zu ihm zurückgekommen. Er hätte das akzeptiert. Das Kind hätte beide Eltern.« Und zu den Tauben bemerkt sie noch: »Lass Dir das beibringen, Maro, wenn die Post noch teurer wird, dann werden wir eingeschriebene Briefe und Bücher genau so verschicken.«

Wielkie Oczy kommt schwarz gekleidet und mit Blumen zusammen. Ich steige ins Auto und fahre die Krakowiecka-Straße bis zum Ende, wie es der Sohn vom Besitzer des »Hochzeitshauses« geraten hat. Aber ich sehe keine gepflügte Erde. Ich kehre um und fahre zum Haus von Mirek, zu der Nummer, die er mir genannt hat. Er ist auf dem Hof zwischen zwei Häusern. Das Paket für mich ist schon fertig. Ein großer Karton, darin sind vier Tauben.

»Pietrek, Du hast das doch noch nie gemacht, noch is Zeit, dass Du abspringst.«

»Gib her, ich tu ihnen doch nichts, dann habe ich Reisegesellschaft.«

Mirek versichert:

»Die stinken nich so wie Katzen. Die fetzen sich nich, aber Du musst ihnen Wasser geben, Pietrek. Futter hatten sie. Wenn Du abends ankommst, lass sie raus, und ich schick Dir eine SMS, ob sie angekommen sind.«

Ich stelle sie auf die Rückbank.

»Mach Dir keine Sorgen, ich denke ans Wasser«, sage ich zum Abschied.

Ich fahre nach Żmijowisko und dann nach Wólka Żmijowiska. Mirek hat gesagt, dass ich durch den Wald fahren könne, also fahre ich – trotz Verbots – durch. Innen drin, im Auto, nerven mich, seit ich Krakau verlassen habe, immer ein paar Mücken. Sie versuchen, auf mir zu landen. Beim Fahren versuche ich, sie zu erschlagen. Auf dem Waldweg sehe ich, dass die Mücken mehr werden. Schließlich komme ich an einem großen Tümpel an, steige aus und mache ein Foto. Da setzen sich gigantische Mücken auf mich. Sie fliegen auch ins Auto. Ich versuche wegzufahren, aber ein paar dieser Riesen sind schon drinnen, also öffne ich alle Fenster und versuche sie rauszuscheuchen. Ich kehre um, zurück auf die Asphaltstraße, auch sie führt durch den Wald. Ich fahre nach Krowica Sama, Krowica Hołodowska, Budomierz, Podlesie. Wieder missachte ich

das Verbot und fahre auf einem Waldweg weiter – nach Wólka Horyniecka. Dann, bei Horyniec-Zdrój, Richtung Dziewięcierz, bis ich auf Niwki stoße. In Niwki sitzen vier Personen auf einer Bank vor dem Haus, zwei Männer, eine Frau und ein junges Mädchen. Alle sind sie betrunken. Ich frage sie, ob ich weiterfahren könne nach Wola Wielka. Ein Mann antwortet, ich solle es besser nicht riskieren. Nicht weit weg sei eine Militäreinheit, da gebe es eine Strafe.

»Das lohnt sich nich, lieber umdrehn und zehn Kilometer Umweg machen. Der Weg is für uns, für die von hier. Mit Deinen Schildern schnappen sie Dich.«

Ich fahre trotzdem. Komme an der Einheit vorbei und an Monstertraktoren. Es geht etwas bergauf, dann auf einem Waldweg bergab und ich bin in Wola Wielka.

Heute ist der letzte Tag des Schuljahrs, also spielen sie im Lokalradio die ganze Zeit, wie Morawiecki in Chełm vor Schülern eine Rede hält. Er erklärt ihnen, sie sollten immer gut über Polen sprechen.

Es beginnt zu gewittern, also versuche ich dorthin zu fahren, wo es heller ist und nicht regnet. Łukawica, Chlewiska, ich komme nach Bełżec, wo das Wasser auf den Straßen steht. Der Wolkenbruch geht weiter. Szalenik, Zatyle-Osada, Ruda Żurawiecka, Machnów Stary. Die Tauben hinter mir sitzen still, manchmal gurren sie.

Blitze, Donner. Es schifft so, dass die Scheibenwischer nicht hinterherkommen. Im Radio ist nur Rauschen zu hören. Ich sehe fast nichts. Es ist so schrecklich, dass ich in Machnów Nowy anhalte, am Laden »Groszek«. Ich möchte lieber abwarten. Im Laden frage ich, ob es vielleicht einen Ort gebe, an dem man sich setzen und vielleicht etwas essen könne. Die Frau antwortet, sowas gebe es nicht. Aber möglicherweise wissen die Arbeiter, die den Laden renovieren, etwas. Also frage ich sie, und sie erklären, dass das Nächstgelegene ein überdachter Stand sei, wo man zu essen bekomme. 27 Kilometer von hier. Bei dem Gewitter schaffe ich das nicht. Ich gehe wieder rein und kaufe mir eine Handvoll Kirschen und eine Glasflasche von dem lokalen Mineralwasser. Ich stelle mich unter das Vordach und esse die Kirschen. Nirgendwo ist ein Mülleimer, also spucke ich die Kerne in die andere Hand. Einen Moment später kommt ein Mann in Latzhosen heraus, rennt zum Auto, weil es regnet, bemerkt mich aber, bleibt stehen und kehrt um. Er möchte mich begrüßen. In der einen Hand halte ich die Flasche und die Kirschen, in der anderen die Kerne. Er sieht, dass ich die Kerne nirgendwohin werfen kann, aber bleibt mit ausgestreckter Hand stehen. Ich lasse die Kerne also in meiner Hemdtasche verschwinden, wische mir die Hand ab und gebe sie ihm.

»Ach, Scheiße, Du bist der Arsch, der sich die Kirschen reinzieht, na dann mal weiter so«, sagt er und geht in den Regen.

Es hört auf zu regnen und zu donnern. Ich renne zum Auto. Bei RADIO LUBLIN wird durchgesagt, wer wo überflutet worden sei, wie oft die Feuerwehr ausgerückt sei und zu welchen Dörfern man mit dem Auto überhaupt nicht mehr durchkomme. Dyniska Nowe, Dyniska, Dębina-Osada, Żerniki, Ratyczów, Zimno. Ich fahre nach Podhajce. Das Wasser fließt zwischen den Bordsteinen wie ein Fluss. Ich versuche eine Insta-Story zu machen, aber die Feuerwehr kommt um die Ecke gefahren. Ich halte das Handy auf dem Lenkrad, aber die Feuerwehr ist so schnell, dass ich es nicht schaffe, das Fenster zu schließen. Der Wagen fährt an mir vorbei, das Wasser spritzt und ergießt sich ins Auto, auf mich. »Verdammte Scheiße«, schreie ich, das Handy fällt mir auch noch runter. Das Filmchen landet im Mülleimer.

Żulice, Telatyn, Nowosiółki, Poturzyn, Witków, Wereszyn, Ameryka, Mircze. In Dworek mache ich eine Pause und esse Pierogi. Das Auto lasse ich auf einem Parkplatz, ich schließe ab, aber eine Scheibe lasse ich etwas auf, wegen der Tauben. Die Frau, die mich bedient, sagt, dass sie wohl heute hier schlafen werde, weil es so regne, dass sie mit dem Auto nicht nach Hause komme. In dem großen Gebäude bin ich der Einzige. Ich bitte auch um einen Kaffee in die *Thirsty*-Thermoskanne. Den bekomme ich. Ich gehe zum Auto und gieße den Tauben Wasser nach.

Modryń, Masłomęcz, Mieniany, Kozodawy, Czumów, Teptiuków, Strzyżów, Hrebenne.

Es hört auf zu regnen. Ich halte in Horodło vor dem Laden. Hier beginnt die Straße Nr. 816. Ich bestelle ein Sandwich-Eis, setze mich auf einen Stuhl vor dem Laden und esse. Ein Mann kommt, grüßt mich. Sagt, dass sie ihn betrügen und ihm im Internet etwas aufschwatzen wollten. Aber das sei für ihn nutzlos. Auch die Tochter betrüge ihn, in London verdiene sie viel, aber wolle immer noch Kohle von ihm haben.

Ich fahre auf der 816. Horodło, Bereżnica, Matcze, Zagórnik, Skryhiczyn, Dubienka, Poduchańka, Ladeniska, Mościska, Leśniczówka, Dorohusk, Dorohusk-Osada, Okopy, Świerże, Marysin, Rudka, Siedliszcze, Uhrusk, Wola Uhruska, Bytyń, Małoziemce, Stulno, Stare Stulno, Zbereże, Wołczyny, Sobibór, Dubnik, Orchówek. Ich halte in Włodawa, aber die Bars im Route-66-Stil, bloß mit der Nummer 816, schrecken mich ab. Ich suche eine Übernachtungsmöglichkeit in der Umgebung. Ich telefoniere rum. Erst Hanna, dann Stawki, aber niemand geht ran. Schließlich erreiche ich die *Agrotouristyka* in Zaświatycze. Sofort als ich den Namen gelesen habe, so erkläre ich, wusste ich, dass ich in diesem Ort übernachten muss. Der Mann, der mit mir spricht, antwortet, dass sei auch sein Grund für den Umzug von Warschau dorthin gewesen. Er erklärt den Weg: Suszno, Szuminka, Różanka, Stawki und dann zwei Kilometer auf dem Feldweg. Auf halbem Weg halte ich an, mache eine Hintertür auf, hole das Paket mit den Tauben heraus und lasse sie frei. Alle fliegen fast sofort raus.

Ich komme an. Der Besitzer sagt, dass es hier wirklich wie im Jenseits sei. Stille. Der Gastgeber erzählt: »Jetzt gibt es noch Insekten, also ist etwas los, aber im Winter ist es noch schlimmer, besonders in der Nacht. Diese Stille ist schrecklich. Sie ist so sehr zu hören, man kann ihr nicht entkommen. Wissen Sie, im Winter sind wir hier manchmal ein paar Wochen eingeschlossen. Hier räumt gewöhnlich niemand den Schnee weg.«

Ich trage die Sachen zum Häuschen. Der Gastgeber gibt zu verstehen, dass er gegen 5.00 Uhr früh die Pferde aus dem Stall in den Auslauf bringe, neben meinem Häuschen, es werde also laut. Kein Problem, sage ich. Ich setze mich auf die Terrasse, gieße mir Tee in den Becher der Thermoskanne und trinke. Höre den Insekten zu. Mirek ruft an. Alle vier seien angekommen.

»Ich hab sie schon reingelassen!«

Den ganzen Tag lang hatte er Angst, schließlich hat er seine Tauben einem Typ gegeben, den er in der Bar bei einem Bier kennengelernt hat. Aber ich sei super, sagt er, dass ich sie freigelassen hätte. Ich solle zu dem Grillen kommen, dann zeige er mir, wie man Tauben züchtet.

ZAŚWIATYCZE, 20. JUNI 2019

937 Kilometer auf dem Zähler

Ich trinke Kaffee auf der Terrasse in Zaświatycze, sehe den Pferden zu, die vor meinem Fenster herumlaufen. Eine Ziege, die sich von der Herde entfernt hat, kommt zu mir auf die Terrasse. Sie meckert den anderen hinterher. Ich packe und gehe in die Mitte des Hofes, um eine weitere Insta-Story zu erstellen. Dem Gastgeber erzähle ich, dass ich darüber nachgedacht habe, was er gestern gesagt habe – über die Stille und dass es ihm gelungen sei, ins Jenseits zu ziehen. Er erzählt mir, dass er manchmal telefonisch Verschiedenes bestelle und die Leute als Adresse »Zaświaty« [Jenseits] schrieben, und statt »-cze« notierten sie »trzy« [drei].

Ich breche auf. Fünf Kilometer bleibe ich auf einem Feldweg, halte noch einmal, fotografiere ein Kreuz, das mitten im Roggen steht.

Weiter gehts nach Dołhobrody, Hanna, Sławatycze. Ich bin spät losgefahren, die Prozession ist vorüber. Auf dem Weg liegen viele Blütenblätter, es sind auch viele Altäre an der Strecke aufgestellt. In Sławatycze halte ich auf einen Kaffee in der Eisdiele. »Traditionelles Eis, Familienbetrieb seit 58 Jahren«, heißt es auf einer Werbung. Die Acht ist in einer anderen Schrift geschrieben, darunter sieht man die Ziffer 4. Der Typ vor mir kauft dreizehn Kugeln in einer Thermoskanne. Also hole auch ich meine raus und bitte um Kaffee.

Liszna, Zabłocie-Kolonia, Szostaki, Kodeń Drugi, Kodeń Pierwszy, Okczyn, Kostomłoty, Dobratycze, Lebiedziew, Polatycze, Terespol.

In Terespol ist alles geschlossen, auf der Straße sind Blümchen verstreut, es fahren keine Autos. Ich halte an der Eisdiele, dort sitzen zwei junge Frauen. Die eine von oben bis unten tätowiert und mit einer roten Zahnspange. Die andere ohne besondere Eigenschaften. Ich frage, was sie mir empfehlen. Die mit den Tattoos empfiehlt Eis mit geschnittenem Lion-Riegel, das lohne sich, weil es nicht viel mehr koste als das mit Streuseln. Wohl um die Aussage der Freundin zu unterstreichen, macht sich die andere einen Becher mit Lion. Das müsse eine Million Kalorien haben, erkläre ich, ich hätte doch lieber weniger Kalorien, und nehme ein gewöhnliches Eis.

Dann frage ich, was sie in der Umgebung empfehlen könnten. Da gebe es nichts, aber wenn ich etwas Kurioses sehen wolle, sei da der Panzer in Neple. Die Tätowierte fahre gerne dorthin, weil es dort spuke. Die Leute sähen angeblich, wie in der Kirche aus der Gruft Geister emporstiegen.

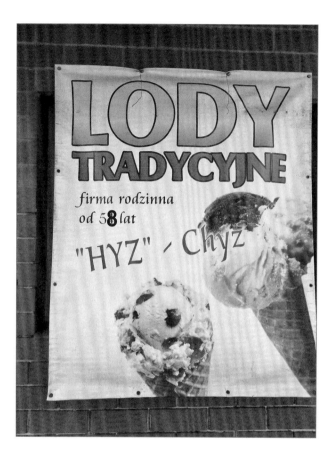

»Wessen?«

»Von unserem Fürsten, der über uns geherrscht hat«, antworten sie. Der sei aus Łobaczew Mały. »Und unbedingt die Forts« – wenn ich »etwas Außergewöhnliches und Seltsames« sehen wolle, fügt sie hinzu. »Da ist so ein Weg, parallel zu meiner Straße. Die Oma einer Freundin hat erzählt, dass sie darauf drei Sensenmänner gesehen hat. Es war sehr dunkel. Das ist fünfzig Jahre her. Ich habe einmal mit einer Freundin, genau von diesem Weg ... Ich habe eine Freundin zurückgebracht und wir sind zu zweit zurückgegangen. Da ist so eine Kreuzung, und über diese Kreuzung muss man rüber. Rechts geht es zur Landstraße. Es war dunkel. Ich kam mit der Freundin zurück, wir sahen beide nach rechts und liefen beide davon, weil wir nicht wussten, was los war. Ich sah eine weiße Gestalt, die Freundin meinte, vielleicht sei da ein Fahrradfahrer gekommen. Aber das war ein anderes Licht als es ein Fahrradfahrer gemacht hätte. Wir sind weggelaufen. Ich habe mich erschreckt, aber meine Freundin, die ist nicht ganz normal, die hat viel mehr gesehen. Sie hat so komische Visionen. Sie sagt, als sie auf dem jüdischen Friedhof war, da hat sie Flaggen über den Gräbern aufsteigen sehen.«

»Was für Flaggen?«, frage ich.

Das wisse sie nicht, vermutlich polnische. Aber sie schickt mich zu der Freundin, um sie nach den Details zu fragen.

»Und als sie einmal die Landstraße entlang fuhr, da sah sie einen Teil der alten Geschichte. Denn als sie in die eine Richtung fuhr, da sah sie, wie ein Deutscher einen Juden aufhängte, und als sie zurückkam, da sah sie den hängenden Juden. Meine Oma hat auch, als sie von den Eltern zurückkam, einen Menschen gesehen, der lief und plötzlich verschwunden war.«

»Und werden in der Umgebung irgendwelche Häuser heimgesucht?«

»Ich habe den Eindruck, dass unser Haus heimgesucht wird, weil es das alte Kommissariat der deutschen Polizei ist. Meine Oma hat erzählt, dass es ihnen gut ging. Als die gingen, haben sie geweint.«

Von den Geistern kommt sie schnell auf das Eis zu sprechen. Jeden Tag essen sie welches.

»Erst habe ich Softeis gegessen, dann bin ich auf Kugeln umgestiegen, jetzt trinke ich Slushy. Seit heute früh habe ich Eis gegessen und Slushy getrunken. Mir ist schon schlecht. Heute müssen wir zu zweit sein, hat der Chef gesagt. Ich wusste, dass es nicht so schlimm wird, aber er hat darauf bestanden. Sonntags geht die Schlange bis ans Tor und die Leute regen sich auf. Am schlimmsten ist es montags und dienstags, da kommt niemand, aber man muss hier sitzen.«

Ein Kunde fährt auf einem Motorrad vor. In einem T-Shirt mit der Aufschrift auf dem Bauch: »Bier formte diesen herrlichen Körper.« Sie bieten ihm den geschnittenen Lion-Riegel oben auf dem Eis an. Er ist einverstanden. Ich ginge dann mal, sage ich. Bedanke mich für die Empfehlung der Orte, an denen man Geister sehen könne.

Ich setze mich ins Auto. Fahre weiter. Rufe über Freisprechanlage bei Ola an, erzähle, wie es gestern mit den Tauben gewesen sei, dass heute überall an der Strecke Altäre stünden und wen ich getroffen hätte. Sie antwortet: »Das Mädchen hat sicherlich familiäre Traumata, die mit den Jahren verkrustet sind. Sie sollte eine Therapie machen. Das ist bestimmt die Wahrheit. Wie bei Rejmer. Das überträgt sich über Generationen. Ist in den genetischen Code eingeschrieben. Bestimmt haben ihre Vorfahren etwas angestellt.«

Wir sind uns einig, dass es in Colorado ähnlich war. Als wir dort im South Park waren, hat uns Criselda von Geistern erzählt und Fotos von ihnen gezeigt.

AM WEGESRAND

Ich fahre nach Łobaczew Mały zu den Forts. Höre das Lied über den Regen. Immer wieder. Dann der Weg nach Samowicze und Kukuryki. Am Ende des Dorfes angekommen, bemerke ich eine verwesende Katze und einen Zaun, hinter dem man Laster sieht, die auf die Einreise nach Belarus warten. Das polnische Netz funktioniert nicht. Empfangen kann man hier nur das belarusische Radio. Ich besuche Kuzawka, Starzynka, die Kirche in Neple (der erwähnte Fürst, dessen Geist hier angeblich umgeht, ist Julian Ursyn Niemcewicz). Krzyczew, Bohukały, Zaczopki, Derło, Błonie, Werchliś. In Janów Podlaski biege ich ab nach Stare Buczyce, Bubel-Łukowiska. Vor Stary Bubel stehen Kunstwerke auf einer Wiese. Aber sie haben eine ungewöhnliche Form. Ich fahre durch Stary Bubel und komme an einer kleinen Prozession mit einem Bildnis vorbei. Im Dorf sitzen viele Leute vor den Häusern. In Gnojno treffe ich wieder auf eine Herde Kühe, sie springen aufeinander, eine nähert sich einem Pferd hinter dem Zaun und sie beginnen, ihre Mäuler aneinander zu stubsen. Überall Störche. Menschen an den Zäunen. Sie sehen den Kühen zu.

Ich komme in Borsuki an und halte vor dem Laden »Eden«. Vor dem Eingang trinken ein paar Typen Bier, jeder gibt mir die Hand. Ich trete ein. Vor der Theke steht ein Kunde, der Verkäufer erklärt ihm etwas. Er hat ein Blatt Papier vor sich, auf dem er etwas aufzeichnet. Mit einem Ohr höre ich zu:

»Und hier ist der Heber, mit diesen drei Dingern, und Du nimmt es hier«, er deutet auf das Blatt, »am Knauf hebst Du's hoch, nimmst es auf der Seite und ziehst es hoch, und es läuft, hier kommt die Stütze hin, und zurück, Du schließt den Anhänger normal an und es läuft. Nein, das ist nicht nötig, ganz einfach, so einfach wie möglich.«

Ich frage, ob ich ein belegtes Brot zum Mitnehmen bekäme. Er bietet mir ein Stück der »teuersten« Wurst und ein Brötchen von gestern an.

»Heute ist Fronleichnam, deshalb haben wir keine frischen Backwaren«, erklärt er.

»Danke, aber ich nehme einen Apfel und eine Banane.«

Serpelice, Zabuże, Stare Mierzwice, Bużka, Kózki, Wólka Nadbużna, Ogrodniki, Klekotowo, Krupice, Rogawka, Cecele, Skiwy Duże, Kłopoty-Stanisławy, Kłopoty-Bańki. In Krynki-Sobole sehe ich einen Kreisverkehr mit einer Kapelle und einem Kreuz in der Mitte, auf zwei Seiten Straßenschilder. Ich setze zurück und halte an, um ein Foto zu machen. Steige aus. Fast sofort kommt ein Mann auf einem Fahrrad an, er bejaht alles, was ich sage. Wenn ich eine Frage stelle, bejaht er.

»Warum steht die Kapelle in der Mitte der Straße?«

»Ja.«

»Wer hat das erlaubt? Da können doch Leute sterben an dieser Kreuzung.«

»Ja.«

»Hätte man sie nicht versetzen können und eine normale Kreuzung draus machen?«

»Ja.«

Hinter ihm kommen zwei ältere Herren, festlich gekleidet, in aufgeknöpften Pullovern und weißen Hemden. Sie denken, es sei jemand aus der Familie nach Hause gekommen, vor deren Haus ich geparkt habe. Sie fragen, warum meine Frau nicht dabei sei.

»Die ist in Krakau geblieben, hat eine Deadline, das heißt, sie muss rasch etwas übersetzen. Sie konnte nicht mitkommen«, antworte ich.

Sie beklagen sich, der Kreisverkehr sei falsch gebaut worden, die Schilder auf beiden Seiten schrieben ihnen vor, dass sie erst nach rechts fahren müssten, wenn sie links abbiegen wollten, und erst dann nach links.

»Aber wissen Sie, das beachtet niemand!«, fügen sie hinzu. »Jeder fährt, wie er will. Alles wegen dieser privaten Kapelle. Es gab eine im Dorf, da wollte eine reiche Familie noch eine am Rand vom Dorf aufstellen. Und später wurde die Straße verbreitert, also hat man ein Stück vom Acker abgekauft und sie breiter gemacht, und die Kapelle ist geblieben, in der Mitte«, erzählen sie. »Ein Kreuz stellt man schließlich nicht um, damit das Dorf keine Strafe trifft.«

Wir unterhalten uns einen Moment über die Namen der Dörfer. Für sie klingt Kłopoty-Stanisławy [Stanisławas Sorgen] normal.

»Man musste halt diesen Teil des Dorfes Kłopoty [Sorgen] irgendwie auseinanderhalten«, erklären sie und zucken mit den Schultern.

Der, der am meisten spricht, beweist mir, dass Gott existiere. Er habe eine Geschichte, die er als Beweis anführen könne. Er erzählt also 20 Minuten lang von einer Frau, bei der er gewohnt habe. Dass sie von Ungläubigen besucht worden sei, die sich dann bekehrt und anschließend für Tschenstochau und Licheń gespendet hätten.

»Ich hab bei ihnen gewohnt und gesehen, dass dort der Herrgott ist. Wenn ich nicht zur Kirche geh und sie allein war, dann setzt mir die ganze Woche was zu, jemand klopft an die Wand, läuft durch das Haus, und wenn ich geh, passiert nichts. Im Haus hingen Bilder, und es quälte mich, dass so ein Bild im Haus hängt. Sie sagt, dass sie drei Mal versucht hat, es abzunehmen und es nicht anheben konnte, aber nicht, dass sie kein Gewissen gehabt hätte … Drei Mal hat sie versucht, das Bild hinauszutragen, und konnte es nicht anheben! Ich erinnere mich an das Bild, da waren solche Strahlen wie auf dem Bild der Barmherzigkeit. Drei Mal ging sie hin, und es war zu schwer. Das hat sie ihrer Schwester erzählt, nicht mir.«

Ich sage ihm, dass ich nichts davon verstehe, und er wechselt das Thema.

»Vor Kurzem, da gab es eine Erscheinung. Mein Herr, sie hatten Kronleuchter aufgehängt, die Oma starb, alle beteten und der Kronleuchter fiel herunter. Einer mag sein, die Materialien sind alt und altern, aber dass einen Moment später der zweite herunterfiel? Was das heißt, weiß ich nicht und weiß niemand!«

Ich sage, dass ich langsam los müsse, aber er bittet, dass ich mir noch eine Geschichte anhöre:

»Die Mutter war gestorben und der Sohn trank, er hatte sich ihr gegenüber schlecht verhalten. Das erzählten mir Leute aus der Stadt, die bei ihm wohnten, sie sahen, wie blöd er sich verhielt. Im Haus erschien die Mutter als Gestalt, nicht als Person, sondern wie aus Papier ausgeschnitten. Und er meinte, ständig betrunken, sie sei gekommen. Die, die bei ihm wohnten, versammelten sich. Da ist etwas, sagten sie.«

Ich danke ihm für die Erzählung und mache mich bereit zur Abfahrt, aber er sagt, dass er noch eine habe, die letzte, zum Abschied. Also höre ich zu.

»Als die Hynkowa gestorben ist, da ist dem Janek das Butterbrot aus der Hand gefallen. Seine Mutter war 97 Jahre alt, sie kam zurecht, aber sagte: ›Janek, schau bei mir herein.‹ Er schickte seine Frau. Die schaute vorbei, und die Mutter starb. Da zeigte sich, dass das Butterbrot nicht heruntergefallen war. Sondern hierher geflogen. Als sie starb, da haben sich die Türen selbst vor ihm geöffnet, und das Butterbrot ist halt heruntergeflogen!«

Sie sagen mir noch, ich solle zur Molkerei fahren.

»Das ganze Dorf hatte Milch, also haben wir uns in der Molkerei getroffen! Täglich haben wir sie dort hingetragen, das ganze Dorf hat sich dort getroffen! Aber jetzt hat das halbe Dorf keine Kühe mehr, stellen Sie sich das mal vor! Unglaublich. Jetzt ist das in privater Hand, die Milch wird mit dem Wagen transportiert. Nur die Remise ist geblieben, wenn nötig, kann man eine Taufe feiern.«

Sie raten, nach Koryciny zu fahren, das sei nicht weit. Dort könne man sowohl übernachten als auch ein Bier trinken.

»Mein Herr, sogar die Kirche haben sie neulich gekauft, dort sind Hütten, Erdhütten, belarusische Hütten, eigenes Bier brauen sie, Sauerteigbrot. Nur dort bekommt man es so, wie es die Leute früher gebacken haben.«

Danke. Am Schluss droht mir der, der so viel redet, noch mit dem Finger.

»Und dort, in Krakau, solltet Ihr Respekt vor dem Herrn Präsidenten haben, Ihr organisiert da doch irgendwelche Demonstrationen. Respekt muss man haben!«

Ich fahre noch zur Molkerei. Dann weiter über Makarki, Grodzisk und Kozłowo nach Koryciny.

Im Radio ist die Rede von einem lokalen Konzert aus Anlass des Vatertages. Die Idee sei, dass Jesus und Maria bekannter seien, Gottvater am wenigsten, also wäre es gut, die Ereignisse zu verbinden und am Vatertag Gott noch mehr zu preisen.

»Wie haben Sie das Konzert organisiert?«, fragt die Moderatorin.

»Aber das war nicht ich, das war der Heilige Geist«, sagt die Stimme im Radio. Und dann erzählt der Mensch detailliert, wie es gekommen sei, dass ihn der Heilige Geist inspiriert und er später einen Priester getroffen und ihm von der Idee erzählt habe. Der Priester habe ein Gebet gesprochen. Und sie hätten organisiert. »Es gibt Probleme. Aber dann kommen wir einen Moment zusammen. Beten. Jeder betet dafür in seinem Kreis. Zu Hause. Denn natürlich treffen wir uns nicht täglich. Und dann macht der Heilige Geist, dass alles so kommt, wie Er es will.«

Aus dem Polnischen von Benjamin Voelkel

Der Text ist ein Auszug aus dem Buch von Piotr Marecki: *Polska przydrożna* [Polen am Wegesrand], Wołowiec 2020, S. 22–64.

© Wydawnictwo Czarne, Wołowiec 2020

PIOTR MARECKI ist Autor, Herausgeber, Film- und Kulturwissenschaftler, Professor am Institut für zeitgenössische Kultur der Jagiellonen-Universität in Krakau. Mitbegründer des Krakauer Verlages Korporacja Ha!art und des gleichnamigen Magazins, Herausgeber des Autorenlexikons *Textylia bis* und zahlreicher Werke u. a. von Sławomir Shuty, Michał Witkowski und Ziemowit Szczerek, die bereits im Jahrbuch Polen veröffentlicht wurden. Sein Interesse gilt derzeit digitalen Medien und elektronischen literarischen Produkten, für seine künstlerische Tätigkeit nutzt er vermehrt Soziale Medien.

Agnieszka Pajączkowska

Aleksandra Zbroja

»Was habt Ihr denn gedacht?«

Gespräche mit masowischen Frauen

120 KILOMETER NORDWESTLICH VON WARSCHAU

Helena zufolge beleidigen diejenigen, die die Dorfbewohner beleidigen, sich selbst

Ich habe mich kurz raus auf die Bank gesetzt, weil ich gerade in der Küche ein Fliegenspray versprüht habe. Ich sitze nicht mehr so viel wie früher vor dem Haus. Aber jetzt habe ich ein tolles Leben. Was willst Du denn, Kleine? Als ich ein Teenager war, mähte mein Vater das Getreide mit der Sense und sammelte es ein. Jetzt wissen junge Mädchen nicht mal, wo ihre Eltern ein Feld haben.

Auch mit der Kirche halten sie es ganz anders. Nehmen wir den gestrigen Gottesdienst, die Predigt zu Mariä Himmelfahrt – der Priester sprach über die Rolle der Frau und über Demut. Da habe ich so gedacht: Meine Töchter wissen noch, was Demut ist, aber meine Enkeltöchter sind alles andere als bescheiden. Und das ist gut so, weil: Die Zeiten sind jetzt anders. Oder vielleicht kommen sie nach mir?

Ich war 19, als ich heiratete, 21, als ich mein erstes Kind bekam und 31, als ich mein letztes bekam. Bei vier Kindern hat man zwar keinen Anspruch auf ein Gehalt, aber man bekommt Leistungen. Bis heute machen mir meine Kinder Vorwürfe, dass andere Eis essen gegangen sind, ich ihnen aber keins gekauft habe.

Aber ich konnte es mir nicht leisten, obwohl mich meine Großeltern mit Geld aus ihrer Bauernrente unterstützten. Es war gut, dass Gierek ihnen etwas fürs Alter gab – so musste meine alte Mutter nicht mehr um ein, zwei Zloty für die Kollekte oder für ein frisches Brötchen betteln. Heute schauen sie nicht mehr darauf, ob etwas 20 oder 40 Groszy kostet.

Ich habe so viel dazuverdient, wie ich nur konnte. Ich habe von 16 bis 22 Uhr im Club »Ruch« gearbeitet. Früher hatten wir ein kulturelles Leben im Dorf, zwar nicht dasselbe wie in der Stadt, aber wir hatten einen Ort, wo wir Limonade trinken, Süßigkeiten und Zeitungen kaufen, zu einer Tanzveranstaltung mit Musik von der Schallplatte gehen konnten. An Samstagen musste ich die jungen Leute aus dem Club jagen, sonst hätten sie bis zum Morgen gefeiert.

Ich habe die Grundschule abgeschlossen und nur in den Wintermonaten gelernt, von Mitte Oktober bis April. Dann habe ich Berufsschulen besucht, eine landwirtschaftliche und eine für Schneiderinnen, aber ich habe sie nicht abgeschlossen, weil entweder die Buszeiten nicht passten oder meine Mutter nicht genug Geld für die Fahrkarte hatte.

In einem Jahr brannten alle unsere Gebäude ab. Ich war zwölf Jahre alt und habe fünf Bleche Brot gebacken und sie den Arbeitern gebracht, die unseren Hof wieder aufbauten. Meine Mutter konnte damals nicht selbst backen, sie hatte Gelbsucht und starb bald darauf. Schau, ich habe diese Ohrringe und diese Kette von ihr. Sie war eine tüchtige und schlaue Frau, sie konnte besser erzählen als Gierek. Wenn eine Nachbarin ein Problem hatte, holte sie sich immer bei meiner Mutter Rat. Mein Vater war ein anständiger Mann, aber manch einer von den Bauern trank gerne einen über den Durst und prügelte auf sein Weib ein. Damals, in der Volksrepublik, schämten sich die Frauen, ihre Ehemänner anzuzeigen. Der Bauer wurde früher als Herr des Hauses erzogen, wobei er das Haupt und die Frau nur der Hals war.

Aber der Kopf kann nur dann arbeiten, wenn der Hals sich dreht. Das sollte jeder Frau klar sein – dann wird sie selbstbewusster, selbstsicherer.

Mein Mann wollte mir beibringen, wie man einen Traktor fährt, damit ich bei der Ernte vor ihm fahren könnte, während er das Getreide auf den Wagen lädt. Da sagte ich ihm:

»Du hast sie nicht mehr alle.«

Er hatte seinen Vater zu Hause, zwei erwachsene Söhne, und ich sollte auf dem Traktor sitzen? Konnte er vergessen! Auch im Bett konnte ich mich ihm widersetzen. Der Alte meckerte ein bisschen, aber dann drehte er sich weg und ließ es gut sein. Manchmal sagte er nur:

»Waren wir nicht verheiratet?«

Dann antwortete ich:

»Dann geh zum Priester und beschwer Dich bei ihm.«

Als ich zum ersten Mal meine Tage bekam, beschlossen die Lehrerinnen aus der Grundschule, mich aufzuklären. Zumal ich lieber mit Jungs als mit Mädchen herumhing. Ich bekam so Broschüren, wie ich mich vor einer Schwangerschaft schützen kann. Ich habe sie versteckt, aber mein Vater hat trotzdem eine gefunden. Ich verteidigte mich damit, dass ich sie für Biologie brauche, und er meinte dann:

»Dann gib sie mir, Tochter, ich werd sie auch lesen.« Er war wahrscheinlich selbst neugierig.

Ich bin dafür, Kindern alle möglichen Dinge zu erzählen. Als meine Enkelin bei mir in den Sommerferien war, bemerkte ich, dass sie auf ihre Periode wartete. Also nahm ich sie zur Seite und erklärte ihr, was und wie. Ich gab ihr Geld, damit sie sich Damenbinden kaufen konnte. Die gab es zwar in meiner Jugend nicht, aber wir hatten Watte und Mullverbände, das schon. Wahrscheinlich benutzten nur sehr sparsame Frauen Lappen zum Unterlegen. Ich hatte ein spezielles Höschen mit Gummibändern, in das ich Watte gelegt habe. Später, als meine Tochter ihre Tage kriegte, gab es auf dem Land kein Problem mehr mit Binden. Auch nicht mit Kondomen, die waren im kommunistischen Polen immer vorrätig. Ich habe sie nicht im Club verkauft, weil es sie am Kiosk gab, aber manchmal kam ein Junge vorbei und fragte:

»Gibt es Gummipralinen?« Sie schämten sich, das anders zu sagen.

Junge Menschen gehen an die Dinge immer anders heran. Der Fortschritt geht von Generation zu Generation. Sag selbst, Kleines, haben wir als Kinder auf dem Land ein Telefon gesehen? Und jetzt habe sogar ich ein iPad, ich benutze es nur nicht oft. Ich habe auch einen Laptop. Und ich bin auf Facebook. Was habt Ihr denn gedacht? Ich gucke Nachrichten, ich schreibe meinen Kindern. Ich habe Enkelkinder in England, also mache ich Skype an und rede mit ihnen. Ich lese auch über Politik, manchmal schreibe ich einen Kommentar.

Neulich war ich so richtig sauer, weil irgendwo im Internet stand, dass Leute vom Dorf »Landeier« und »Rüben« seien. Da habe ich geschrieben: »Hören Sie auf, die

Menschen auf dem Lande als hinterwäldlerisch zu bezeichnen!« Wer Dorfbewohner beleidigt, beleidigt sich selbst. Schließlich hat jeder jemanden auf dem Lande, oder?

Als die Frauenstreiks losgingen, habe ich auf Facebook kommentiert, dass ich vom Dorf komme und die Frauen unterstütze. Hier gab es keine Proteste. In unserem Land ist jeder auf sich allein gestellt. Wenn meine Nachbarin und ich uns zweimal am Tag sehen, heißt es schon, wir würden uns gegen den Rest verschwören.

Ich bin gegen die PiS-Partei, aber ich habe nie für die typische Intelligenz gestimmt, weil sie sich einen Dreck um das Leben auf dem Land schert. Ich war immer für die PSL. Das ist eine Bauernpartei. Meine Nachbarn halten mich deswegen für dumm. Dann frage ich sie:

»Was hat Dir die PiS gegeben?«

Sie sagen:

»500 Zloty Kindergeld.«

Aber das haben alle bekommen, und ich frage mich, was die PiS uns auf dem Land gegeben hat? Nichts.

Jetzt will der Kaczyński, dass sein Bruder heiliggesprochen wird, er organisiert diese monatlichen Gedenkfeiern und das ist der Grund für den Hass in Polen. Aber nicht jeder auf dem Lande versteht das, vor allem die Frauen nicht. Sie sind ein wenig ungebildet.

141 KILOMETER NORDWESTLICH VON WARSCHAU

Stadtfrauen können Unkraut nicht von Gurken unterscheiden

Agnieszka: Guten Abend. Mein Name ist Agnieszka, und das ist Ola. Wir reisen durch Masowien und sammeln Geschichten von Frauen, die auf dem Land leben. Wissen Sie vielleicht, woher der Name dieses Dorfes stammt?

Die Unkraut-Jäterin: Wahrscheinlich vom Namen der Tochter des Besitzers dieser Ländereien. Ältere Menschen haben das immer so berichtet.

Agnieszka: Und was machen Sie gerade?

Die Unkraut-Jäterin: Unkraut jäten. Sieht man das nicht? Oder können die Damen aus der Stadt nicht zwischen Unkraut und Gurken unterscheiden?

Ola: Würden Sie uns bitte sagen, mit wem wir hier sprechen könnten?

Die Unkraut-Jäterin: Wenn Sie neugierig sind, machen Sie doch einen Spaziergang durchs Dorf und fragen Sie herum. Mehr habe ich nicht zu sagen. Auf Wiedersehen, die Damen.

87 KILOMETER SÜDÖSTLICH VON WARSCHAU

Zuzanna fragt, was wir uns gedacht haben

Ich würde ja mit Euch reden, Mädels, aber ich habe echt keine Zeit, das alles muss auf den Wagen geladen werden und es wird schon dunkel. Heute habe ich eine Menge Äpfel gepflückt, bestimmt eine Tonne. Alles ganz allein. Mein Mann sagt, sogar mehr als eine Tonne, aber was macht das für einen Unterschied? Wir haben großes Glück, denn wenn nicht Elche in den Obstplantagen ihr Unwesen treiben, dann ist wieder irgendwas mit dem Klima. Dieses Jahr hat uns der Frost fertiggemacht. Wir haben 90 Prozent unserer Ernte verloren.

Entschädigung? Die Damen belieben zu scherzen. Sie haben unsere Verluste auf 250.000 berechnet, bieten aber nur 1.000 Zloty pro Hektar. Wir haben 15 Hektar. Rechnen Sie also einmal nach, ob das, was in den Medien behauptet wird – dass den Landwirten angeblich eine solche Superentschädigung gewährt wurde – stimmt.

Sie lügen einem ins Gesicht. Es tut einem im Herzen weh. Und das schlägt irgendwann rasend vor Wut, denn wenn die Smoleńsk-Gedenkfeier 90.000 Zloty im Monat kostet und ich 1.000 Zloty pro Hektar bekomme, was ist das für eine Gerechtigkeit? Die Politik soll für alle Menschen da sein, nicht für eine Handvoll Auserwählter, oder einen mit Problemen. Den Kaczyński meine ich. Ich verstehe, dass er seinen Bruder in der Smoleńsk-Katastrophe verloren hat, aber als ich 20 war, starb meine Mutter in meinen Armen, und trotzdem bin ich nicht durchgedreht und schreiend durchs Dorf gerannt. Aber jetzt ist mir nach Schreien zumute.

Letztes Jahr hatten wir ähnliches Pech. Mein Mann hat seit 40 Jahren auf solche Äpfel gewartet. In einer Woche hatten wir 87 Tonnen auf den Anhängern. Die Früchte waren saftig, rot, wunderbar! Aber niemand wollte unsere Äpfel. Es stellte sich heraus, dass wir umsonst gearbeitet hatten. Und was für eine harte Arbeit war das gewesen! Jeden Tag hatte ich Abendessen für 13 Personen gekocht und es in Thermoskannen getan, dann ein Schwein geschlachtet und hausgemachte Produkte zubereitet. Vom Einsammeln, Verladen und Überwachen ganz zu schweigen. Wir haben den Arbeitern 30.000 für ihre Arbeit bezahlt. Damit blieben 10.000 für den Schnitt der Obstbäume und 10.000 für Düngemittel. Für uns war fast nichts übrig. Im besten Jahr, das wir je erlebt haben!

Mein Mann tut mir leid, denn er liebt diese Bäume. Früher teilte er seine Tage zwischen dem Obstgarten und der Gießerei auf. Er bekommt 1.580 Zloty Rente, für Arbeit unter schädlichen Bedingungen. Davon leben wir jetzt. Ich muss noch sechs Jahre lang in die Landwirtschaftliche Sozialversicherungskasse (KRUS) einzahlen, damit ich meine Rente bekomme. Ich will nicht sagen, dass wir arm sind, aber wir leben wie Verlierer. Denn wie soll man sonst jemanden nennen, der hart arbeitet und trotzdem kaum über die Runden kommt?

Ich habe 28 Jahre lang in zwei Schichten gearbeitet. Bevor wir den Obstgarten hatten, betrieb ich einen Lebensmittelladen, ganz zu schweigen von der Kindererziehung. Ich habe Tag und Nacht geschuftet, was habt Ihr denn gedacht? Auf dem Land ist der Laden von halb sechs bis einundzwanzig Uhr geöffnet, und man muss sich noch um alles andere kümmern. Jemanden einstellen? Wie hätte ich das bezahlen sollen?

Meine Kinder haben elf Jahre lang in Warschau studiert, und ich war vielleicht zweimal bei ihnen zu Besuch, weil der Laden auch am Sonntag geöffnet sein musste. So leben die Frauen auf dem Lande nun mal.

Wenn Du davon träumst, ein paradiesisches Leben zu führen, musst Du so drauf sein, dass Du nicht mehr als Brot brauchst. Dann ist das Landleben wie Urlaub.

In dem Laden gab es verschiedene Vorfälle. Die Leute kommen rein und meckern sich gegenseitig an. Vor langer Zeit habe ich mich für einen guten Menschen gehalten, aber die Arbeit mit Kunden hat mich verändert. Hinter dem Tresen muss man fluchen, schreien und auch mal lügen, um sich selbst zu schützen. Menschen können Menschen zerstören. Schließlich, um nicht völlig kaputtzugehen und meinen Enkeltöchtern eine normale Großmutter sein zu können, habe ich aufgehört. Ich sagte, ich würde entweder nach Łuków gehen oder den Laden zumachen. In Łuków gibt es eine psychiatrische Anstalt.

Warum die Kinder nicht mitgeholfen haben? Sie sind doch schon seit langem in Warschau. Der Sohn hat einen Abschluss in Marketing und Management von der Universität Warschau. Er arbeitet in einer leitenden Position. Wir haben ihm vier Hektar Obstgarten geschenkt und reden auf ihn ein, hierher zurückzukehren. Weil: Er hat eine Familie gegründet, und da tauchte die Frage nach dem Kauf einer Wohnung in Warschau auf. Wir sagen ihm: »Mein Sohn, sollen wir alle aufhören zu essen, damit Du auf mickrigen 30 Quadratmetern leben kannst, wo hier doch ein Haus mit 200 Quadratmetern steht? Komm zurück!«

Aber welche beruflichen Perspektiven hat er hier, oder in dem benachbarten Städtchen? Keine. Auch meine Schwiegertochter möchte nach der Geburt ihrer beiden Kinder wieder in den Beruf zurückkehren. Aber wo soll sie auf dem Lande Arbeit finden? In Warschau wird sie im Nullkommanichts einen Bürojob finden.

Ich weiß nicht, wie es weitergehen soll. Ich glaube nicht, dass ich die Stadt jemals ganz verstehen werde. Meine Schwester lebt seit 40 Jahren in Warschau. Wir reden oft miteinander, aber wenn es um ihre Probleme geht, kann ich nicht wirklich was dazu sagen.

Das ist eine andere Welt. Eine empfindlichere Welt. Mit körperlicher Arbeit eines anderen Kalibers.

118 KILOMETER NORDWESTLICH VON WARSCHAU

Sylvias ganzer Körper schmerzt von den Kebabs

Sind Sie sicher, dass Sie nur Pommes wollen? Ich empfehle unseren Döner, aber wenn Sie Kartoffeln mögen, dann nehmen Sie den arabischen Kebab, da sind die Pommes dabei. Beides mit Hähnchen, ganz frisch, nach Hygienevorschrift. Es ist gut, ich verspreche es, sonst würde ich es nicht servieren. Ich selbst esse meinen Döner jeden Tag.

Ich betreibe den Stand jetzt seit elf Jahren, aber ich war schon früher in der Gastronomie. In letzter Zeit habe ich etwa 4.000 Zloty monatlich Reingewinn, aber ich schufte jeden Tag zwölf Stunden. Ich komme morgens, hole die Ware ab, putze den Stand, bereite den Laden vor und mache den ganzen Tag lang Döner. Sonntags komme ich nur morgens für drei oder vier Stunden, um für meine Mitarbeiterinnen die Sachen vorzubereiten, damit sie das Essen schneller rausgeben können, denn nach der Kirche ist die Schlange am längsten. Danach gehe ich gegen zwei und komme am Abend zurück, um das Geld abzuholen.

Um das Geschäft am Laufen zu halten, musste ich eine richtige Ausbildung absolvieren. Vor zwei Jahren habe ich Buchhaltung und Finanzen studiert. Gleich nach meinem Bachelor-Abschluss habe ich ein Master-Studium drangehängt. Meine Tochter hat zur gleichen Zeit studiert. Ich war die Älteste in meinem Jahrgang, in den Fünfzigern, aber ich kann mich nicht beschweren. Die jungen Leute haben mich immer wieder gefragt, ob ich auf ein Bier mitkomme. Es ist schade, dass ich nicht mehr Zeit für das Studentenleben hatte, denn ich hatte immer noch die Arbeit und den Haushalt am Hals.

Mein Mann sagte kein Wort zu meinem Studium. Aber je besser ich klarkam, desto eingeschnappter wurde er. Schließlich habe ich mich scheiden lassen.

Mein Mann hat mich in keinster Weise unterstützt. Er hat nur ständig gemeckert, mir Vorwürfe gemacht und gesagt: »Lass das Studium, lass es sein.« Und ich fuhr weinend zur Arbeit und konnte vor lauter Tränen kaum das Lenkrad sehen. Aber ich blieb hartnäckig und jetzt habe ich meinen Kebab-Laden.

Zunächst war ich in Buchhaltungsbüros in den benachbarten Städten beschäftigt. Damals hat man ein halbes Jahr lang für den Mindestlohn gearbeitet, die Hälfte davon ging fürs Pendeln drauf, und dann wurde man entlassen. Und am Ende war ich wieder auf Stütze. Meine Mutter hat mir Brot gekauft, als wäre ich lebensunfähig. Was hätte ich denn tun sollen? Zu Hause sitzen und auf meinen Mann zählen? Auf ihn warten, aufpassen, ob er zufrieden von der Arbeit nach Hause kommt oder nicht? Schließlich habe ich meine Würde. Ich habe wirklich alles gemacht: Ich habe alte Zeitungen für einen Zloty pro Stück verkauft, ich bin 120 Kilometer gefahren, um mit Eiern zu handeln. Zuerst wollte ich einen Fleischerladen aufmachen. Das hat aber nicht geklappt. Also dachte ich mir, ich fahre auf Wochenmärkte und verkaufe belegte Brötchen, Schweinenacken und Würstchen. Ich weiß gar nicht, wie ich auf diese Idee kam. Ich koche nicht einmal gerne.

Als ich in der Gastronomie anfing, war ich 36 Jahre alt und hatte keine Ahnung von nichts. Aber ich habe schnell gelernt. Denn wer schafft es sonst, wenn nicht eine Frau? Ich habe in der Gemeinde gehört, dass der Staat einmalige Zuschüsse für Unternehmensgründungen vergibt. Ich ging zu einem Treffen, bei dem etwa 80 Bewerberinnen waren, alles Frauen. Sie haben aufgegeben, weil es nur 10.000 Zloty für 15 Jahre gab. Ich war die Einzige, die übrig geblieben ist.

Mutig? Von wegen mutig, Mädels, was redet Ihr da! Verzweifelt war ich! Um wenigstens etwas zu verdienen, musste ich an zwei Tagen in der Woche um vier Uhr morgens aufstehen und zum Markt fahren. Um eins war ich fertig. Dann wusch ich die Ausrüstung und ab ging es, ins Nachbardorf, um dort ab sechzehn Uhr zu kochen. Ich habe ein Jahr in einem mir unbekannten Bereich gearbeitet, um zu lernen, wie man ein gastronomisches Unternehmen leitet. Dann habe ich hier angefangen.

Und, wie sind die Pommes? Möchten Sie vielleicht mehr Salz? Ich mache ordentliche Portionen, das stimmt. Man braucht schließlich etwas, womit man die Menschen anlockt. Das hier ist ein Dorf, keine Stadt, ich muss auf jeden Kunden achten. Manchmal denke ich, ich sollte am Fleisch sparen, aber das kann ich irgendwie nicht. Selbst wenn ich jemanden nicht leiden kann, würde ich ihm nicht weniger Fleisch reintun. Und wissen Sie was? Ich fahre damit nicht einmal schlecht. Jetzt verkaufe ich bis zu 80 Döner am Tag. Ich habe mir einen Namen gemacht. Aber wenn man zehn Jahre lang an einem Ort bleiben will, muss man auch etwas zurückgeben.

Seit Magda Gessler im Fernsehen auftritt, sind die Menschen eher bereit, auswärts zu essen. Das »500+«-Kindergeld hat auch meinem Geschäft geholfen – die Leute auf dem Dorf können es sich jetzt leisten, bei einem Imbiss zu essen. Die Kunden kommen aus der ganzen Umgebung, sie stehen Schlange oder bestellen telefonisch. Wenn sie 15 Minuten später kommen, ist schon alles fertig. Kebab zum Mittagessen, Kebab zum Abendessen. Das Paradies.

Aber ich will ehrlich sein, wenn ein Fremder hier stehen würde, wäre der Andrang größer. Das ist die ländliche Mentalität: »Ihr geht es besser als uns, also machen wir sie fertig.« Sie ziehen es vor, in die Nachbardörfer, in die Stadt zu fahren, auch wenn das teurer ist. Solange sie nicht bei ihren eigenen Leuten kaufen.

Bei mir essen vor allem junge Leute. Manchmal kommt die eine oder andere ältere Dame vorbei, aber die bittet mich dann verschämt, das Essen für sie einzupacken, es in eine extra Tüte zu tun – und dann ist sie weg. Die Omas wollen nicht, dass man das mitbekommt und behauptet, sie seien zu faul, um selbst zu kochen. Ich tue, was sie wünschen. Warum auch nicht? Schließlich habe ich von den Kunden gelernt, wie man einen Gastronomiebetrieb führt. Zuerst kauft man das Originalrezept, für fettes Geld; 3.000, wenn Sie wollen, dass jemand Sie ordentlich anlernt. Dann üben Sie es, bis Sie es können, und passen es an den Geschmack der Einheimischen an. Wenn jemand kommt und sagt: »Sehr lecker, aber ich hätte gerne mehr Soße«, dann bin ich nicht beleidigt, sondern tue einfach mehr drauf und versuche mir zu merken, welcher Kunde was wie mag. Dadurch kann ich mittlerweile an einem Tag so viel verkaufen wie früher in einer Woche. Der Kunde muss zu Ihnen zurückkommen, muss immer wieder kommen, und das können weder Plakate noch andere städtische Tricks erreichen. Auf dem Land gibt es keine bessere Werbung als Mundpropaganda.

Aber es ist nicht mehr so einfach. Mein ganzer Körper schmerzt von der Arbeit. Jeden Tag stehe ich hier und rackere mich ab. Ich bin 51 Jahre alt, und meine 80-jährige Mutter kann besser laufen als ich. Nachts wache ich 3-4 Mal auf und weiß nicht, wohin ich meine Beine und Arme legen soll. Mein Arzt sagt:

»Entweder Du gibst diese Arbeit auf, oder Du trinkst jeden Abend einen halben Liter. Vielleicht würde auch Marihuana helfen.« So ein Spaßvogel.

Ich weiß, dass die Mädchen, die für mich arbeiten, mich ein wenig entlasten könnten, aber ich werde meinen Job nicht so einfach aufgeben. Ich bin eine lausige Chefin.

Selbst wenn mich ein Kunde darauf hinweist, dass eine von den Mädels etwas falsch gemacht hat, kann ich sie nicht zusammenscheißen. Ich nehme es auf mich. Nachdem sie gestern geputzt haben, bin ich heute früher gekommen, um hinter ihnen aufzuräumen. Sie leisten keine schlechte Arbeit, aber es muss eben auf meine Art gemacht werden. Auf meine Art beschäftige ich die Leute auch nur mit einem Werkvertrag. Ich hätte Angst, es anders zu lösen, aber hier hätten die Leute es lieber schwarz – wenn sie in einem angemeldeten Job zu viel verdienen, verlieren sie den »500+«-Zuschuss. Sie alle träumen davon, illegal zu arbeiten.

Wenn ich so darüber nachdenke, lohnt es sich für Frauen überhaupt nicht, zu arbeiten. Sie verdienen kaum mehr, als der Staat ihnen zugesteht, sie müssen die Kinder bei Fremden lassen, Geld für die Betreuung ausgeben, und für die Fahrkarten. Für Frauen würde an sich eine Teilzeitbeschäftigung ausreichen; damit sie genug verdienen, um sich schicke Kleidung kaufen zu können, ohne jemandem Rechenschaft ablegen zu müssen, um nett auszugehen und dann entspannt nach Hause zu kommen.

Jetzt mache ich Ihnen einen Kaffee und rauche eine. Nachdem ich mich von meinem Mann getrennt hatte, begann ich, Partys zu feiern und fing wieder an zu rauchen. Bald ist der siebte Jahrestag meiner Scheidung. Ich feiere jedes Jahr. Dann lade ich meine Freundinnen zu einem Drink ein. Das ist eine große Freiheit, sage ich Ihnen.

Es war alles ganz einfach: Zack-Zack, Scheidung im gegenseitigen Einvernehmen, auf Wiedersehen.

Als ich das Unternehmen gründete, sagten die Leute:

»Die ist doch so trottelig, das schafft die nie!«

Die glaubten nicht an mich, weil ich immer unscheinbar war, ganz zurückhaltend, habe mich nicht im Dorf herumgetrieben, sondern habe zu Hause gesessen und geputzt. Vor 15 Jahren hätte ich nie im Leben mit Ihnen gesprochen. Oder vielleicht doch?

Mit fremden Menschen redet man immer offener, als mit jemandem, den man kennt. Nichts für ungut, aber Außenstehende wie Sie, was kann es schaden, wenn Sie über uns Bescheid wissen?

Das Schwierigste in meinem Leben war wahrscheinlich zu lernen, wie ich für mich selbst sorgen kann. Auch später, als ich bereits Geld verdiente, floss es jahrelang nicht in meine Vergnügungen, sondern in Rechnungen, Investitionen, Kreditrückzahlungen und Schulgebühren. Erst jetzt erlaube ich mir manchmal, mir etwas zu gönnen. Ich kann mir ein Kleid kaufen oder mit meinem Freund in den Urlaub fahren.

Neulich waren wir eine Woche in Zakopane. Es war das erste Mal in meinem Leben, dass ich für so lange Zeit verreist war. Es waren quasi die zweiten Flitterwochen – denn der Freund ist mein Ex-Mann. Zuerst hieß es »Ehemann«, dann »Nachbar«, weil wir nach der Scheidung noch unter einem Dach wohnten, jetzt nenne ich ihn »Freund«. Wir leben, wie schon seit Jahren, in getrennten Zimmern. Sind Sie überrascht? Und wohin hätte ich nach der Scheidung gehen sollen? Zu meiner Mutter? Aber seit wir zusammen sind, kommt der eine zum Kuscheln zum anderen, wenn auch nur gelegentlich. Ich bin zu alt, um mich mit einem alten Bauern abzugeben. Jetzt kann ich mir eine solche Beziehung leisten, denn ich bin unabhängig. Ich möchte mit ihm zusammen sein, aber ich *muss* es nicht. Wie: einen anderen suchen? Nee, ich glaube nicht, dass es da draußen Bessere gibt. Wenn ich schon dasselbe haben soll, dann lieber einen alten Feind als einen neuen.

Ich bereue nicht, dass wir uns getrennt haben. Dadurch bekam ich meine Freiheit zurück und begriff, dass ich einen Wert habe. Der Nachteil? Meine Kinder sind ohne mich aufgewachsen. Die ganze Zeit rannte ich dem Geld hinterher, damit sie von mir den gleichen Anteil wie von ihrem Vater bekommen. Ich möchte nicht, dass sie sagen, er sei der Einzige, der sich kümmere.

Ich habe immer wieder hin und her überlegt, ob ich mit der Scheidung das Richtige getan habe. Und dann sagte meine Tochter eines Tages zu mir: »Mama, es ist ganz wunderbar jetzt. Du kommst nicht mehr abgehetzt nach Hause und Papa regt sich nicht mehr auf.«

Aber wenn wieder etwas schief geht, werde ich nicht locker lassen. Früher hätte ich es nicht gewagt, mich ihm zu widersetzen. Alles wegen dieser Kebabs! Warum probieren Sie es nicht wenigstens aus? Was, Sie essen kein Fleisch? Sie wissen nicht, was Ihnen entgeht!

Im Leben geht es nur um Essen und Sex, guten Sex. Die Leute erzählen, wie toll der Sex sein kann, und ich glaube, mit meinem Freund war es auch ein paar Mal richtig gut.

Ich habe in meinem Leben viele Fehler gemacht. Ich war 27, als ich mein erstes Kind bekommen habe – entschieden zu jung. Wenige Monate vor der Geburt haben wir geheiratet. Für die heutigen Verhältnisse war ich eine alte Jungfer, aber wenn man es mit gesundem Menschenverstand betrachtet, war ich noch ein halbes Kind. Ich habe mir die Wahl meines Partners nicht gut überlegt. Heute sage ich zu meiner Tochter:

»Heirate ja nicht! Wenn Du in Deinen Dreißigern ein Kind bekommst, bin ich schon in Rente und helfe Dir bei der Erziehung.«

Aber sie ist ein kluges Mädchen. Sie wird wissen, wie man eine gute Beziehung aufbaut. Die Workshops mit dem Pfarrer aus dem Nachbardorf haben ihr viel gebracht. Er organisiert solche Treffen für junge Menschen. Er hat meiner Tochter beigebracht, dass eine Frau eine Rose und der Mann ein Krieger ist, und dass er ihr Herz erobern, sich bemühen, sie anbeten soll. Meine Tochter weiß jetzt, dass es sich nicht lohnt, den Erstbesten zu nehmen. Als Jugendliche schickte ich sie aufs Gymnasium nach Płock. Ich wollte mein Kind entlasten, denn die Schule auf dem Lande ist schwerer zu ertragen.

Nach dem ersten Monat sagte meine Tochter: »In der Stadt stört es niemanden, dass ich Akne habe.«

Sie lernte ein neues Leben kennen. Sie hat Freunde, ist ständig unterwegs und findet immer wieder neue Hobbies. Nach ihrem Abschluss plant sie aber, zurück aufs Land zu ziehen, um ein bisschen was zu sparen. Hier wohnen die jungen Leute normalerweise bei ihren Eltern, das ist ein guter Start ins Leben. Da die Eltern von dem Kind kein Geld für die Miete nehmen, wird das Kind das Geld zur Seite legen und es dann investieren.

»Ihr gebt mir zu essen, und in ein paar Jahren baue ich mir ein Haus neben Euch«, sagt unsere Tochter, und das ist ein echter Plan. Und wer kann sich schon ein Haus in der Stadt leisten? Dort kriegst Du ein schäbiges Plumpsklo zum Preis eines Palastes.

Ich selbst hatte nie den Ehrgeiz, in die Stadt zu gehen.

Mein Vater starb früh, mein Bruder unterstützte uns. Gleich nach der Schule drängte mich meine Mutter, auf die Uni zu gehen, solange mein Bruder dafür bezahlen wollte. Ich habe sie angeraunzt, dass sie wohl verrückt sein müsse. »Nach 13 Jahren in der

Schule noch studieren?«, so dachte ich damals. Später warf sie mir immer wieder vor, dass ich 25 Jahre gebraucht hätte, um auf meine eigene Mutter zu hören. Nur dass sich 1986, als ich mein Abitur machte, ein Studium nicht wirklich gelohnt hat.

Auf dem Lande gab es massenhaft Arbeit. Für einen Hungerlohn, ja, aber immerhin Arbeit. Wenn ich danach nach Hause kam, gab mir meine Mutter etwas zu essen, ich musste für nichts bezahlen. Zwar hatte ich Geld für meinen eigenen Bedarf, aber ich wusste kaum, wie ich damit umgehen sollte. Am ersten Tag habe ich mein Gehalt kassiert, und am dritten Tag waren meine Taschen leer. Einmal habe ich für meine Mutter einen Kühlschrank der Marke »Minsk« gekauft.

Ein anderes Mal habe ich mir eine Nähmaschine geleistet, als Mitgift. Wie hätte ich von meinem Bruder erwarten können, dass er mir eine Aussteuer gibt, wo er doch die Schulden meines Vaters zurückzuzahlen hatte? Ich habe alles selbst aufgebracht. Ich bin stur. Das habe ich von meiner Mutter. Von ihr habe ich auch meinen Teint geerbt. Keine Falten, ich muss mich nicht mal eincremen, mir reicht das Fett von Döner und Pommes. Besser als die teuerste Creme, das sage ich Ihnen.

Sobald meine Tochter ihren Abschluss gemacht hat, werde ich meinen Freund fragen, ob er mich heiraten will. Ich war diejenige, die sich scheiden lassen wollte, also werde ich ihm jetzt einen Antrag machen. Er wird mich nehmen. Was habt Ihr denn gedacht! Soll er nur versuchen, nein zu sagen.

So, Mädels, ich gehe wieder an die Arbeit, da bildet sich allmählich eine Schlange. Und was ist mit Ihnen? Wo wollen Sie jetzt hin?

37 KILOMETER AUSSERHALB VON WARSCHAU

Agnieszka Pajączkowska und Ola Zbroja sind auf der Suche nach einer Straßenkarte von Mazowsze

Von wegen Navi! Erstens funktioniert das Netz hier nicht immer, und zweitens muss man ein klares Ziel eingeben, um es zu benutzen. Wir haben aber keins. Wir fahren durch die masowische Einöde und versuchen, Hauptstraßen zu meiden, während das Navi uns immer wieder dorthin zurückführt. Erst an der fünften Tankstelle hinter Warschau bekommen wir eine Straßenkarte zu kaufen. An den anderen gab es Karten von Warschau, Oberschlesien, Ermland und Masuren, sogar von Estland.

»Denn was ist schon Masowien? Es ist nur eine Durchgangsstation auf dem Weg an die Ostsee und nach Masuren«, erklärt der Kassierer und fährt mit dem Finger über das Papiernetz aus Straßen, Feldern und Dörfern. Und dann tippt der Finger triumphierend auf einen Punkt und wir erfahren, dass wir an der nächsten Kreuzung hinter dem Wirtshaus »Małe Zakopane« (Klein Zakopane) abbiegen müssen, wenn wir zu diesem Dorf mit dem lustigen Namen wollen.

»Zakopane in Masowien, ist doch ganz normal«, fährt der Mann fort, »es ist gut, mit etwas Polnischem zu prahlen. Weiter gibt es einen chinesischen Markt, Pizza und Kebab. Die Mazowsze-Bar? Ja, die gibt es. Nur hat sie schon seit Jahren geschlossen.«

118 KILOMETER NORDÖSTLICH VON WARSCHAU

Iza erklärt, was wir in »Warszawka« finden werden

Ich zeige es Ihnen auf der Karte, ich sehe, Sie haben eine genaue. »Warszawka« ist kein eigenständiges Dorf, sondern eine Art Siedlung. Wir haben auch Folwark, Kresy, Lelonka, Kamianka. Der Pfarrer hat das Dorf mal zum Zwecke des Sternsingens so aufgeteilt, weil es für seine Weihnachtsbesuche praktischer war, und dabei ist es geblieben. In Warszawka gibt es eine Kirche. Außerdem gibt es ein Geschäft, ein Postamt, eine Schule und eine Bushaltestelle. Busse nach Warschau halten dort, staatliche und private. Angeblich haben dort schon vor langer Zeit Juden gelebt und vielleicht ist der Name deshalb entstanden. Ich komme aus einem Dorf acht Kilometer von hier, also kann ich Ihnen nichts weiter dazu sagen. Wahrscheinlich können Ihnen die älteren Leute das alles besser erklären.

Was gibt es da zu erklären? – Ola Zbroja befragt zum ersten Mal Oma Halinka

»Warum zum Teufel bist Du gegangen?«, habe ich einmal gefragt. »Ola, Kindchen, was gibt es da zu erklären?«, murmelte Oma Halinka, als gäbe es nichts mehr darüber zu sagen, dass sie ihr Heimatdorf verlassen hatte. Als ob der Umzug nach Wola in Warschau selbsterklärend wäre. Aber ich habe es nicht verstanden. Auf dem Lande war es doch so schön! Gemütlich. Sicher. Ich erinnere mich noch genau. Ich fragte also noch einmal nach dem Grund, und sie sagte, es seien die gleichen Gründe, aus denen die Menschen auch heute auswanderten. Geld.

Und auch, dass ein junges Mädchen auf dem Land nicht allein hätte zurechtkommen können. Zwar hat sie ihren Sekundarschulabschluss viel früher als ihre Altersgenossen gemacht, nämlich im Alter von 16 Jahren, aber das ging keineswegs mit der Bereitschaft einher, zu heiraten. Was hätte sie also tun sollen? Bei ihren Eltern sitzen? Und sie waren froh über ihre Entscheidung, in die Hauptstadt zu gehen. In Warschau arbeitete die Großmutter im Kommunikationsinstitut im Kulturpalast. Ihre Aufgabe bestand darin, elektronische Bauteile unter dem Mikroskop zusammenzubauen – sie montierte Dioden und Transistoren. Es war nichts Besonderes, aber immer noch besser als auf dem Land zu vergammeln, wo ihr ihre Eltern nichts zu bieten hatten.

»Wir hatten nicht genug Land, um es aufzuteilen, und sie mussten es doch an ihre Erben weitergeben«, erklärt sie. Aber warum ist sie, das älteste Kind, nicht Erbin geworden? Mochte sie die Arbeit auf dem Bauernhof nicht?

»Ich bin kein Mann«, würgt Oma Halinka die Diskussion ab. »Das war das Problem.«

Agnieszka Pajączkowska sucht das Dorf in ihrer Familie

Meine Mutter sagt, dass die Ferien in ihrer Kindheit eher langweilig waren. Sie wohnte in Warschau, im Stadtteil Saska Kępa; wenn das Schuljahr zu Ende war, gab es niemanden, mit dem man in den Park oder wenigstens auf den Hof zum Spielen gehen konnte, denn die Freunde waren bei »Oma auf dem Land«. Dort blieben sie den ganzen Sommer über, und sie musste warten, bis sie mit ihrer Mutter und ihrem Bruder für zwei Wochen in die Ferien »zu einem Bauern« in Gawrych Ruda, »zu einer Bergbewohnerin« in Chochołów oder »zu einer Kaschubin« nach Karwia fuhr. Ihre Mutter hatte keine Großmutter, und schon gar nicht auf dem Lande.

Eine davon starb während der deutschen Besatzung im Gefängnis. Sie arbeitete in Piotrków Trybunalski in einem Sozialversicherungsbüro, wofür sie von den Deutschen verhaftet wurde. Die andere Großmutter starb in Wesoła bei Warschau. Sie war kurz vor dem Krieg aus einer kleineren Stadt dorthin gezogen. Ihr Mann war Eisenbahner, die älteren Söhne studierten, die beiden jüngeren Kinder wollten studieren – die Entscheidung für die Hauptstadt war naheliegend. Sie mieteten das Erdgeschoss eines Hauses am Stadtrand, da die Lebenshaltungskosten für eine sechsköpfige Familie, selbst für eine Mittelklassefamilie, in Warschau zu hoch waren. Die Entscheidung, in der Vorstadt zu leben, hat sich als richtig erwiesen, vor allem während der Besatzung. Als ihr Mann und ihre beiden älteren Söhne getötet wurden, blieb sie mit ihrer halbwüchsigen Tochter und ihrem jüngeren Sohn allein. Dieser war der einzige Ernährer der Familie. Er arbeitete in der nahegelegenen Mühle und hielt sich von den Jungen aus der Stadt fern, die am Aufstand beteiligt waren.

Das Leuchten über dem Dorf – Ola Zbroja befragt Oma Halinka zum zweiten Mal

Ihr ganzes Dorf in einem »Syrena«-Schuhkarton. Ein paar Kilo Erinnerungen. Fotos von schnurrbärtigen Onkeln vor dem Hintergrund vollbeladener Leiterwagen und von lachenden Tanten, die im Heu herumliegen. Dann sind da noch Urgroßmutter Stefcia mit einer Hacke, Tante Honorka mit ihren Ziegen sowie Stara und Baśka, die geliebten Stuten von Urgroßvater Franek.

Ich brauche einen Führer durch diese in Folie und Plastikhüllen verpackte Welt, also erklärt mir Oma in aller Ruhe, wer Tante Wiesia und Onkel Janusz sind.

Und dass dieses bezaubernde Kind Stefcio ist:

»Er sieht den anderen nicht ähnlich, denn er war ein Waisenkind.«

Das wusste ich nicht.

Irgendwann, nach dem Herbst 1939 brachte jemand einen süßen kleinen Jungen ins Dorf. Seine Eltern waren bei der Bombardierung Warschaus ums Leben gekommen, und Ururgroßmutter Marianna beschloss, ihn bei sich aufzunehmen. Sie kannten seine Eltern nicht, aber das war ihnen egal. Er war ein polnisches Kind.

»Die Bauern unterstützten Warschau, wie denn sonst?« Oma holt tief Luft und erzählt von den Partisanen, den Vorräten, die in die Hauptstadt gingen, den Deutschen, die hier und da stationiert waren. Und dass, als der Warschauer Aufstand ausbrach, über unserem Heimatdorf für lange Zeit ein Leuchten schwebte, der Schein der Brände in der Hauptstadt. Er schwebte über dem Weizen und dem Roggen, über den Scheunen und den Ställen, über den Köpfen meiner bärtigen Onkel und der Tanten, die jetzt nicht mehr lachten. Schließlich sahen sie zu, wie Warschau brannte – und mit der Stadt ihre Träume vom Ende des Krieges, der die meisten ihrer Männer aus dem Dorf geholt hatte.

In unserer Familie kehrte nur Urgroßvater Franek aus dem Krieg zurück. Er war 27 Jahre alt. Die Frauen waren allein zurückgeblieben. Wie Tante Honorka: mit drei Kindern, einem kärglichen Feld und einer kleinen Ziegenherde. Allein bis zum Schluss, denn sie hat nie wieder geheiratet. »Ich komme sehr gut allein zurecht«, erklärte sie stets. Wie hat sie das gemacht? Und das mit drei kleinen Kindern? Wenn ich meine Großmutter danach frage, sagt sie nur:

»Wie eine Dorfbewohnerin eben. Hier sind alle Frauen Heldinnen.« Und sie schaut sich weiter Fotos an.

Agnieszka Pajączkowska kommt aus der Hauptstadt

In meinem Kindheitsalbum sind die ersten Bilder, die uns auf dem Land zeigen, die aus einem masowischen Dorf 50 Kilometer von Warschau entfernt. Meine Eltern hatten die wahnwitzige Idee, auf der Welle der politischen Transformation einen alten Bauernhof zu kaufen, obwohl sie selbst keinen Bezug zum Landleben hatten. Für uns war es ein Hauch von frischer Luft, ein Ort der Erholung, weit weg von der Stadt – für diejenigen, die es verkauft hatten, ihr Erbe, welches sie gegen die Möglichkeit eintauschten, ein neues Leben in Warschau zu beginnen. Das Anwesen bestand aus einem Stück Wiese, die von einem Pfahlzaun umgeben war, einem kleinen Bauernhaus mit zwei Stuben, Kohleofen, einer Scheune, einem Schweinestall und einem Schuppen. Papa beschloss, die Scheune abzureißen und an ihrer Stelle ein größeres Holzhaus zu bauen. Daher störte es ihn auch nicht, als sich herausstellte, dass in der baufälligen Hütte weiterhin eine alte Frau wohnte.

Frau Olszewska blieb und lebte in meinen Kindheitserinnerungen, Erinnerungen an die langen Monate im Frühling und im Sommer.

Bei uns zu Hause sagte man nicht, dass wir »in unseren Garten« fahren. Wir fuhren »aufs Land«. Vielleicht, weil Frau Olszewska da war: immer mit einem geblümten Kopftuch, immer mit Wollrock, dicker Strumpfhose, Fellweste und Nylonschürze gekleidet. Mit Begeisterung jätete sie Unkraut, in ihrem eigenen Garten mit seinen gleichmäßig angelegten Reihen von Roter Bete, Möhren und Kohl; aber sie pflegte auch unseren Garten, obwohl es niemand von ihr erwartete.

Obwohl wir sie »Frau Oma« nannten, hielten wir als Kinder Abstand zu ihr. Sie sah anders aus als unsere Warschauer Großmütter, sie sprach anders und sie roch anders. Sie hatte ein sehr faltiges und wettergegerbtes Gesicht, wenn sie lächelte, blitzte ihr Goldzahn auf, sie war immer leicht vornübergebeugt, sie drückte sich die Hände ins Kreuz und fauchte die Hündin bedrohlich an, der sie jeden Abend eine Emailleschale mit Graupen und in Milch getränktem Brot vor die Hundehütte stellte. Ich glaube nicht, dass ich jemals in ihrem Haus gewesen bin. Ich erinnere mich, dass sie gerne sang, wenn sie sich bückte, um Quecke zwischen den Möhren zu rupfen, wenn sie auf einem Schemel vor dem Haus saß und Kartoffeln putzte, und wenn sie sich abends auf der Veranda ausruhte und mit wässrigen Augen in die Ferne blickte.

Ich weiß nicht, wann genau sie gestorben ist, aber ich erinnere mich, dass der Garten plötzlich von Unkraut überwuchert wurde. Und dass niemand etwas dagegen unternahm.

76 KILOMETER ÖSTLICH VON WARSCHAU

Irena wird so lange arbeiten, bis es nicht mehr geht

Manche von ihnen reden klug daher, vor allem die aus der Stadt, dass ein Bauer auf dem Land alles habe, was er brauche, es werde ihm an nichts fehlen, und derlei Unsinn. Leider muss ein Bauer auf dem Lande Tag und Nacht malochen, um etwas zu haben, was er sich in den Suppentopf tun kann. Und wenn er zu alt zum Arbeiten ist, war's das. Das ist die Wahrheit auf dem Lande.

Obwohl es jetzt besser ist. Denn bevor sie uns eine Rente gaben, mussten wir am Zaun krepieren. Heute kann man sich leisten, was man sich eben leisten kann, und was nicht geht, geht halt nicht, aber es ist zumindest möglich, ein wenig zur Seite zu legen, 20 Zloty im Monat, manchmal sogar 50. Gott bewahre, dass man plötzlich stirbt, und was dann? Die Kinder werden sagen: »Was, sie hat nichts gespart?« Das Sterbegeld deckt kaum die Kosten für den Priester, und es ziemt sich doch, ein guter Sarg und anständige Kleidung. Also spare ich für die letzte Stunde, wofür sonst, ich werde schließlich nicht in Urlaub fahren.

Ich muss also arbeiten und sparen, was ich kann, denn heutzutage ist ja alles teuer. Von wegen, Kartoffeln sind billig! Für Sie vielleicht! Einmal habe ich welche im Frühjahr gekauft, weil wir keine eigenen mehr hatten, und nachdem ich sie gekocht habe und zum Abkühlen für die Kartoffelknödel beiseitestellte, wurden sie schwarz wie Kohle. Und für sowas soll ich gutes Geld bezahlen? Und jetzt hält man sich nicht mal mehr Schweine oder so, weil man alles registrieren lassen muss, auch wenn es nur für den Eigenbedarf ist. Die Leute haben Angst, dass sie diese ganzen Vorschriften nicht verstehen und dann Strafe bezahlen müssen.

Einige sind in die Stadt gezogen, um ein bequemeres Leben zu führen. Aber ich gehe nie zu jemandem, um nach etwas zu fragen, um mir etwas zu leihen. Was ich habe, werde ich essen; was ich nicht habe, werde ich nicht essen. Und so bis zum Schluss.

Ich fuhr damals während der Volksrepublik nur nach Warschau, um Fleisch von den Lebensmittelkarten zu holen und bin seitdem nicht mehr dort gewesen. Wozu, wenn die Menschen in der Stadt so furchtbar sind? Ich weiß noch, wie ich nachts anstand, um eine bessere Sorte Wurst zu bekommen, und die Leute in der Schlange sagten: »Die Bauerntrampel sind in die Stadt gekommen.« Dann lieber nichts kaufen und nichts essen!

Einmal kam so eine feine Dame und drängte sich nach vorne, um 200 Gramm Blutwurst für ihren Hund zu holen. In der Warteschlange stand ein älterer Mann, der in der Stadt arbeitete, aber selbst vom Lande kam, und er sagte zu ihr: »Was drängeln Sie so?«

Und sie daraufhin: »Weil die Rüben vom Dorf gekommen sind, um sich bei uns satt zu essen. Die sollen warten.«

Da wurde der Mann ganz rot vor Wut: »Was glauben Sie, wer Sie sind? Am Ende kochen Sie auch nur mit Wasser«, sagte er ihr direkt ins Gesicht. »Denn ohne die Rüben vom Dorf hätten weder Sie noch die anderen Städter zu essen!«

Offenbar kam sie sich am Ende dumm vor, nahm den Hund auf den Arm, ließ das mit der Blutwurst sein und trollte sich.

Ich glaube, dass man die Leute vom Dorf heutzutage in der Stadt genauso behandelt. Egal, wen Sie fragen, alle sagen, dass der Bauer auf dem Land bestens versorgt sei und nur das Beste zu essen habe. Nur wie hart man dafür ackern muss, das bedenken sie nicht: den Mist auf den Wagen laden, aufs Feld bringen, pflügen.

Ich arbeite auf dem Land, seit ich 15 bin. Mein Vater starb, als ich vier Jahre alt war, und meine Mutter blieb allein zurück. Als ich größer wurde, mähte sie und ich sammelte ein, oder sie sammelte und ich mähte. Als sie dann starb, heiratete ich auf diesen Hof hier ein und bestelle das Land nun seit 40 Jahren.

Ich fürchte mich nicht vor harter Arbeit: Ich mache das, was zu tun ist, und wenn ich aufhöre, höre ich eben auf. Und jetzt sind die Zeiten besser, denn man nimmt den Roder und rodet, man nimmt die Sämaschine und sät. Früher musste man mit dem Pferd aufs Feld, und einer lenkte die Sämaschine und der andere das Pferd.

Am Ende arbeitete ich so hart, dass ich eine Fehlgeburt hatte. Zu sehr angestrengt, und das war's dann. Meine Fruchtblase ist auf dem Feld geplatzt. Wir organisierten ein Auto, um mich ins Krankenhaus zu bringen, denn ich war im sechsten Monat. Niemand hätte mich umsonst kutschiert, und es konnte keine Rede davon sein, dass der Arzt zu uns rauskommen würde. Zwei Kinder habe ich verloren, Zwillinge, einen Jungen und ein Mädchen. Ich habe sie nur kurz gesehen – für ein paar Minuten waren sie noch am Leben. Dann bekam ich drei weitere, aber die Trauer um die Zwillinge blieb. Es war meine erste Schwangerschaft, und ich hatte niemanden zum Trösten. Nur eine Frau, die im Nachbardorf wohnte, kam manchmal zu mir. Sie bekam jedes Jahr ein Kind, acht lebende und drei Fehlgeburten, insgesamt elf Jahre schwanger.

Die Bauern hier machen so gerne Kinder, aber dann werden die Frauen damit allein gelassen. Wenn man gute Schwiegereltern hat, ist es einfacher. Aber meine haben mich nach der Fehlgeburt der Zwillinge verflucht und beschimpft. Mein Schwiegervater ließ keine Gelegenheit aus, um mich zu piesacken, meine Schwiegermutter machte mich fertig, und mein Mann hat sich nie für mich eingesetzt, das Rindvieh. Ich hatte niemanden, der mir bei den Kindern geholfen hätte, sie schauten nicht einmal eine Minute nach ihnen. Nach jeder Geburt bin ich gleich zurück aufs Feld.

Wenn ich damals irgendwo hätte hingehen können, wäre ich von hier weggegangen, aber ich konnte nirgendwo hin. Hilfe von den Nachbarn? Die Leute hier würden sich gegenseitig in einem Löffel Wasser ertränken, wenn sie könnten. Geht es jemandem besser, wird er gehasst, geht es jemandem schlecht, wird er ausgelacht. So war es, ist es und wird es bei uns bleiben.

93 KILOMETER WESTLICH VON WARSCHAU

Sie machten Magda fertig und sagten, es sei ihre Schuld

Sie sagten verschiedene Dinge: dass ich weiterhin mit ihm zusammenleben sollte, dass wir irgendwie miteinander auskommen müssten. Ich hatte keine Wahl – er war derjenige, der sagte, er würde gehen. Jetzt bin ich 31, habe ein Kind und eine Scheidung hinter mir. Ich jäte die Erdbeeren, was hindert mich daran, mich dabei mit Ihnen zu unterhalten?

Alle urteilen über mich, aber niemand fragt, wie ich mich gefühlt habe. Manche Leute im Dorf waren auch gegen ihn, aber die meisten sagten, es sei meine Schuld. Vor allem die älteren Frauen. Aber meine Freundinnen haben mich sehr unterstützt. Ich war jung, immer noch in ihn verliebt, ich hatte Angst, mit einem Kind allein zu sein. Jetzt bin ich seit acht Jahren geschieden, und erst jetzt denke ich, dass es so besser ist.

Wir haben uns auf einer Hochzeit kennengelernt. Ich war 18, er war älter als ich; wie sich später herausstellte, neun Jahre – es war leicht für ihn, mich zu täuschen, denn er sah sehr jung aus. Zwar hat er nicht gesoffen, aber er war ein Muttersöhnchen, er hat ständig über alles mit ihr gesprochen. Manchmal hatte ich eine andere Meinung, und das reichte ihm wahrscheinlich, um mich zu schlagen.

Die Scheidung war für alle ein Schock. Mein bisheriges Leben ist vorbei und ich darf nicht nochmal kirchlich heiraten. Es fällt mir schwer, zu hoffen, dass ich irgendwann wieder einen Mann kennenlernen werde. Wo denn? Und warum sind Sie Single? Was, Sie hatten fünf verschiedene Beziehungen und keiner hat Ihnen je einen Antrag gemacht? Dann haben Sie auch einige Enttäuschungen erlebt.

Mein Ex hat sich eine neue Frau aus der Ukraine genommen, das ist jetzt sehr beliebt. Sie kommen hierher, um zu arbeiten, und sie wollen alle polnische Männer heiraten. Dann können sie nämlich die Staatsbürgerschaft erhalten, allerdings dauert es etwa 5-6 Jahre, bis es soweit ist. Ich habe nichts gegen sie, die Ukrainer sind in Ordnung, normale Menschen, sehr fleißig. Wir reisen wegen der Arbeit in den Westen und sie kommen halt zu uns. Es ist kein Wunder, dass sie sich ein besseres Leben wünschen.

Ich arbeite für ein Sicherheitsunternehmen. Ich arbeite 24-Stunden-Schichten, und danach habe ich 48 Stunden frei. Ich bewache die Lagerhäuser großer Logistikunternehmen, ich stelle Lkw-Fahrern Passierscheine aus. Ich pendle in die Nähe von Warschau, weil ich hier nichts Anderes finden konnte. Wir fahren zu viert und teilen uns die Benzinkosten. Ich mache auch Security bei Disco-Polo-Konzerten. Bei Massenveranstaltungen kann es schon mal heftig werden, aber ich halte es nicht für eine besonders gefährliche Tätigkeit.

Mein Sohn ist jetzt elf. Ich habe ihn mit 20 bekommen, also kam eine weiterführende Schule für mich nicht in Frage. Jetzt verdiene ich weniger als 2.000 Zloty. Ich habe einen befristeten Vertrag, und ich möchte keinen festen Arbeitsvertrag, denn dann würden sie mir noch mehr abziehen. Wenn ich auf Arbeit bin, kümmert sich meine Mutter um meinen Sohn, denn wir wohnen zusammen. Sie hilft mir sehr, auch wenn es für sie nicht leicht ist: Mein Vater ist gestorben, sie bezieht eine Bauernrente, was nicht dasselbe ist wie die normale. 2.000 Zloty oder 700-800 Zloty haben – das ist doch ein Unterschied, oder?

Ich bin für die PiS, weil die PiS viel für den ländlichen Raum tut, zum Beispiel die Einführung vom »500+«-Programm. Und auch wenn das Geld irgendwann mal auslaufen sollte, war es trotzdem gut. In den Städten gibt es weniger Familien, die solche Hilfe benötigen.

Wenn Sie in der Stadt zur Arbeit wollen, haben Sie es nicht weit; da können Sie den Stadtbus nehmen, und hier muss man immer 30-40 Kilometer fahren.

Es ist schön, dass meine besten Freundinnen in der Nähe wohnen. Sie sind verheiratet und leben ein geordnetes Leben. Einmal in der Woche machen wir Mädelsabend, immer bei einer von uns zu Hause. Wir essen gut, trinken ein bisschen was und hören Disco-Polo.

Das Dorf ist berühmt für seinen Disco-Polo. Die Leute können dabei am besten feiern. Warum sagen Sie, dass diese Texte schrecklich für Frauen seien? Schließlich singen auch Frauen Disco-Polo, und dann ist es ihre Botschaft an die Männer. Das ist es, was Etna, Kamasutra und Basta tun. Was, die kennen Sie nicht? Also bitte, haben Sie noch nie Disco-Polo gehört? Unmöglich. Es ist jetzt so populär, dass es ständig im Fernsehen läuft. Wie, Sie haben keinen Fernseher? Wie können Sie ohne Fernseher leben?

Ich schaue gerne Serien. Ich glaube nicht, dass es eine Frau im Dorf gibt, der »M jak Miłość« (L wie Liebe) oder »Rolnik szuka żony« (Bauer sucht Frau) nicht gefallen würde. Sie zeigen da zwar ein perfektes Dorf: mechanisiert, elegant, mit allerlei Wundern der Technik im Haus. Es gibt hier auch einige erstklassige landwirtschaftliche Geräte und die besten Maschinen, alles tipp-topp, aber sie sind selten. Viel schlimmer ist, dass diese Mädchen aus dem Fernsehen nicht wirklich für die Landwirtschaft geeignet sind. Es ist harte, körperliche Arbeit, und sie kommen aufs Dorf und wollen den ganzen Tag nur in der Sonne liegen. Ich habe mein ganzes Leben auf den Feldern verbracht, um Geld zu verdienen – ich habe Unkraut gejätet, Kirschen und Erdbeeren gepflückt. Erst seit zwei Jahren arbeite ich als Security.

Wenn ich nicht fernsehe, nehme ich gerne ein Schaumbad und trinke dazu ein Glas Wein. Oder ich gehe mit meinen Freundinnen tanzen oder zum Pizzaessen, manchmal gehen wir auch ins Kino. Vor allem in Płock, Łowicz, Sochaczew. Warschau? Ach, woher! Das ist doch viel zu weit.

Warum sind Sie so verrückt nach Warschau? Das ist überhaupt nicht meine Welt: beide Partner müssen arbeiten und gut genug verdienen, um sich dort eine Wohnung zu leisten. Nur wenige meiner Freunde sind so erfolgreich gewesen.

Płock, Łowicz – da müssen Sie hin. Haben Sie nicht daran gedacht, dorthin zu ziehen? Wenn Sie in Warschau wohnen, müssen Sie doch völlig fertig sein, das ist doch kein Leben! In einer Großstadt kommt es immer wieder zu Überfällen auf der Straße, sogar am helllichten Tag. Bei uns kommt sowas nicht vor, und die kommunalen Schulen sind sicherer als die in Ihren tollen Städten. Wenn ich manchmal höre, was dort passiert, denke ich, dass ich vor Stress ganz krank werden würde, wenn mein Kind dorthin gehen sollte.

Denken Sie daran, wenn Sie jemals aufs Land ziehen, muss es an einer asphaltierten Straße sein; denn im Winter räumt die Gemeinde den Schnee nur vom Asphalt. Und ja nicht alleine leben – für eine Frau allein wäre es schwer. Schließlich muss man Holz hacken, den Herd anheizen und Kohlen kaufen. In der Stadt geht man im Winter einfach in eine warme Wohnung, man muss sich um nichts kümmern. Deshalb haben die Mädels in Warschau Zeit. Sie sind immer zurechtgemacht, geschminkt, riechen nach Parfüm und überhaupt. Immer nur zur Stylistin und ins Spa; sie lassen sich immer die Wimpern machen und die Nägel lackieren. Ich weiß nicht, woher sie das Geld dafür nehmen.

Agnieszka Pajączkowska sollte nicht über LEGO, den neuen Polonez, das Segelboot auf dem Zegrze-See sprechen

Wir hatten Nachbarn hinter dem Zaun. Sie betrieben einen kleinen Bauernhof und hatten drei Kinder. Ich fuhr in den Schulferien immer aufs Land, während meine zwei Jahre ältere Nachbarin das Dorf nie verließ.

Ich erinnere mich an die Geschichte über den ersten Supermarktbesuch ihres Leben (eine entfernte Tante aus der Stadt nahm sie mit) und meine Verlegenheit darüber, dass ein Supermarkt für mich etwas ganz Selbstverständliches ist.

Dafür erzählte sie mir von der Firma Avon, für die ihre älteren Freundinnen jobbten, und sie brachte Pröbchen von Eau de Toilette und Cremes mit in den Hinterhof.

Die frühen 1990er Jahre waren eine gute Zeit für meine Eltern. Sie hatten genug Geld für das Haus auf dem Lande, für einen neuen Polonez, LEGO-Steine für uns Kinder, Kabelfernsehen, Ferien in Polen, eine VHS-Kamera und ein Segelboot auf dem Zegrze-Stausee.

Mir war bewusst, dass es unangebracht war, über all das zu sprechen. Ich wusste, wenn ich zu den Nachbarn hinter dem Zaun ging, sollte ich ihnen nicht erzählen, wo ich überall gewesen war, was ich gesehen hatte, wie unsere Wohnung in Warschau aussah, wo wir einkauften und was Papas Beruf war. Meine Eltern sagten, dass die Kinder hinter dem Zaun deswegen traurig sein könnten.

Jetzt denke ich, dass sie mir das unter anderem beigebracht haben, damit sich im Dorf nicht herumspricht, dass die Familie Pajączkowski angeblich reich ist. Sie wussten, dass die Kinder, die sich miteinander unterhielten, das Gerücht in der Dorfwelt verbreiten würden – und die Erwachsenen könnten es dann so weit aufbauschen, dass wir am Ende befürchten müssten, dass sie uns hassen oder ausrauben würden.

Diese Warnungen haben dazu geführt, dass ich zwar auf dem Land gelernt habe, die Häuser meiner Nachbarn zu betreten, ohne anzuklopfen, und mich dort wie zu Hause zu fühlen, aber durch den Einfluss meiner Eltern ein von Überlegenheit geprägtes Schuldgefühl entwickelt habe, weil ich aus der Stadt komme.

75 KILOMETER NORDWESTLICH VON WARSCHAU

Aneta will nicht aus ihrem Dorf wegziehen

Sie sind aus Warschau? Die Warschauer kommen zum Kajakfahren hierher, mein Nachbar betreibt während der Saison sogar einen Verleih. Ich bin noch nie Kajak gefahren, für sowas habe ich keine Zeit.

Ich muss die Erdbeeren jäten. Wenn ich im März anfange, arbeite ich bis zum Herbst durch. Erdbeeren, Gurken, Himbeeren. Tag für Tag, von früh um acht. Im März kann man schon Setzlinge vorbereiten. Dann wird gemulcht und gestreut, also, es kommt Stroh zwischen die Erdbeeren, um sie feucht zu halten und zu verhindern, dass das Unkraut hochkommt. Es ist Schwarzarbeit. Offenbar beträgt der Mindestlohn jetzt 13 Zloty brutto, aber wer zahlt das schon? Wenn ich mich so umhöre, offenbar niemand. Das gefällt mir nicht, denn wenn man schwarzarbeitet, ist man nicht versichert und der Verdienst wird nicht auf die Rente angerechnet. Eines Tages werde ich darüber nachdenken müssen, aber im Moment ändere ich nichts – ich habe mich daran gewöhnt, ich habe mich mit dem Chef angefreundet, wir verstehen uns gut.

Nein, ich fahre nicht ins Ausland, ich kann die Sprache nicht. Außerdem, wo ich doch den Job bei den Erdbeeren mache, wann sollte ich Zeit dafür finden? Ich bin 25 und arbeite seit fünf Jahren dort. Meine Eltern sind nicht pflegebedürftig, sie sind noch nicht so alt, aber ich wohne trotzdem bei ihnen. Ich könnte mir wahrscheinlich eine eigene Wohnung mieten, aber was bringt das? Wenn ich mich so umsehe, ist es an anderen Orten irgendwie seltsam, anders als bei uns. Ich habe überhaupt nicht vor, von hier wegzuziehen.

Hier kenne ich jeden. Ich weiß, was ich von den Nachbarn zu halten habe. Meine Schwester hat einen Freund auf einem Bauernhof, also werde ich sie drängen, zu ihm zu ziehen, und dann werde ich den Hof meiner Eltern übernehmen. Wenn ich einen Freund hätte, müsste er hierherkommen, um mit uns zu leben, da gibt es keine andere

Möglichkeit. Ich möchte nicht an einem fremden Ort bei irgendwelchen fremden Leuten landen. Ich mag es, dass man seine Nachbarn kennt, sich aufeinander verlassen kann, dass man sich nicht in den vier Wänden einschließt.

Entschuldigen Sie, ich muss jetzt aufhören, weil meine Eltern gerade zurückkommen.

Ola Zbroja und Agnieszka Pajączkowska streiten sich wegen der Zähne

Ola: Und warum hast Du sie nicht gefragt?

Agnieszka: Du hättest sie selbst fragen können!

Ola: Du warst aber näher an ihr dran.

Agnieszka: Und was hätte ich sagen sollen? Entschuldigung, warum haben Sie mit 25 keine Zähne mehr?

Ola: Vielleicht hättest Du mit dem Haarschnitt anfangen sollen. Dass man sofort sieht, dass sie beim Friseur war. Sie hatte so fedrig geschnittene Strähnen.

Agnieszka: Also gut, wir können meinetwegen zurückgehen. Dann kannst Du sie nach den Haaren fragen, nach ihrem Zahnarzt und bei Gelegenheit auch nach dem Haus mit dem Loch in der Dachpappe, das offensichtlich im Boden versinkt. Aber bring sie nicht in Verlegenheit.

Aus dem Polnischen von Paulina Schulz-Gruner

Der Text ist ein Auszug aus dem Buch von Agnieszka Pajączkowska und Aleksandra Zbroja *A co wyście myślały?* [Was habt Ihr denn gedacht?], Poznań 2019, S. 15–45.

Mit freundlicher Genehmigung des Verlags Wydawnictwo Poznańskie.

AGNIESZKA PAJĄCZKOWSKA ist Kulturwissenschaftlerin und Fotografin. Sie beschäftigt sich vor allem mit der Verbindung von Theorie und Praxis in den Bereichen Fotografie, Erinnerung und lokaler Geschichte. So erschafft sie interdisziplinäre, fotografische und kulturelle Projekte, Ausstellungen und Texte, wie etwa das Fotoprojekt »Wędrowny Zakład Fotograficzny« [»Wanderndes Foto-Atelier«], welches sie seit 2012 leitet.

ALEKSANDRA ZBROJA ist Redakteurin und Autorin. Sie schreibt u. a. für Duży Format, Magazyn Świąteczny sowie Wysokie Obcasy.

Die verrostete Seite Polens

Mit Marek Szymaniak spricht
Jędrzej Dudkiewicz

Jędrzej Dudkiewicz: Man hört immer, dass Polen sich entwickelt, dass das Bruttoinlandsprodukt wächst. Sie dagegen beschreiben den Zusammenbruch kleinerer Ortschaften. Woher kommt dieser Kontrast?

Marek Szymaniak: Der Lebensstandard in Warschau, der Dreistadt [Danzig, Gdynia, Sopot], Krakau oder Posen ist heute sicherlich vergleichbar mit Städten im Westen. In den kleineren Orten, die ich beschreibe, sieht das gänzlich anders aus. Wenn wir Prudnik dem nicht weit entfernt gelegenen Breslau gegenüberstellen, zeigt sich eine Kluft zwischen den Lebensstandards. Man sieht dies übrigens in den Statistiken: Warschau erreicht zusammen mit seinen umliegenden Gemeinden 160 Prozent des durchschnittlichen Wohlstands in der Europäischen Union, wogegen dieser Wert für das restliche Masowien nur 63 Prozent beträgt. Es gibt ganze Regionen, wie etwa rund um Lublin oder in den Masuren, die gerade so 50 Prozent des EU-Durchschnitts erreichen.

Bevor die Partei Recht und Gerechtigkeit (Prawo i Sprawiedliwość, PiS) an die Macht kam, hieß es, dass ein goldenes Vierteljahrhundert in der Geschichte Polens hinter uns liege. Jedoch war das Augenmerk auf die großen Städte gerichtet. Diese entwickelten sich, zusammen mit den Gegenden im Umkreis von 50 Kilometern, aber der Rest blieb zurück und verfiel in Stagnation. Menschen, die Chancen auf ein würdiges Leben suchten, begannen daher wegzugehen, was logisch ist. Das beschleunigte aber den Zusammenbruch der kleinen Städte, weswegen ich beschloss, diese andere, verrostete Seite der Medaille zu zeigen.

Die Metropolen sollten die Lokomotive sein, die den Rest mitzieht. Stattdessen zogen sie nur mehr Menschen an, welche für gewöhnlich nicht mehr in ihre Heimatorte zurückkehrten.

Für viele Menschen war so einen Umzug eine fast notwendige Bedingung, um durchzuhalten und ein besseres Leben zu haben. In meinem Lyzeum in Krasnystaw sagten 95 Prozent der Klasse, dass sie nichts dort festhalte. Man hat zwar für gewöhnlich seine Stadt gern, hat dort Familie, Bekannte, weswegen der Wille zur Rückkehr natürlich sein sollte. Und doch entscheidet sich die Mehrheit der Leute nicht dafür, und das, obwohl ihr Lebensweg in der großen Stadt nicht von Rosen gesäumt ist. Ihre Eltern haben geringe Einkommen, daher müssen sie während des Studiums arbeiten. Das ist noch dazu eher ein Job im Café oder Callcenter und keine Arbeit, die zum Studiengang passt. Zudem mieten sie kein Zimmer im Zentrum, sondern am Stadtrand und verlieren daher Zeit mit Pendeln. Jemand, der in einer Metropole geboren wurde, hat oftmals einen besseren Start, weil er die Zeit nach den Vorlesungen zur Entspannung, zum Lernen, für ein unbezahltes Praktikum oder zum Knüpfen neuer Kontakte nutzen kann, ungeachtet der Beziehungen, die die Person schon hat.

In Ihrem Buch[1] unterteilen Sie die Probleme der kleineren Städte in mehrere Kategorien und beschreiben diese anhand konkreter Beispiele, obschon die Mehrheit der Probleme überall auftaucht.

Ich beginne mit der Entvölkerung der kleineren Städte. Jedes weitere Kapitel beschreibt ein Problem, das zu den Fortzügen hinzukommt. Das wichtigste Problem ist das Fehlen von würdiger, stabiler Arbeit in der Gegend. Das ist das Fundament. Ohne festes und regelmäßiges Einkommen, ohne die Möglichkeit, Urlaub zu nehmen oder sich krankschreiben zu lassen, lässt sich keine Zukunft planen. Das gilt überall, auch in den Metropolen, wo man jedoch leichter den Arbeitsplatz wechseln kann. Das ist der erste Dominostein, der Einfluss hat auf weitere. Wenn man einen schlechten Arbeitsvertrag hat, wird man keine Familiengründung planen, weil es keine Chance auf eine

---

1 Marek Szymaniak: Zapaść. Reportaże z mniejszych miast [Kollaps. Reportagen aus kleineren Städten], Wołowiec 2021.

Wohnung gibt. Man hört auf, über viele Dinge nachzudenken, weil man die erste Bedingung dafür schon nicht erfüllt hat.

Man könnte nun sagen, dass das die Schuld der Leute sei, dass man noch mehr hätte lernen, früher aufstehen, arbeiten sollen ...

Im Buch beschreibe ich die Geschichte einer jungen Frau aus Tomaszów Lubelski. Sie zog nach Lublin, erwarb dort Bildung, steckte einiges an Arbeit hinein und machte quasi alles, damit es sich gut lebte. Sie kehrte in ihre Heimatstadt zurück, wo sich herausstellte, dass ihr das Diplom nichts brachte, sondern sie doch nur einen Job in der Verwaltung bekäme. Auch wenn sie ihr Einkommen mit dem ihres Partners zusammenlegen würde, wären sie immer noch nicht in der Lage, einen Kredit für eine Wohnung zu bekommen. Und dann hängt alles in der Schwebe, da sie ja gern Kinder hätte und ins Erwachsenenalter eintreten würde. Das versteht man ja gerade unter Wohnen in den eigenen vier Wänden, auch wenn es zur Miete ist. Für den Moment muss sie bei den Eltern bleiben, da kann man doch kein Kind großziehen. Ein anderes Beispiel ist eine junge Frau aus Hajnówka. Auch sie kehrte nach dem Studium zurück und konnte keine Arbeit gemäß ihres Bildungsstands finden. Es geht nicht darum, dass sie in einer Dönerbude arbeitet, denn sie hat andere Ziele, die sowohl mit der Art der Arbeit als auch mit dem Einkommen verbunden sind. In einem Moment der Frustration versandte sie ihren Lebenslauf an Unternehmen in der Großstadt und siehe da, es gab Arbeit für sie. Also zog sie weg und als ich mit ihr sprach, zeigte sie sich überrascht, dass der Arbeitgeber ihr ein weiterführendes Studium bezahlte, damit sie Neues lernte, und ihr eine Gehaltserhöhung versprach, wenn sie es beendete. Jemand sah in ihr Potential und wollte investieren. In einer kleineren Stadt mit niedrigerem Einkommen hätte sie selbst für ein Studium sparen müssen, was viel länger gedauert hätte – wenn es sich denn überhaupt hätte realisieren lassen.

Der Arbeitsmarkt in der Großstadt geht auch mit anderen Vorzügen einher.

Man muss nur die Stellenangebote vergleichen. Zum Standard werden immer häufiger: eine zusätzliche Lebensversicherung, eine private Krankenversicherung, Dienstlaptops und -handys. In einer kleineren Stadt denkt kaum einer daran. Gleichzeitig erinnern sich ältere Beschäftigte durchaus mit Wehmut, dass in der Zeit der Volksrepublik der Arbeitsplatz gleichzeitig Zugang zum Arzt, zur Kantine und zum Transport in die Fabrik bedeutete. Klar ist, dass dies nicht immer funktionierte, aber das gab es immerhin. Eine neue Version desselben, nur unter englischem Namen, bieten heute Großunternehmen an, und niemand spricht von Anspruchshaltung oder einer Rückkehr zum Sozialismus.

Es gibt noch ein Problem, das wir erläutern sollten, nämlich die Kosten eines Wohnungskaufs.

Die Medien konzentrieren sich auf Sensationen, z. B. auf Informationen, dass der Quadratmeter in Warschau oder in der Dreistadt bereits mehrere Zehntausend Zloty kostet. Das ist offensichtlich ein Missstand, wobei gleichzeitig nicht beachtet wird, dass in einer kleineren Stadt schon ein paar Tausend Zloty pro Quadratmeter die Möglichkeiten normaler Menschen übersteigen. Mir gefiel Prudnik, weswegen ich prüfte, wie die Wohnungspreise dort sind: 3.000 Zloty pro Quadratmeter. Bekannte aus Warschau sagten mir, dass das quasi umsonst sei. Wenn man jedoch 1.800 Zloty auf die Hand verdient, und davon dann die Miete, Nebenkosten und viele weitere Ausgaben abzieht, kann man sich den Kauf einer Wohnung auch nicht leisten. Darüber muss man sprechen.

Stattdessen hören wir, dass »jeder seines Glückes Schmied« sei. Das muss doch frustrieren. Könnte das eine explosive Mischung sein?

Als ich mein erstes Buch *Urobieni. Reportaże o pracy* [Knochenjobs. Reportagen über Arbeit][2] schrieb, überlegte ich, warum die Menschen nicht rebelliert haben, wo doch die Missstände auf dem Arbeitsmarkt Millionen von Menschen betreffen. Sie hatten jedoch das Gefühl, dass das ihr individuelles Problem sei und dass sie selber damit klarkommen müssten. Professor Andrzej Szahaj sagte, es koche in diesem Topf, aber der Deckel sei verschoben und der Dampf entweiche. Dieser verschobene Deckel war die Möglichkeit, in den Westen auszuwandern. Als Millionen von Menschen auswanderten und dort ein neues Leben begannen, waren sie nicht mehr hier, um für Veränderungen zu kämpfen. Aus Erhebungen geht hervor, dass die Bewohner:innen kleinerer Städte in den letzten drei Jahrzehnten ganz unterschiedlich wählten, mal SLD, dann PO, jetzt PiS. Der Punkt ist der, dass sie denen die Chance gaben, die versprachen, ihr Leben vor Ort zu verbessern. Diese Menschen wählen gemäß ihren Interessen, genauso wie es Menschen in den Metropolen machen.

Man sagt über die, die es schlechter haben, dass sie hilflos und wenig unternehmerisch seien. Dabei zeigt doch die Tatsache, dass sie sich trotz sich auftürmender Probleme über Wasser halten können, genau das Gegenteil.

Mein Gesprächspartner aus Kętrzyn beschrieb das gut. Er war verärgert und frustriert von dem Narrativ, dass Bewohner:innen kleinerer Städte überfordert seien und man ihnen alles mundgerecht vorsetzen müsse. Nehmen wir Städte wie Braniewo, Bartoszyce, Kętrzyn: Viele Firmen wurden dort geschlossen, die Arbeitslosigkeit lag noch vor nicht allzu langer Zeit bei etwa 30 Prozent. Ein großer Teil der dortigen Bewohner:innen wartete nicht, dass etwas vom Himmel fiel, sondern kam so gut es ging zurecht, z. B. indem man Waren über die Grenze schmuggelte. Natürlich ist das illegal, aber wenn man keine Wahl hat, macht man das, was es einem erlaubt, durchzuhalten. Leider ist es später schwierig, sich davon zu lösen.

[2] Marek Szymaniak: Urobieni. Reportaże o pracy, Wołowiec 2018.

Die Lage im Gesundheitssystem, die Schließung weiterer Krankenhäuser beschleunigt die Migration in größere Städte. Wir selber finden uns damit ab, weil wir daran glauben, dass Rentabilität der einzig wichtige Faktor sei. Der Staat wendet sich von seinen Pflichten ab.

In der Tat, aber nicht deswegen, weil er ein schlechter Regierender ist, der alles aus einer Laune heraus schließt. Das sind unsere Entscheidungen. Es sind Entscheidungen der Gesellschaft, weil wir es sind, die die Regierung wählen, welche ein konkretes Programm umsetzt, ein Programm, in dem das nächstgelegene Krankenhaus zig Kilometer vom Bürger entfernt ist. In Kraśnik will man die Geburtenstation schließen, in Zamość die Pädiatrie. Die Menschen werden dadurch in die größeren Städte getrieben, weil nicht jeder das Risiko auf sich nehmen wird, mit einer schwangeren Frau oder einem kranken Kind 70 Kilometer zu fahren, um Hilfe zu bekommen. Und eine der Personen in meinem Buch stellte zu Recht fest, dass sie keine Bürgerin zweiter Klasse sei. Warum solle sie dann einen schlechteren Zugang zur Fürsorge haben? Sie zahlt genauso Steuern und bekommt gleichzeitig nicht das, was Menschen in den Metropolen bekommen. Die Regierungen haben in den letzten Jahrzehnten vergessen, dass Polen hinter den Grenzen der großen Städte noch weitergeht.

Dann haben sie ja die Verfassung vergessen, in der es Artikel zum Arbeitsmarkt, zum Schutz der Gesundheit, zu Wohnungsangelegenheiten gibt.

Das stimmt. Heutzutage ist viel über die Unabhängigkeit der Justiz zu hören, und es lohnt sich, gegen diesen Rechtsbruch zu demonstrieren. Andere Artikel der Verfassung jedoch werden seit vielen Jahren gebrochen und dazu gibt es nicht nur keine Demonstrationen, sondern nicht mal eine warnende Stimme, die z. B. darauf hinweist, dass der Zugang zu Fachärzten auf dem Lande illusorisch ist.

Wenn jemand in dieser Debatte konkrete Verfassungsartikel zitiert, denken viele Menschen, ob das nicht etwa Kommunismus sei ...

Ähnlich ist es mit den *Solidarność*-Forderungen vom August 1980. Obwohl 40 Jahre vergangen sind, wurden einige von ihnen nie realisiert. Bestimmt würden einige von diesen, wenn man sie ohne Kontext zeigen würde, auch einige Menschen empören.

In Ihrem Buch stechen zwei Emotionen hervor: Neben Resignation gibt es auch Entschlossenheit, um trotz konstanter Rückschläge voranzuschreiten und zu versuchen, etwas zum Besseren zu verändern.

In meiner Heimatstadt Krasnystaw wurde der Marktplatz vor der Zubetonierung gerettet, es gibt dort immer noch Bäume und man kann im Schatten sitzen. Es gibt auch Städte, wo Wohnungsprogramme für die entstehen, die keinen Kredit bekommen und gleichzeitig an keine Kommunal- oder Sozialwohnung kommen. Nach der Veröffentlichung des Buches wurden weitere Stimmen hörbar, dass an verschiedenen Orten Gutes passiere. So geschehen in Dąbrowa Górnicza, wo Areale ehemaliger Fabriken neu belebt wurden und Raum geschaffen wurde, wo sich die Bürger:innen treffen können. Es gibt verschiedene kulturelle Initiativen, Gastronomie sowie Sportkurse. Obwohl dies immer noch einzelne Beispiele sind, wünsche ich mir, dass sie als Inspiration für andere dienen. Wenn sich nichts verändert, werden weitere Städte entvölkert, der Kollaps wird fortschreiten, was verschiedene gesellschaftliche Probleme nur verschlimmern wird. So wie es jetzt aussieht, gibt es Funken der Hoffnung und ich hoffe auch, dass sie sich verbreiten und gesehen werden.

Aus dem Polnischen von David Swierzy

Der Text erschien in TYGODNIK POWSZECHNY vom 31. Oktober 2022, S. 42–44.

© Tygodnik Powszechny, 2021

MAREK SZYMANIAK ist Journalist und Reporter. Er schreibt für die Magazine DUŻY FORMAT und PISMO und veröffentlichte die Bücher *Urobieni. Reportaże o pracy* [Knochenjobs. Reportagen über Arbeit] sowie *Zapaść. Reportaże z mniejszych miast* [Kollaps. Reportagen aus kleineren Städten]. Für seine Artikel und Werke erhielt er zahlreiche journalistische Auszeichnungen in Polen.

JĘDRZEJ DUDKIEWICZ ist freier Journalist und Publizist, arbeitet mit dem Nichregierungsorganisationen-Portal NGO.PL. Er publizierte u. a. in POLITYKA, TYGODNIK POWSZECHNY, KRYTYKA POLITYCZNA und dem Magazin KONTAKT.

Anna Arno

Dieses Land

IN DIESEM LAND

Wenn ich dieses Land verstehen wollte, würde ich mit den senffarbenen Ölsockeln beginnen. Mit den grünen Wänden und dem Geruch von Linoleum. Mit den zarten, brüchigen Blättern der Farne. Mit dem Adler-Staatswappen und dem heiligen Kreuz. Mit dem Duft des Jasmins und der Robinie, zu dieser Jahreszeit, in der alles freundlicher aussieht: sogar Garagen, sogar Brachland. Wenn das Gras immer höher wird, sich neue Äpfel bilden und die Kirschen reif werden.

Ich würde mit dem Lebensmittelladen beginnen, mit *Twaróg*-Quark und Hartkäse, mit den Kaiserbrötchen und der ewigen Frage: »Haben Sie es vielleicht kleiner?« Oder mit Erdbeeren, mit jenen wenigen Sommerwochen, in denen das Land in Erdbeeren ertrinkt. Mit den endlosen Rapsfeldern. Mit der Jahreszeit, in der mein Land für eine Weile in leuchtenden Farben erstrahlt. Ich würde mit Roter Bete und Sauerkraut beginnen, mit geräucherten Pflaumen und Lauch, der jedem Wetter trotzt. Und mit Kopfsalat, der in unserem Land mit Sahne angerichtet wird. Und mit Gurken, ebenfalls in Sahne, was man bei uns *mizeria* nennt, obwohl diese Speise schon lange nicht mehr mit Armut in Verbindung gebracht wird.

Wenn ich eine Geschichte über dieses Land beginne, erinnere ich mich an den Geruch von Kiefernholz und den Duft von Nadelbäumen, an den Geruch von Pferdeäpfeln auf Schnee. Aber auch an Tische, die mit Wachstuchdecken gedeckt sind, und an dünne Papierservietten. Ich denke an den Geruch von Hühnersuppe und gebratenen Zwiebeln, von Fleisch in dicker brauner Soße. Nicht zu vergessen: Kartoffelpuffer.

Wenn ich dieses Land verstehen wollte, würde ich an die Sandkästen in den Hinterhöfen denken, die immer schmutzig und von den Katzen der Umgebung belagert sind. Die Katzen hätten ein eigenes Epos verdient. Die Katzen und die Katzenladies, die den Tieren Fleisch und Milch an die Fensterbretter im Keller stellen. Die Frauen, die vor der Dämmerung nach den Katzen rufen und sie mit unerwiderter Liebe lieben. Diejenigen, die keine Katzen mögen, lieben Tauben und knacken Nüsse für sie.

Wenn ich mein Land beschreiben wollte, würde ich mit der Eisenbahn beginnen. Mit dem Geruch von aufgeheizten Schienen, vom Schmiermittel, mit dem sie die Gleise ölen und den Holzschwellen. Mit den gelben Blüten von Rainfarn und Goldrute, die im Spätsommer die Bahndämme überwuchern. Ich würde mich daran erinnern, wie ich an Wintermorgen in völliger Dunkelheit auf den Zug wartete. An das Rütteln der Räder, die Atemlosigkeit der Maschinen, die schlechte, säuerliche Luft im Zug, der immer zu weit von der Bahnsteigkante entfernt hielt. Ich würde reisen, viele Tage, viele Jahre lang und immer nur an kleinen Bahnhöfen aussteigen.

Der Zug steht lange in Węgliniec, mit seinem alten Bahnhof aus deutscher Zeit. Eigentlich sieht hier alles ziemlich preußisch aus, obwohl das Land schon seit über siebzig Jahren polnisch ist. Hier werden die Waggons abgekoppelt, so dass wir ohne den Restaurantwagen »Wars« nach Berlin fahren. Und der Bahnhof Balin in der Nähe von Trzebinia sieht aus, als würde dort nie etwas anhalten. Nur die Vögel toben sich in den Bäumen aus.

Zwischen den Gleisen haben Botaniker einen seltenen weißen Mohn gefunden: Das Kraut wächst auf einem Krater, geschützte Arten gedeihen auf Halden.

Ich würde die Geschichte meines Landes mit dem Gestank der Bahnhofstoiletten beginnen, mit den ständig verschmierten Fensterscheiben, mit dem Ekel und der Erleichterung, die unmittelbar darauf folgt. Mit den grünen Papierhandtüchern, die dort manchmal – trotz allem – vorhanden sind.

Ich würde mit den Barstühlen im »Wars« beginnen, mit den Klapptischen, mit den schmutzigen Vorhängen in einer unbestimmten Farbe. Ich würde mit den Zügen anfangen, wo es immer entweder zu kalt oder zu heiß ist. Daran führt kein Weg vorbei, es ist eine Quelle der ewigen Frustration, aber auch der menschlichen Solidarität. Wenigstens gibt es etwas, worüber man reden kann.

Wenn ich über dieses Land, das einzige, das ich je wirklich gekannt habe, sprechen wollte, würde ich mit dem Trompetensignal vom Turm der Krakauer Marienkirche zur Mittagszeit im Ersten Programm beginnen.

Ich würde mit der Wettervorhersage für Fischer beginnen: der Pegelstand der Danziger Bucht, zwei zu zwei, der Flusspegel des Frischen Haffs zwei zu drei, Sichtweite gut.

Wenn ich beschreiben wollte, wie dieses Land riecht, würde ich mich an den Geruch der Kirchen erinnern. An die Marienlitanei, an Pfingstrosenblüten, die an Fronleichnam auf die Straße gestreut werden. Aber auch an den Schweiß, all das Parfüm und das Wehklagen des Pfarrers, der den Weihnachtsgottesdienst abhielt.

An meinem Land mag ich sogar das, was ich nicht mag. Die ewigen Diminutiva. Die plastische Sprache, die sie erst überhaupt möglich macht. Brotleibchen, Butterchen, Schinkenlein, Schneechen, Regenschirmchen, Käffchen zum Küchlein.

Als ob die Bewohner dieses Landes versuchen würden, die Grausamkeit des Schicksals zu mildern. Den Tisch mit einem Tischtuch decken, mit Blumen schmücken.

Ich mag sogar das, was ich nicht mag. Die Grabmäler aus Granit, die sie am ersten November mit kugelförmigen Chrysanthemen schmücken (den beeindruckendsten Grabstein habe ich in Sarbiewo in Masowien gefunden: vielmehr ein Mausoleum im neugotischen Stil, mit der Inschrift »Ruhestätte von Adam Grabowski«; fast wie die Scrovegni-Kapelle, Buße für die Sünden, Leiter in den Himmel).

Ich mag sogar das, was ich nicht mag. Die allgemeine Verehrung für Fleisch und Wurst, den Geruch von Schinken mit Meerrettich. Die Mohnsamen, die zwischen meinen Zähnen hängen bleiben. Tee statt in einer Tasse in einem Glas, mit einer Zitronenscheibe, die ihm eine leichte, strohfarbene Tönung verleiht. Manchmal kommen einem noch Becher der »Społem«-Genossenschaft mit der charakteristischen geneigten Aufschrift unter. Dicke Tassen ohne Henkel, in denen alles seinen Geschmack verliert, in denen man die Temperatur nicht spürt und sich leicht verbrennen kann. Im Kindergarten haben sie darin Kakao serviert. Immer mit einer dicken Haut. Ich habe mir stets den Mund daran verbrannt, weil ich es nicht abwarten konnte, und ich kann es immer noch nicht. Ich mag Schweinekoteletts, und das hat etwas von Perversion oder aber von Solidarität mit dem Verlierer, denn ein moderner Mensch möchte nicht zugeben, dass er gerne Schnitzel mit *Mizeria* und Kartoffeln isst. Ich mag fetten Hüttenkäse, Butter und *Oscypek*-Räucherkäse. Aluminiumlöffel habe ich schon lange keine mehr gesehen.

Außerdem mag ich die blechernen Kästen der »Ruch«-Kioske. Und auch diese roten, wie Raumfahrzeuge aussehenden Lieferwagen, die irgendwo in der Mitte der Straße geparkt und bis zur Decke mit Waren vollgestopft sind.

Seit einiger Zeit ersetzt »Ruch« die alten Kioske durch größere, gläserne Pavillons. Ich bin froh über diese Eleganz, aber ich vermisse das Vergangene.

Ich erinnere mich an die Teppichstange und den Sandkasten, obwohl ich nicht ihre Königin war. Ich war nicht besonders gut in Gummitwist, ich beherrschte keine komplizierten Figuren, ich konnte nur bis auf Kniehöhe springen. Dennoch erinnere ich mich gerne an meinen Hof, mit einem Bunker für den Kriegsfall, einer Bank für alte Leutchen und einer Leiter, auf der meine unübertroffenen, geschmeidigen Freundinnen Saltos machten.

Kürzlich wurde dort ein Open-Air-Gym hingestellt: von der EU geförderte gelbe Fitnessgeräte, mit Anleitungen zum Turnen. Sie haben auch eine glänzende Rutsche aufgestellt, auf der mein Neffe vor kurzem zum ersten Mal gerutscht ist.

Ich erinnere mich an Mirabellen: kleine, gelbe Pflaumen, die in unserem Garten wuchsen. Wenig später reiften wilde Äpfel und Birnen: säuerliche Sommersorten. Aber meine Mutter erlaubte uns nicht, Obst von diesen Bäumen zu pflücken: Schlesisches Obst, sagte sie, vom Müllhaufen.

ICH MAG DIESES LAND

Ich habe angefangen, dieses Land zu mögen, wie man seinen Körper mag. Zu gerne würde ich alles daran ändern, angefangen bei den Knöcheln. Vielleicht sogar meine Füße, damit sie in Sandalen reinpassen. Aber am Ende wäre es schade um meine Beine, um meinen zweiten Zeh, der länger ist als der große Zeh (ich weiß nicht, wer ihn mir vererbt hat). Das ist nun mal mein Körper: rote Wangen in der Kälte, die rechte Brust größer als die linke. Mein Körper, dem das natürliche Rhythmusgefühl abgeht. Aber ich werde keinen anderen bekommen.

»Mein Hut, der hat drei Ecken, drei Ecken hat mein Hut. Und hätt er nicht drei Ecken, dann wär's auch nicht mein Hut.« Ich muss in diesem Körper leben, also ist es besser, sich mit ihm auszusöhnen.

Aus denselben Gründen habe ich dieses Land schätzen gelernt: wie all die Offensichtlichkeiten, den Urmeter als Maßeinheit, wie meine Familie. Erst nach Jahren erfuhr ich, dass in manchen Häusern Tomatensuppe mit Nudeln gegessen wird. Bei uns gab es sie immer mit Reis. Aber schließlich gibt es auch Völker, die kein Sauerkraut kennen.

So ist dieses Land, wie alle anderen absurden Gewohnheiten. Wie die Tatsache, dass man stets denselben Weg nach Hause nimmt. Das gilt auch für das Land, das Du dreimal verleugnen wirst und gegen das Du jeden Tag rebellierst. Vor dem Du fremde Länder preisen wirst. In das Du immer wieder zurückkommen wirst, wie der verlorene Sohn. Denn nur hier verstehen sie Deine Witze. Denn Deine eigene Dummheit spiegelt sich in der Dummheit der anderen wider. Sie irritieren Dich, weil Du in ihnen Dich selbst, Deine Liebsten, Deine eigene Kindheit siehst.

Deshalb fällt es Dir so leicht, Deine Landsleute im Ausland zu erkennen, und dann ist der Abend verdorben, wenn sie sich an den Nachbartisch setzen.

Ich mag dieses Land, wie man sein Leben mag. Hektisch, chaotisch, unstrukturiert. Aber Du kommst da nicht raus, es verfolgt Dich, schleppt sich hinter Dir her, was auch immer passiert. Sie haben mich mit dicken Fäden an dieses Land drangenäht. Erst spät begann ich es zu besichtigen, es wie ein fremdes Land, wie einen anderen Menschen zu sehen. Damals rasten wir über die Grenzen, kaum dass sie geöffnet waren. Nach Italien, Frankreich und Spanien. Erst dann begann ich, mich für dieses Land zu interessieren, das ich nie verstehen werde. Genauso wie Du Deine Eltern nicht verstehen kannst. Genauso wie Du diejenigen nicht verstehst, die Du wirklich liebst.

Lange Zeit wusste ich nicht, dass es anders sein könnte. Die Glocke in der Kirche war zerbrochen und klang wie Vorhofflimmern, aber ich bin mit dieser Glocke aufgewachsen, mit ihrem dumpfen, bedrohlichen, trostspendenden Dröhnen. Ohne mich zu fragen, haben sie mich in dieses Land hineingenäht. Deshalb weiß ich, wie Graupensuppe schmecken muss und wie richtige Gurkensuppe und Hühnerbrühe schmecken, von der meine Mutter sagt: »Das ist die schlimmste Suppe, nichts als gekochte Knochen.« Doch mein Vater kann ihr nicht widerstehen, jedes Mal, wenn er kochend heiße Hühnersuppe mit fetten Augen drauf bestellt, diese königliche Brühe, mit Petersilie bestreut. Ohne sie gibt es keinen Sonntag, ohne zählt er einfach nicht.

Ich hänge an diesem Land. Kaum aus der Gefangenschaft entlassen, schaute sich mein Land ängstlich um. Heute weiß es bereits, dass die Dinge anders sein können. Früher fuhr man zum Arbeiten nach Deutschland, als Saisonarbeiter, pflückte Gurken und Erdbeeren, sortierte Fleisch. Und man wusste, dass es bessere Länder gab, einfach von anderer Qualität, so wie man einen Kaschmirpullover neben einen aus Viskose legt.

Hell erleuchtete, elegante Länder. Das Auto glitt durch sie hindurch, auf tischglatten Straßen, und die Menschen dort wussten, wie man sich zu benehmen hat.

Und wir Polen traten durch eine Seitentür ein und entschuldigten uns für unsere Kleidung und unsere schlechten Umgangsformen. Vor allem aber entschuldigten wir uns dafür, dass wir uns nichts leisten konnten. Wir wollten uns nicht mit unserer Armut brüsten. Mit dem harten Schicksal am Nebengleis der Geschichte. Wir wollten nicht wie eine alte Jungfer aussehen, eine Lehrerin mit kratziger Stimme. Wir zogen es vor, Klasse zu zeigen, wie eine verarmte Aristokratin, die zwar nur ein einziges Kleid besitzt, das allerdings aus bestem Stoff gemacht ist. Die Adelige behielt nur die Perlenkette, die mit ihrer filigranen Arbeit an bessere Zeiten erinnert. Deshalb waren wir auch noch nie stolz auf unser Land, haben es nie gelobt. In falscher Bescheidenheit warten wir darauf, dass uns jemand erwählt. Selbst ziehen wir es vor, uns herabzusetzen und zu kritisieren. Vielleicht werden sie uns sagen, dass es gar nicht so schlimm um uns stehe, und uns an unsere Vorzüge erinnern, unsere Verdienste für die Welt. An unsere herausragenden Schriftsteller, Musiker, Wissenschaftler. Es spielt keine Rolle, dass sie erst ihren Ruhm erlangten, nachdem sie ins Ausland gegangen sind. Unser Heimatboden hat sie schließlich geboren und genährt. Unser Land verbannte sie, doch es konnte nicht anders, hatte es doch kein Brot für sich selbst. Es wurde von fremden Mächten zerlegt, musste Invasionen abwehren, wurde von den Winden der Geschichte zerrissen.

Außerdem sparen wir nicht mit Komplimenten gegenüber Fremden. Man muss nur die Grenze überqueren, und schon ist alles anders, alles besser: die Tschechen haben ihre Eisenbahnen, ihren Sinn für Humor, ihre entspannte Einstellung zum Leben und zu sich selbst. Die Deutschen arbeiten hervorragend. Sie sind sauber, zuverlässig und pünktlich. Die Skandinavier haben die besten Möbel, und was für Kindergärten sie haben, wie toll sie ihre Kinder erziehen! Sie lassen ihre Autos stets unverschlossen. Wie fröhlich die Italiener sind (aber sie haben ja ihre Sonne), wie zurückhaltend die Engländer (aber sie sind ein wenig zu kühl). Was für tolle Universitäten die Amerikaner haben (naja, bei dem Geld, damit kann man sich nicht messen). Seht zu und lernt! Kommt nach Euren Stipendien alle zurück und arbeitet an der Basis. Verpflanzt die ausländischen Modelle auf unseren Boden, ermahnen wir uns gegenseitig.

Wir üben uns in Achtsamkeit und in der Kunst des tiefen Atmens. Aber das Herz sehnt sich leise nach einer gesalzenen Gurke.

DAS AUSLAND

Ich habe deutsches Waschpulver gekauft. Ergiebigere Geschirrspülmittel, weißere Wäsche, weichere Stoffe. »Deutsch« bedeutet luxuriös. Unsere Nachbarn bekamen regelmäßig Pakete aus Deutschland, und das fiel auf: So eine Bluse kann man hier nicht kaufen, so eine Baumwolle gibt es nicht, so eine Farbnuance, man sieht sofort, dass es aus dem Ausland kommt.

Wenn eines der Kinder ein LEGO-Piratenschiff oder ein Haus für Barbie besaß, war klar, dass es Familie oder Freunde in Deutschland hatte. Im »Reich«, wie manche sagten. Deutsche Produkte zeichneten sich durch ihre Haltbarkeit, ihren Geschmack und ihre Verpackung aus. Es gab sogar Leute, die Plastiktüten mit Werbeaufdruck sammelten. Und nun hat sich die Welt gedreht, heute sind braune Papiertüten und Stoffbeutel wieder in. Heutzutage kauft man seinen Hüttenkäse bei einer Oma auf dem Wochenmarkt, einheimisches Obst und Schwarzbrot.

Es stimmt, die ärmsten Menschen kleiden sich in Läden, die »Cheap Armani« oder »Elegante Kleider aus der Schweiz« heißen. Und die etwas weniger Armen machen Urlaub in Kroatien.

So ein Land ist das. Mürrisch, neidisch, komplexbeladen. Wegen des Lichtmangels während einer Hälfte des Jahres, wegen Unterkühlung, wegen überhitzter Wohnungen im Winter, wegen der Jahrhunderte der Teilungen, wegen Generationen der mangelnden Bildung, wegen der Minderwertigkeitskomplexe der Bauern und wegen der Morde an der intellektuellen Elite. Wegen der Warteschlangen bei Fachärzten, wegen der von den Krankenkassen nicht erstatteten Medikamente, wegen Rheuma, wegen Erschöpfung, wegen unerfüllter Ambitionen.

Wegen schlechter Noten in der Schule, wo sie die Tische nicht im Kreis oder in einem Hufeisen angeordnet haben, wie es heute modern ist. Stattdessen wurden sie mit Ölfarbe braun gestrichen, Schicht um Schicht. Die Metallteile rochen nach Schmiere, die Fußböden nach Kautschuk und Bohnerwachs, die Treppen nach Lysol. In einer Vitrine lagen Fossilien, Ahornblätter und ein ausgestopftes Kaninchen. Und auf dem hinteren Brett ein Embryo, von dem niemand zu wissen schien, um welche Spezies es sich handelt.

Vielleicht wirkt es sich längerfristig auf die Psyche aus: die Nonne in der Schule, die einem das Ohr verdreht hat. Eigentlich war es eine Strafe für Jungs, aber auch mir wurde einmal eine solche Demütigung zuteil. Weil ich im Unterricht geplappert habe. Trotzdem wollte ich den Religionsunterricht nicht verpassen und malte fleißig Heiligenbildchen aus. Das Papier knitterte, wenn ich sie in mein Heft hineinklebte und mit dem verdreckten Finger festdrückte: die Flecke erinnerten mich an Schneckenschleim; später wurden sie dunkel und es war mir nicht mehr möglich, sie wegzukratzen.

Die Kreide brach auf der unebenen Tafel (Löcher, an den Stellen, wo der Zirkel angesetzt wurde). Die mit Packpapier überzogenen Lehrbücher rochen nach Altpapier, es war schwierig, mit Vorfreude an sie zu denken. Die herausfallenden Seiten wurden mit dickem Klebeband gesichert. Mit zunehmendem Alter wurde es gelb und spröde und roch nach getrocknetem Leim. Sie stempelten die Daten der aufeinanderfolgenden Ausleihen auf der ersten Seite in Rot und Lila.

Die Bibliothekarin wechselte oft ihre Haarfarbe: Blond, Orange, noch helleres Blond und Rostrot, bis hin zu Kastanienbraun. Sie hatte lange, rote Fingernägel, und ich fragte mich, ob diese sie störten, wenn sie die Seiten umblätterte. Oft las ich die Bücher als Erste.

Die Bibliothekarin ließ mich sogar Bücher aus dem anderen Raum, dem für ältere Klassen, ausleihen, aber meist sah sie mich mit einer Mischung aus Mitleid und Verachtung an. Und ich trug damals noch nicht einmal meine Brille.

Vielleicht spiegelt sich das in meinem ganzen Leben wider: dass ich die Kleinste in der Klasse war. Die Letzte bei der Messung der Lungenkapazität, was auch immer das ausgesagt haben soll. Die Letzte auf der Reserveliste bei der Auswahl der Mannschaften für Völkerball. Ich erinnere mich an den Geruch des Kabuffs des Sportlehrers und daran, dass ich hoffte, es gäbe nicht genug Bälle für alle. Ich erinnere mich an den Geruch von Staub, wenn die Bälle auf dem Boden aufprallten. An den Anblick der Sprossenwände. An den Sprungbock und den Turnkasten, über die ich nie springen konnte. Ich erinnere mich an den Geruch des dunklen Leders und den knarrenden Boden der Turnhalle, an den Geruch von chinesischen Tennisschuhen und Erbsensäckchen. Ich erinnere mich an den Anpfiff, mein Herzrasen, die Schweißausbrüche und meinen letzten Platz beim Wettkampf: Ich habe es überlebt, ich habe gewonnen, aber letztlich in einer anderen Kategorie.

Um dreizehn Uhr standen wir in der Schlange für Nudeln mit süßem Quark. Die Kantinenfrauen gossen das Kompott ein und wischten die Tassen mit einem Lappen ab. Manchmal spritzte das Kompott auch in die Nudeln. Ich hatte gehofft, dass sie drei süße Klumpen darauf geben würden, denn einige Portionen waren ziemlich trocken. In der Zwischenzeit sprach jemand aufgeregt über das neue McDonald's-Restaurant. Er erzählte von knusprigen Teigtaschen, aus denen eine heiße Fruchtfüllung komme. Und von einem Pizza Hut in einer Nachbarstadt, wo man sich nach Herzenslust von der Salatbar nehmen könne.

Hätte ich damals geglaubt, dass ich jemals wieder gekochte Rote Bete vermissen würde? Wer hat schon die Geduld dafür, sie zu reiben?

Selbst Erbsen und Möhren als Beilage ist heutzutage nicht mehr so leicht zu bekommen – die Kinder mochten es nicht und strichen es vom Speiseplan, sobald sie erwachsen wurden.

Was ich sehr mochte, war Milchsuppe; dampfend heiß, im Kindergarten und zu Hause. Dickflüssige Milch mit Nudeln, Reis, Spätzle. Und das Beste: mit Grieß! Und jetzt isst man wie im Rest der Welt: kalte Milch, Cornflakes, bestenfalls Müsli. Heimlich sehne ich mich nach dem Grieß und nach der Terrine mit dem blauen Muster.

Glücklicherweise hält sich der Spinat gut. Die Vegetarier haben ihn wieder in ihr Herz geschlossen. Oder vielleicht ist es eines dieser Dinge, für die man erwachsen werden muss. Wie grüner Tee und dunkle Schokolade. Zu diesem Zeitpunkt hatte man in Polen aber noch nichts davon gehört.

Vielleicht ist das die menschliche Natur: Wir sehnen uns nach dem, was wir nicht bekommen. In Gedanken sehen wir ein leuchtendes fremdes Land. Das erste Mal fuhren wir hin mit einem Dachgepäckträger voller Konserven und Knäckebrot. Wir wickelten den Gepäckträger in blaue Folie, die im Wind flatterte. Wir fielen auf in unserem silbernen Polonez, mit Strohhüten, in Kleidung, in der wir versuchten, halbwegs europäisch auszusehen. Wir saßen auf den Stufen vor der Kathedrale in Chartres und aßen Knäckebrot und Kabanossi. Wenn wir an einem Restaurant vorbeikamen, schauten wir neugierig auf die Teller der Leute, die drinnen saßen.

Und jetzt wollen wir nicht einmal mehr über die Pfosten an der grünen Grenze springen. Wir reisen über diese Grenze, als ob es uns zustünde. Plötzlich sind wir ach so mondän geworden, weil wir uns Croissants leisten können. Das heißt aber nicht, dass wir uns nicht schämen. Genauso wie Du Dich dein ganzes Leben lang für Deine Eltern geschämt hast.

Oder dafür, dass Du keine Fremdsprachen sprichst. Und dafür, dass Du nicht für die Aufstellung von Völkerball ausgewählt wurdest.

Ich erinnere mich an das Notenbuch und das Mitteilungsheft. Ich erinnere mich an die Schlachten von Jena und Austerlitz und den Inhalt der Schullektüre. Ich erinnere mich an unsere verlorenen Schlachten, an die hoffnungslosen Aufstände, an den heldenhaften Widerstand.

Bis zur so genannten Zeitgeschichte, also die Zeit nach dem Zweiten Weltkrieg, sind wir nie gekommen, weil der Juni kam und das Schuljahr endete. Deshalb komme ich in meinen Träumen immer wieder in diese Schule zurück, mit dem Wappen, mit dem weißen Adler, mit dem vertrockneten Farn. Mit den Porträts der bedeutenden Absolventen. In meinen Träumen verspreche ich, dass ich besser für den Test lernen werde, ich rechtfertige die Jahre, in denen ich es kaum in die nächste Klasse geschafft habe. Ich entschuldige mich für die ungelesene Schullektüre. Dafür, dass ich den »Handschuh« von Mickiewicz mit der »Weste« von Prus verwechselt habe.

Mit dieser Unwissenheit gehe ich durch die Welt, ins Ausland. Ich lerne die Worte: insurrection, uprising, independence, struggle, lost fight, lost cause. Ich kann Fremden die Geschichte meines Landes nicht erklären. Wałęsa, Wojtyła, Boniek, Wurst. Reicht das? Vielleicht noch Pierogi.

Das ist unser trauriges, verworrenes Herz, mitten in Europa. Immer wieder hält man uns in Amerika für Russen. Man muss ihnen verzeihen, denn sie haben keine Geschichte, keine Ahnung. Eine Amerikanerin sah mal die Nike von Samothrake und fragte, warum die Griechen Skulpturen ohne Köpfe anfertigten.

Aus dem Polnischen von Paulina Schulz-Gruner

Der Text ist ein Auszug aus dem Buch *Ten kraj* [Dieses Land] von Anna Arno, Kraków 2018, S. 9-12 und 32-41.

© Wydawnictwo Literackie Kraków 2018

ANNA ARNO ist Kunsthistorikerin, Essayistin und Übersetzerin. Sie studierte Kunstgeschichte am Institute of Fine Arts an der New York University. Für ihr poetisches Debüt wurde sie mit dem Preis der ZESZYTY LITERACKIE ausgezeichnet. Zuletzt ist 2021 von ihr eine Biografie über Paul Celan erschienen: *Tam, za kasztanami, jest świat. Paul Celan. Biografia* [Erst jenseits der Kastanien ist die Welt. Paul Celan. Eine Biografie].

Anhang

ÜBERSETZER:INNEN

MARIA ALBERS studierte Kultur und Geschichte Mittel- und Osteuropas in Augsburg und an der Europa-Universität Viadrina. Sie arbeitet beim Deutsch-Polnischen Jugendwerk.

JUTTA CONRAD studierte Germanistik, Polonistik, Publizistik und Deutsch als Fremdsprache an den Universitäten Mainz und Warschau. Derzeit ist sie als Dozentin für Deutsch als Fremdsprache an der Universität Rostock und als freiberufliche Übersetzerin tätig.

ULRICH HEISSE ist Übersetzer und Sozialpädagoge. Er lebt und arbeitet in Berlin.

MARKUS KRZOSKA ist Historiker und Übersetzer, Privatdozent an der Justus-Liebig-Universität Gießen. Er ist Vorsitzender der Kommission für die Geschichte der Deutschen in Polen e. V.

GERO LIETZ studierte Skandinavistik und Deutsch als Fremdsprache an der Universität Greifswald. Er ist Mitarbeiter des Zentrums für Interdisziplinäre Polenstudien der Europa-Universität Viadrina. Außerdem ist er freiberuflich als Übersetzer, Dozent und Lektor tätig.

CHRISTIAN PRÜFER studierte an der Universität Leipzig Westslawistik und Anglistik. Er übersetzt geisteswissenschaftliche Fachliteratur aus dem Polnischen und Englischen.

PAULINA SCHULZ-GRUNER studierte Prosa, Film, Dramatik und als Hauptfach Literarisches Übersetzen am Deutschen Literaturinstitut in Leipzig. Sie arbeitet als Autorin, Übersetzerin und Dozentin. 2014 erhielt sie das Albrecht-Lempp-Stipendium.

DAVID SWIERZY absolviert zurzeit sein Masterstudium der Osteuropastudien an der Universität Regensburg mit den Fächern Geschichte und Volkswirtschaftslehre. 2021 war er Praktikant am Deutschen Polen-Institut Darmstadt.

DOROTHEA TRAUPE studierte Politikwissenschaft, Englische und Polnische Literaturwissenschaft in Passau, Sheffield, Lublin und München. Sie arbeitet als freiberufliche Übersetzerin, Trainerin und Moderatorin/Prozessbegleiterin in Berlin und übersetzt aus dem Englischen und Polnischen sowie in Leichte Sprache.

BENJAMIN VOELKEL studierte in Berlin und Moskau Polonistik, Russistik sowie Ost- und südosteuropäische Geschichte. Er ist freiberuflicher Lektor und Übersetzer und lebt in der Nähe von Berlin.

ANDREAS VOLK studierte Slawistik und Vergleichende Ostmitteleuropastudien. Er lebt als freiberuflicher Übersetzer in Warschau.

BILDNACHWEIS

Olga Drenda	14 alle, 15
Grzegorz Lityński	214
Piotr Marecki	alle Bilder im Beitrag »Am Wegesrand« (155–189)
Jennifer Ramme	128, 129, 130
Max Skorwider	Cover und alle Bilder in der Jahrbuch-Galerie
Marek Raczkowski	3
Andrzej Tobis	10, 17
Wydawnictwo Czarne	155
Wydawnictwo Literackie	220
Wydawnictwo Poznańskie	191

Anzeigen

19.04
— 25.04.2022
WIESBADEN

goEast >

22.
FESTIVAL
DES MITTEL-
UND
OSTEUROPÄISCHEN
FILMS

WWW.FILMFESTIVAL-GOEAST.DE

Wissenschaftsplattform Polenstudien Interdisziplinär

Die Wissenschaftsplattform Polenstudien Interdisziplinär (kurz: Pol-Int) – 2012 auf Initiative mehrerer Institutionen der Polenforschung in Deutschland und mit Unterstützung der Europa-Universität Viadrina und des Landes Brandenburg ins Leben gerufen – bietet Informationen aus dem Bereich der Polenstudien für die internationale Forschung aus und über Polen an.

2022 erfolgt der Relaunch der Wissenschaftsplattform

Der neue **Community-Bereich** bietet Polenforscher:innen die Möglichkeit zu einer stärkeren digitalen wie internationalen Vernetzung und Zusammenarbeit.

Institutionen, Lehrstühle und Netzwerke der Polenstudien können Beiträge über ihr eigenes Institutionsprofil veröffentlichen und somit ihre Sichtbarkeit innerhalb der Community stärken.

Neu ist ferner der **Wissenschaftsblog Polenstudien** mit pointierten Beiträgen aus dem Bereich der internationalen Polenstudien.

Für all das und mehr registrieren Sie sich auf www.pol-int.org!

Kontakt: info@pol-int.org

Ein Reiseführer, dessen Lektüre fast die Reise selbst ersetzt.
Neue Zürcher Zeitung

Flanieren Sie durch Zeit und Raum in der
UNESCO-Literaturstadt:

➤ Zentrum der deutschen Barockdichtung

➤ Keimzelle der Hörfunk-Avantgarde der 1920er Jahre

➤ Wirkungsstätte Gerhart Hauptmanns, der Nobelpreisträgerin Olga Tokarczuk und weiterer deutscher und polnischer Literaturschaffender

Roswitha Schieb
Literarischer Reiseführer Breslau
Sieben Stadtspaziergänge
3., aktual. u. erw. Aufl. 2021
ISBN 978-3-936168-85-3, € [D] 19,80/€ [A] 20,40

Vortragsfilm der Autorin:

Deutsches
KULTURFORUM
östliches Europa

www.kulturforum.info

Ausgabe 3/2021 mit Themenschwerpunkt

POLEN

Jetzt online lesen unter bit.lyKulturaustauschPOLEN
oder bestellen unter info@conbrio.de

Das Jahresabo mit
4 Ausgaben ab 27 Euro
Mehr Infos unter
www.kulturaustausch.de